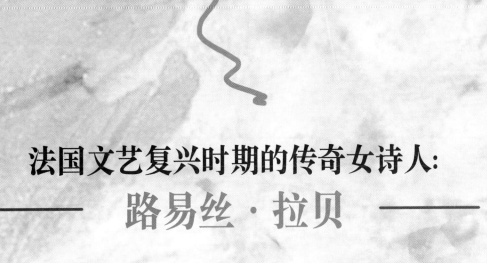

法国文艺复兴时期的传奇女诗人：
路易丝·拉贝

马雪琨 著

中国社会科学出版社

图书在版编目(CIP)数据

法国文艺复兴时期的传奇女诗人:路易丝·拉贝/马雪琨著.
—北京:中国社会科学出版社,2020.6
ISBN 978 - 7 - 5203 - 6003 - 6

Ⅰ.①法…　Ⅱ.①马…　Ⅲ.①路易丝·拉贝—人物研究
Ⅳ.①K835.655.6

中国版本图书馆 CIP 数据核字(2020)第 026719 号

出 版 人	赵剑英
责任编辑	陈肖静
责任校对	刘　娟
责任印制	戴　宽

出　　版	中国社会科学出版社
社　　址	北京鼓楼西大街甲 158 号
邮　　编	100720
网　　址	http://www.csspw.cn
发 行 部	010 - 84083685
门 市 部	010 - 84029450
经　　销	新华书店及其他书店

印　　刷	北京明恒达印务有限公司
装　　订	廊坊市广阳区广增装订厂
版　　次	2020 年 6 月第 1 版
印　　次	2020 年 6 月第 1 次印刷

开　　本	710×1000　1/16
印　　张	17.75
插　　页	2
字　　数	200 千字
定　　价	88.00 元

目　录

绪　论

第一节　国内外对路易丝·拉贝研究的概况

路易丝·拉贝（Louise Labé），十六世纪法国里昂的女诗人，法国早期女性主义代表人物之一。她生前仅留下一部作品集，即《里昂人路易丝·拉贝作品集》（以下简称《作品集》）。通过这部作品集，路易丝·拉贝突破了其时代的诸多禁锢，对人性、爱情理念、婚姻和女性地位进行了重新思考。《作品集》由卷首献辞、散文《疯神与爱神的辩论》、3 首哀歌和 24 首十四行诗组成，《作品集》后附录了 24 首其他诗人写给路易丝·拉贝的赞诗，以及国王颁发的出版特权证明书。《作品集》中的哀歌和十四行诗构成了路易丝·拉贝的"歌集"，如同彼特拉克（Pétrarque）的《歌集》一样，女诗人在诗歌中吟唱着对爱情的渴望。"歌集"为拉贝赢得了"法国最伟大的女诗人"[1] 和 "法国的萨福"[2] 的称号。

《作品集》囊括了目前已知的所有拉贝作品。该《作品集》

---

[1] Léopold Sédar Senghor, *Anthologie des poètes du XVI siècle*, Paris, Bibliothèque mondiale, 1955, p. 113.

[2] Louis-Edme Billardon De Sauvigny, *Parnasse des dames*, Paris, Ruault, 1773, t. II, p. 67.

第一版 1555 年由里昂著名出版商让·德·杜尔勒出版，这是一本八开本的小书，共计 173 页。它由 5 个部分组成：卷首献辞（A. M. C. D. B.）、《疯神与爱神的辩论》（Débat de Folie et d'Amour，以下简称《辩论》）、哀歌（élégies）、十四行诗（Sonnets）、《不同诗人写给里昂人路易丝·拉贝的赞诗》（écrits de divers poètes, à la louange de Louise Labé lyonnaise，以下简称《赞诗》）和颁发日期为 1554 年 3 月 13 日的"国王的出版特许证明"（le privilège du roi，以下简称特许证明）。

《作品集》法语版本约 25 种。第一个版本 1555 年出版后，1556 年由同一出版商再版，同年鲁昂另一个出版商让·卡鲁（Jan Garou）也将其再版，部分学者将卡鲁版的《作品集》视为盗版。其余版本按年代划分，分别是 18 世纪下半叶 1 个版本，19 世纪约 8 个版本，20 世纪约 13 个版本，21 世纪截至目前出现了 2 个版本，2004 年由弗拉马里翁出版社（Flammarion）出版的最新一版《路易丝·拉贝作品集》，以及 2006 年由芝加哥大学出版的英法双语版《作品集》。

路易丝·拉贝《作品集》再版的年代从侧面说明了其在各个世纪的接受问题。16 世纪，她的《作品集》在短短两年时间里被再版了三次，说明《作品集》一经出版就取得了成功。此后整个 17 世纪和 18 世纪上半叶，虽然路易丝·拉贝的作品没有被再版，评论家和历史学家也很少提及她，但她的作品并没有被人们抛诸脑后，其证明就是拉封丹的寓言诗《爱神与疯神》（l'Amour et la Folie），该寓言诗情节明显来自路易丝·拉贝的《疯神与爱神的辩论》，拉封丹对路易丝·拉贝构思的模仿足以证明其作品的魅力。伏尔泰对这一新奇的构思不吝赞美之词，"希腊人最美的神话是普赛克的故事；最妙趣横生的要数爱菲索斯寡妇的故事；现代创作的最有趣的故事就是疯神的故事，疯神挖下了爱神的眼睛，被判给爱神当引路人"①。到了 18 世纪下半叶和 19 世纪，人们更加重视路易丝·拉贝的作品。尤其是 19 世纪，《作品集》被再版了八次，人们对路易丝·拉贝极为推崇。其中值得一提的是高夏尔（Cochard）1824 年出版的《路易丝·拉贝作品集》，在这版作品集的开篇，高夏尔虚拟了一场拉贝与萨福（Sapho）② 跨越时空的对话，借萨福之口称赞拉贝这位"可爱的缪斯……扎根于人们的心中"③，在论及她的诗歌时，高夏尔写道，"她的表达是如此温柔、如此纯真、如此感人……以至于它们现在依然可以为敏感的心灵带来无比乐趣。她描绘了爱情如何战胜了她的意志，给她带来了痛苦，描写了爱情带来的希望，爱人不在时的痛苦，她使用的色调是多么逼真，多么自然"④；在论及她的《辩论》时，高夏尔认为"仅此一部作品就足以让她的名字不朽"⑤。高夏尔在里昂再版的《作品集》成为"整个 19 世纪的样板"⑥。圣伯夫（Sainte-Beuve）作为研究文艺复兴时期文学的专家，也没有忘记路易丝·拉贝，他首先高度评价了《辩论》，"这一出色的对话，高雅、才华横溢却又通俗易懂"⑦，在论及拉贝的诗歌时，赞

---

① Cité par François Rigolot, in *Louise Labé*, *Œuvres complètes*, Paris, Flammarion, 2004, p. 246.

② 萨福，古希腊著名女诗人，柏拉图将其誉为"第十位缪斯"。她开设女子学堂，教导女子们写作诗歌。她爱恋她的女弟子们，为她们创作了许多才华横溢、情感炙热的诗歌。传说她在年老时爱上了一位名叫法翁的年轻男子，因为被拒而跳崖自尽。

③ Louise Labé, *Euvres de Louïse Labé Lionnoize*, Lyon, Dvrand et Perrin, 1824, p. 11

④ Ibid. , p. 40.

⑤ Ibid. , p. 48.

⑥ Madeleine Lazard, *Louise Labé*, France, Fayard, 2004, p. 240.

⑦ SAINTE-BEUVE, « Louise Labé », in *Revue des Deux mondes*, 15 mars, 1845, p. 1061.

美她"用心灵的语言与读者对话"①。20 世纪人们延续了 19 世纪对路易丝·拉贝及其作品的关注。费尔迪南·布吕乃基耶于 1900年写道,"这是第一次有人用我们的语言如此强烈而朴实地表现激情"②。对于埃米尔·法盖来说,"路易斯·拉贝的诗句是世界上最美的、充满热情的诗句"③。麦克斯·加辛斯基更是写道,"她的作品因为真挚而新颖,而龙沙和杜·贝莱很久之后才摆脱了学究气,达到这一点"④。桃乐茜·奥康娜（Dorothy O'Connor）认为路易丝·拉贝最大的亮点在于她的十四行诗,"当十四行诗在法国依然是一个新生事物的时代,路易丝却有能力写作十四行诗,而且她的诗歌别出心裁,并没有一味抄袭意大利的诗歌,这就是她的价值所在"⑤。同为诗人的莱奥波尔德·瑟达尔·桑戈尔（Leopold Sedar Senghor）把她视为"法国最伟大的女诗人"⑥。在诸多路易丝·拉贝的研究者中,首推恩佐·施迪奇（Enzo Giudici）,他可以说是拉贝《作品集》"评论分析的先驱者,尤其是他将拉贝的作品与意大利渊源进行比较"⑦,他关于路易丝·拉贝的研究专著成为后来者不可不看的里程碑式的作品,很多关于路易丝·拉贝的研究视角和切入点都可以从他的专著中找到源头。

　　到了 21 世纪,路易丝·拉贝引起了一阵研究热潮。2005 年

①　SAINTE-BEUVE, «Louise Labé», in *Revue des Deux mondes*, 15 mars 1845, p. 1052.

②　F. Brunetière, «La Pléiade française et l'école lyonnaise», in *Revue des Deux Mondes*, Paris, 1900, p. 915.

③　E. Faguet, *Histoire de la litérature française*, Paris, Librairie Plon, 1905, p. 387.

④　Max Jasinski, *Histoire du sonnet en France*, Douai, Imprimerie H. Bruyère, A. Dalsheiner et cie, 1903, p. 66.

⑤　Dorothy O'connor, *Louise Labé, sa vie, son œuvre*, Genève, Slatkine, 2014, p. 153.

⑥　Léopold Sédar Senghor, *Anthologie des poètes du XVI siècle*, Paris, Bibliothèque mondiale, 1955, p. 113.

⑦　Béatrice Alonso, «écriture ' féminine ', écriture féministe», in *Louise Labé*, 2005, France, Publications de l'Université de Saint-étienne, 2004, p. 9.

是路易丝·拉贝研究非常关键的一年，首先是拉贝进入法国中学、大学教师资格考试的考纲，激发了学者们研究路易丝·拉贝的兴趣；其次同一年，巴黎四大教授米蕾耶·于雄（Mireille Hu-chon）在德罗兹出版社出版了《路易丝·拉贝，一位虚拟诗人》一书，在该专著中米蕾耶·于雄对历史上是否存在一位名叫路易丝·拉贝的女诗人提出了质疑。此书可谓一石激起千层浪，引发了法国文学界和16世纪文学研究专家们关于路易丝·拉贝是否真实存在的人讨论。学者们通过媒体——报纸和广播——以及撰文的方式，纷纷加入了这场讨论。

国内法国文学研究大多集中于17世纪之后，尤其是当代。除拉伯雷、蒙田等作家外，16世纪的法国文学乏人问津。对于路易丝·拉贝这位重要女诗人的研究，在知网上检索的结果几乎为零。究其原因，正如杨国政在《改革开放三十年国内对法国古代文学研究的回望》中所总结的，一方面是因为研究者语言能力有限，"现有的多数论文都出自非法语专业研究者，他们只能根据中译本和有限的中文资料来进行研究，缺乏从法语阅读文本和资料的能力和条件；而法语专业研究者又大多依据古代作品的现代法语译本，缺乏阅读中古法语原文的能力和接触第一手资料的条件"①；另一方面人们对法国文艺复兴时期文学的关注点有限，"拉伯雷和蒙田构成了16世纪法国文学中并峙的双峰和标志，他们鹤立鸡群的地位也造成了他们在16世纪法国文学研究中双峰独大、众山皆小的局面"②，相对于拉伯雷和蒙田来说，女性诗人路

---

① 杨国政：《改革开放三十年国内对法国古代文学研究的回望》，载《人文新视野》第11辑，辽宁人民出版社2017年版，第69页。
② 同上书，第62页。

易丝·拉贝无疑相当边缘化。再加上"历史的原因导致长期以来对中世纪认识的偏差以及研究条件的局限"①"专注于中世纪文学的人员少之又少，远未形成一个群体"②，等等，这种种原因导致了法国文学研究"'前无古人''后有来者'的倾向"③。

　　不过随着路易丝·拉贝进入法国 2005 年中学、大学教师资格考试的考纲，法国人重新对这位法国文艺复兴时期伟大的女诗人产生兴趣，笔者认为有必要将这位女诗人介绍给国人，以丰富国人对文艺复兴时期法国文学的了解，推动她的作品在国内的译介。

第二节　路易丝·拉贝的国内外研究综述

　　目前国内没有人对路易丝·拉贝进行研究，知网上也找不到相关的中文论文。相比而言，国外学者对路易丝·拉贝更加关注，尤其是法国、意大利和美国。目前可以搜集到与路易丝·拉贝直接相关的专著 20 余部，直接与她相关的论文 50 余篇。学者们的研究视角可以归纳总结为以下五个方面：与作者相关的研究；性别研究；对比研究与互文性研究；《作品集》布局研究；诗歌研究。

　　1. 与作者相关的研究

　　相关史料的缺乏，使得路易丝·拉贝的生平充满了不解之谜。人们对她的真实生活知之甚少，目前已知的与她直接相关的

---

① 杨国政：《改革开放三十年国内对法国古代文学研究的回望》，载《人文新视野》第 11 辑，辽宁人民出版社 2017 年版，第 61 页。
② 同上书，第 69 页。
③ 同上书，第 68 页。

历史文献寥寥无几，其中最重要的就是她的遗嘱。此外，这位女诗人的同时代人对她的描述又大相径庭，于是拉贝的生平便成为学术界研究的一个重点。围绕其生平的争论焦点主要包括：（1）路易丝·拉贝是否真实存在；（2）她是否是《作品集》的真实作者；（3）她是否是交际花；（4）她作品中貌似自传的内容是否是她真实生活的写照；（5）她在作品中所体现的炙热感情是否是她的亲身经历。

关于路易丝·拉贝的生平，最早的专题研究是 1746 年时任里昂造币局顾问的夏尔—约瑟夫·德·鲁尔茨（Charles-Joseph DE RUOLZ）在法兰西文学科学院（l'Académie des sciences et belles lettres）所做的公开演讲，该演讲稿于 1750 年以专著的形式出版。该书在首页的《告读者书》中开门见山地说道，"人们长期以来关于路易丝·拉贝的不良观感是偏见力量的例证，它证明了战胜偏见是多么困难"[①]。因此，不难想象，该书的作者将在书中为驳斥人们对路易丝·拉贝的污蔑而进行努力。作者选取了盛赞路易丝·拉贝的人，尤其是历史学家纪尧姆·帕拉登的观点为佐证，认为那些污蔑拉贝之人的观点都是偏见，而这些偏见往往都是无知和嫉妒的产物。他注意到与路易丝·拉贝同时代的人和后来者在她的名誉和贞节这个问题上意见不一。在他看来，一个有才华的知识女性，应该摆脱性别的枷锁。为了获得精神和情感上的自由，她必然要违反一些社交惯例。而且她也不能过于在乎别人的看法，因为无知和嫉妒是才华最大的敌人。德·鲁尔茨还提到了古希腊一些才华出众的女子，如芙丽涅（Phryne）和萨福，无知

---

① Charles-Joseph De Ruolz, *Discours sur la personne et les oeuvres de Louise Labé lyonnaise*, Lyon, imprimerie d'Aymé Delaroche, 1750, p. 1.

和嫉妒使得人们给这些女子打上了放荡的标签。现代社会依然如此，对于那些在某些方面超越男性的女性，人们往往从道德方面对其加以攻击。路易丝·拉贝的情况正是如此。虽然德·鲁尔茨也承认路易丝·拉贝在哀歌和十四行诗中描写了她炙热的感情，其中有些内容很容易招来批评，但她诗歌中情感的奔放并不是她的错误，而是她所处的时代造成的。他为路易丝·拉贝辩驳的一些论据比较有说服力，比如拉贝和克莱曼丝·德·布尔日（Clémence de Bourges）的友情就能够证明她的清白，因为如果她真是一个交际花，出自贵族家庭的德·布尔日是不会被允许和她交往，并成为她献诗的对象。

随后在 1762 年出版的《作品集》前言《对里昂人路易丝·拉贝生平的研究》中，夏尔—约瑟夫·德·鲁尔茨继续对路易丝·拉贝进行赞美。但夏尔—约瑟夫·德·鲁尔茨的问题在于他的研究方法不够严谨，他的研究内容很多都没有例证，比如他提到路易丝·拉贝与克莱曼丝·德·布尔日因为对文学的爱好结为好友，但随后又因为爱上同一个男人而反目成仇，这段论述中没有引用任何证据来支持他的观点，所以他研究中的一些内容很难被采信。不过他在文末列出了提及路易丝·拉贝和《作品集》的作家名单和作品名，这对后来的研究者们帮助很大。

在 1844 年出版的《关于路易丝·拉贝生活和品行的历史资料》[①] 中，皮埃尔—玛丽·高农（Pierre-Marie Gonon）非常细致地搜集了从 1555 年到 1830 年、约 20 份谈论到路易丝·拉贝其人和其品行的资料。这些资料能够帮助人们了解历史上各个

---

① Pierre-Marie Gonon, *Documents historiques sur la Vie et les Moeurs de Louise Labé*, Lyon, Imprimerie de Dumoulin, Ronet et Sibuet, 1844.

时代的文学家或历史学家对路易丝·拉贝及其《作品集》的观感。但非常可惜的是，高农仅做了资料搜集的工作，却并没有对这些资料进行分析，也没有在这些资料的基础上得出自己的结论。

1926 年桃乐茜·奥康娜在巴黎出版的《路易丝·拉贝，她的生平与作品》① 一书 2014 年在日内瓦再版。在这部专著中，作者首先在第一章中介绍了 16 世纪上半叶里昂这座城市的重要性，描述了里昂的集市、丝绸业、印刷业，强调了意大利对里昂的影响，比如来里昂定居的意大利家族，列举了里昂 1550 年前出版的意大利作品。在第二章中，作者介绍了路易丝·拉贝的生平，包括她的家庭、她的出生、她所接受的教育，以及这种教育对拉贝有可能产生的影响。她还根据拉贝诗作中似乎自传性质的内容进行了推测，比如她认为拉贝在诗歌中所提到的"骑士"并不是当时的王储、未来的亨利二世，路易丝·拉贝也并没有参加"佩皮尼昂包围战"，不过她认为拉贝诗歌中的那个"你"指的是奥利维尔·德·马尼（Olivier de Magny），推测了他们第一次相遇的时间。在第三章中，她分析了拉贝的《辩论》，介绍了《辩论》在 16 世纪所取得的成功，分析了《辩论》的灵感来源以及语言和风格上的特点。

在第四章中，作者分析了拉贝的诗歌。作者解释了拉贝诗歌能够流传至今的原因，推测了诗歌的创作时间，分析了诗歌的灵感来源，并对诗歌的韵律进行了简单的分析。奥康娜的这部著作是第一本相对全面的研究路易丝·拉贝其人及其作品的专著，她

---

① Dorothy O'connor, *Louise Labé, sa vie, son œuvre*, Genève, Slatkine, 2014.

的研究角度比较全面，既有社会历史语境研究，也有作家传记研究，也有一部分互文性研究和文本研究。

　　恩佐·施迪奇是研究法国文艺复兴时期文学的专家，他的研究重点是路易丝·拉贝、莫里斯·赛弗（Maurice Scève）和里昂文学流派，他的研究工作重新唤起了人们对这些诗人的兴趣，并使他获得了里昂科学、文学和艺术学院的荣誉奖。可惜的是，恩佐·施迪奇大部分有关路易丝·拉贝的专著和文章都是用意大利语撰写，因为语言问题，笔者无法通读其相关研究。但他1981年用法语出版的《路易丝·拉贝短评》①充分揭示了他对路易丝·拉贝研究所取得的基本成果。他以一种非常严谨的态度承认其实人们对路易丝·拉贝的生平几乎一无所知，仅有的历史资料不足以让人们还原路易丝·拉贝的一生，人们甚至连路易丝·拉贝的出生日期都无法确定。他分析了前人对路易丝·拉贝生平的研究，指出哪些结论有过于理想化之嫌，哪些结论有一定道理。他拒绝将路易丝·拉贝看作一个"正直的交际花"，他将人们对路易丝·拉贝的品行攻击归因于宗教或莫名其妙的个人原因。不过他也承认，因为缺少翔实的资料，对路易丝·拉贝的个人评价取决于批评者的主观性。他重现了16世纪上半叶里昂的社会风貌，带领读者回望那座洋溢着人文气息、深受意大利风潮、柏拉图主义、女性主义影响的城市。随后，他细致地分析了《辩论》，抽取出《辩论》的现代性成分。在阿波罗为爱神、墨丘利为疯神的大段辩论背后，他发现了它们之间思想的深层统一性，爱和疯狂共同构成了人类生存的基础和进步的力量。与《辩

---

① Enzo Giudici, *Louise Labé*, *Essai*, Paris, Librairie A. G. Nizet, 1981.

论》的现实主义不同，路易丝·拉贝的诗歌显示出激情的一面。他将"歌集"① 分为最抒情的诗和负责逻辑联系的诗，他认为那些抒情的诗是不朽的杰作，而那些负责逻辑联系的诗则破坏了情感喷薄而出的美感。至于拉贝作品集的卷首献辞，他认为这是一份要求女性文化权的真正的女性主义宣言，并尝试在文艺复兴时期的意大利传统中寻找这一女性主义的根源。他还在专著中用专门一章分析了《作品集》的结构和统一，比如《辩论》中的一些成分对歌集起了预告的作用，这或许是 1999 年达尼埃尔·马尔丹（Daniel MARTIN）的《热恋中女子的符号——〈路易丝·拉贝作品集〉的布局》一书灵感的来源。他还分析了作品的来源，以及作品集中所体现出的对文化模糊的记忆，虽然他并没有系统地进行互文性分析，但他提及的作品来源对互文性研究具有很大的启发意义。最后他还分析了各个时代对路易丝·拉贝的接受。总之，恩佐·施迪奇的这本专著包含了众多研究路易丝·拉贝的不同视角，以至于其后许多关于路易丝·拉贝的研究都只能是其某一视角的延伸和扩展，因此他也被认为是研究路易丝·拉贝的必读之人。

　　1981 年出版的关于路易丝·拉贝的专著还有阿尔贝·尚道尔（Albert Champdor）的《路易丝·拉贝，她的作品与她的时代》②。在这本专著中，尚道尔另辟蹊径。他并没有过度地对拉贝的生平进行推测，而是将拉贝的生平与里昂的大事记相结合。该专著由两部分组成，第一部分作者非常详细地记录了里昂 1526 年到 1566

---

　　①　此处"歌集"是专著作者仿照彼特拉克的《歌集》，将路易丝·拉贝的哀歌和十四行诗统称为"歌集"。

　　②　Albert Champdor, *Louise Labé son oeuvre et son temps*, Trevoux, Editions de Trevoux, 1981.

年之间的历史、社会、文化方面发生的具体事件，基本上忠实地还原了路易丝·拉贝一生所生活的里昂的原貌。第二部分附录了路易丝·拉贝的哀歌和24首十四行诗。在第一部分中，作者选取了里昂生活方方面面的材料，比如他写到了16世纪初里昂城墙的加固，16世纪的环境污染，来到里昂的亨利二世和凯瑟琳·德·梅迪茜（Catherine de Médicis），16世纪里昂的音乐等。所有这些有关16世纪里昂的文本片断虽然不一定和路易丝·拉贝有直接联系，但它们共同营造了一个相对真实的里昂氛围，为人们从社会历史角度去理解路易丝·拉贝的作品和她的一生提供了非常有价值的线索。

离现在最近的关于路易丝·拉贝作家作品研究的专著就是2004年马德莱娜·拉扎尔出版的《路易丝·拉贝》[①]。在这本专著中，拉扎尔首先重现了里昂氛围，重点介绍了里昂的经济、商业、文化情况，分析了16世纪里昂能够与巴黎相媲美的原因。随后，她分析了乔治·特里古在两百多种档案、登记簿里所收集到的与路易丝·拉贝本人或其亲人有关的材料，尝试还原路易丝·拉贝的原生家庭和婚后家庭情况、她的教育情况、她有可能接受的音乐和文学的培训等。她还用独立的一章向人们介绍了当时里昂和巴黎知识分子所辩论的论题，比如法语相对于拉丁语来说是否更加优越，女性主义者和反女性主义者之间所发生的"女性爱人之争"，拉贝通过《辩论》也加入了这一争论。她分析了拉贝的三首哀歌，认为这三首哀歌构成了24首十四行诗的序言，而且三首哀歌本身也构成了一个迷你"歌集"。此后，她从女性主义、

---

① Madeleine Lazard, *Louise Labé*, France, Fayard, 2004.

互文性等视角对拉贝的 24 首十四行诗进行了探讨，她接受了达尼埃尔·马尔丹的观点，也认为拉贝"歌集"的布局是精心安排的结果。最后，她探讨了路易丝·拉贝在各个世纪的接受问题。她的拉贝传记与恩佐·施迪奇的《路易丝·拉贝短评》的结构非常接近，但她的传记相对来说更加完备，引用的历史资料更加丰富，分析也相对更加深入。

相对恩佐·施迪奇的《路易丝·拉贝短评》和马德莱娜·拉扎尔的《路易丝·拉贝》来说，某些对路易丝·拉贝进行作家作品外部研究的著作就显得稍微有些不够严谨，比如 1966 年出版的《路易丝·拉贝，罗讷河畔激情燃烧的仙子》① 和 2002 年出版的《路易丝·拉贝，第一位女性主义者》②。在这两部作品中，作者都希望还原路易丝·拉贝的生平以及揭示其生平对作品的影响，但他们遇到的同样问题就是缺少必要的历史资料来证实路易丝·拉贝生命中究竟发生了哪些重要的事件，因此他们只能将拉贝诗歌中的一些蛛丝马迹作为她的自传来进行分析，并用想象来填充她生平中空白的部分，将现实与传说混为一谈。不可否认的是，文学作品的确是语言与历史、文化相互交织而成的，文本的历史性对文化的阐释具有一定的研究价值，但单纯地视文学作品中一些尚没有佐证的描述为真实历史的反映物显然是不恰当的。

最后一本关于路易丝·拉贝非常重要的专著就是米蕾耶·于雄 2005 年出版的《路易丝·拉贝，一位虚拟诗人》③。米蕾耶·

---

① Yvonne Girault, *Louise Labé nymphe ardente du Rhône*, Lausanne, Editions Rencontre, 1966.

② Mady Depillier, *Louise Labé*, *la première féministe*, Nice, Editions du Losange, 2002.

③ Mireille Huchon, *Louise Labé*, *une créature de papier*, Genève, Droz, 2005.

于雄在书中提出了一个颇具颠覆性的论题，即路易丝·拉贝并不是《里昂人路易丝·拉贝作品集》的真实作者。她并不否认 16 世纪里昂的确存在一个名叫路易丝·拉贝的交际花，但这个交际花并非《作品集》的作者。她认为《作品集》的真正作者是里昂文艺复兴时期另一位著名诗人莫里斯·赛弗及与赛弗关系密切的几位男性诗人，如克劳德·德·达耶蒙（Claude de Taillemont），让－安托万·德·巴伊夫（Jean-Antoine de Baïf），奥利维尔·德·马尼等。《作品集》是一部用假名发表的作品，作为女诗人的路易丝·拉贝是不存在的，是这些男性诗人借用了交际花路易丝·拉贝的名字。

该专著一出版，就引起了许多 16 世纪法国文学研究者们的关注。于雄的这本专著对 2004 年马德莱娜·拉扎尔的《路易丝·拉贝》构成了极大的讽刺。拉扎尔刚刚以翔实的历史资料真实地还原了路易丝·拉贝的生平，分析了拉贝的生平对拉贝作品的影响以及《作品集》中所体现的男性女性角色的翻转，第二年于雄就在自己的专著中尝试证明路易丝·拉贝诗人身份虚假性，《作品集》并不是路易丝·拉贝的作品，《作品集》甚至不是女性的作品。拉扎尔在采访中也表示很吃惊，她说米蕾耶·于雄是她的好友，但她并不知道其正在撰写这么一本专著。其他的研究者们也纷纷撰文加入这场争论。

2. 性别研究

人们除了对路易丝·拉贝进行传记式研究之外，还经常从性别研究的角度阐释她的《作品集》。人们研究的重点问题在于：（1）16 世纪的女性形象与女性作家的生存环境。（2）是否存在女性写作？拉贝作品中所体现出的女性写作。（3）拉贝作品中所体现出的女性主义。

在《一个女性激情主体的诗歌建构》① 一文中，作者首先揭露了文艺复兴时期，从彼特拉克到布拉松体颂诗（blason），不论是在文学上还是哲学上，女性都是作为他者的身份出现。随后作者简单介绍了中世纪以来涉及女性的主要文学作品中的女性形象，与此相比，拉贝歌集中的女性形象则截然不同。彼特拉克《歌集》中劳拉只是诗人自恋的镜子，柏拉图主义里女性是诗人通往理念世界的工具，但在拉贝的诗歌中，女性声音的出现和对彼特拉克式修辞手法的翻转运用构建了一个女性的主体，该主体完全掌握自己身体与情感，作者将其命名为"激情的主体"。作者尝试通过对拉贝《作品集》文本的分析去构建一个新的女性激情主体。

在《作者姓名与文学身份：里昂人路易丝·拉贝——16世纪的法国作品以什么名字被发表？》② 中，作者首先进行了统计，发现作品流传至今的 16 世纪法国女性作家只有 44—60 位，其中仅仅只有 4—5 位现在依然为人所知。随后，作者对女性作家署名情况的历史变迁进行了简单的分析，发现 16 世纪的女作家在作品中署名时，姓名前后会有修饰语，以此来淡化姓名公开出现时的突兀感，这一现象一直持续到 19 世纪中叶。作者还从文学史和文学批评的角度分析了作者姓名重要性的变化，详细地分析了 16 世纪作者姓名在书本上可能出现的位置，以及可能出现的形式。路易丝·拉贝《作品集》的作者姓名有其特殊性，她是法国历史上第

---

① Gisela Febel, «La construction poétique d'un sujet passionnel féminin», in *Dispositifs du sujet à la Renaissance*, N°27, 2000.

② Michèle Clément, «Nom d'auteur et identité littéraire：Louise Labé Lyonnaise. Sous quel nom être publiée en France au XVIe siècle?», in *Revue RHR—Réforme*, *Humanisme*, *Renaissance*, N°70, 2010.

一个像男性一样署名的女作家，即署名只有姓和名，没有其他标明其社会身份或品行的修饰语。作者认为拉贝这一特殊的署名方式正体现了其女性主义立场，即将姓名作为追求平等的武器之一。

在《路易丝·拉贝与女性写作》① 一文中，作者首先给女性写作下了定义，作者认为女性写作同时包含两层意思：一方面需要明确的女性署名，而且该署名对当时的公众来说造成了一定的困扰；另一方面女性写作风格上也许会体现一些女性特征。作者认为拉贝的女性写作使得女诗人通过斗争在当时男性占统治地位的出版界取得了一席之地。作者从三个方面对拉贝的女性写作进行了评析：（1）作为 16 世纪法国女性作家代表之一的路易丝·拉贝有什么样的形象；（2）路易丝·拉贝如何通过写作来捍卫女性的社会地位和爱情权利；（3）路易丝·拉贝如何通过写作获得了作家身份。作者在文章中还分析了路易丝·拉贝女性写作的特点，即不断地用回归和循环往复的思想来打断事物发展的进程，如同女性的"经期"一样，她的诗歌不是一种线性结构，而是体现了一种周期化，一种周而复始、循环往复的结构。作者发现她《作品集》中"re"这一前缀以及"retour""retourner"反复出现。

在《路易丝·拉贝〈作品集〉中的人格和平等要求》② 一文中，作者借用了古代修辞学中的"人格"（Ethos）一词来分析拉贝《作品集》所体现出来的两种人格。作者首先分析了人格的概

---

① Bruno Roger-Vasselin，《Louise Labé et l'écriture au féminin》，in *L'information littéraire*，Vol. 56，N°2，2004.

② Agnès Steuckardt，《Ethos et revendication d'égalité dans les Euvres de Louise Labé》，in *Questions de styles*，N°2，2005.

念，并将此概念扩展运用到非纯粹辩论性的文本——拉贝作品的分析中。《作品集》塑造了两种人格，《辩论》中疯神胜利的人格和《作品集》其他部分中拉贝谦逊的人格。作者分析了疯神如何扭转了爱神强加给她的不良形象，追求与爱神的平等，最后在辩论中取得了最终的胜利。在作品的其他部分中，拉贝表面上虽然接受了女性低人一等的地位，但在她谦逊的姿态下，隐藏了她追求平等的诉求，拉贝正是通过展现一种谦卑的人格来吸引读者，尤其是男性读者。16 世纪，文学界、出版业几乎是男性的天下，女性必须为自己开口说话的合法性进行辩护。拉贝通过这两个对立的人格来为自己的写作权利进行辩护。

在《路易丝·拉贝时代女性主义的传播》[①] 一文中，作者首先描写了路易丝·拉贝所处时代的两性关系。16 世纪之前，两性关系非常紧张，"女性之争"已经不足以描写当时男性对女性的歧视，用"战争"一词可能更合适一些。不论是在法律上，还是在政治上，女性都丧失了本应拥有的权力。在文学上，大部分文人都反对女性公开出版自己的作品。到了路易丝·拉贝所处的那个时代，随着一部分女性参与了国家管理，歧视女性的现象有所改观，女性主义取得了一定的发展。作者分析了女性主义在当时取得发展的原因及其表现。其中王后、公主和宫廷女性们为女性主义的发展做出了重大贡献，她们的文学创作和对艺术事业的支持促使女性向文学创作领域进军，作者在文中简要地统计了当时女性作者出版物的情况。最后，作者得出结论，路易丝·拉贝和16 世纪的女性主义发展的历史息息相关。

[①] éliane Viennot, «La diffusion du féminisme au temps de Louise de Labé», in *Louise Labé* 2005, France, Publications de l'Université de Saint-étienne, 2004.

《女性作家——三位女诗人：玛丽·德·法兰西、克里斯蒂娜·德·皮桑、路易丝·拉贝》① 一书中，作者为女性作家进行辩护，认为人们不应该对女作家持有偏见，但作者也认为女性作家与男性作家有所不同，她们的自然属性和她们所处的环境赋予她们与男性不同的天赋。女性富有想象力，因而更容易在诗歌，尤其是抒情诗歌上取得成功。作者重点介绍了法国历史上的三位女诗人，推测了她们的生平，介绍了历史上与她们相关的评价。

3. 对比研究与互文性研究

对比研究与互文性研究也是拉贝研究者们经常采取的一个视角。人们常常将拉贝与莫里斯·赛弗和贝尔奈特·德·基约（Pernette du Guillet）相提并论，因为他们三人都是里昂流派的代表人物。对拉贝进行互文性研究是因为拉贝作品体现出明显互文性特征。拉贝所生活的 16 世纪，正是法国文艺复兴发展到高峰的一段时期，人文主义的影响相当广泛，在文学上，对古代作品形式和风格的模仿成为文学的基本手段。模仿正是拉贝创作的主要技法之一，拉贝的传记作者玛德莱娜·拉扎尔就曾指出："路易丝·拉贝声名显赫的原因不仅在于她是一位执笔创作的女性，而且在于她创作时参照当时流行的各种范式，笔触自然，令人吃惊。"② 人们对拉贝进行对比研究与互文性研究时主要关注以下几个方面的问题：（1）莫里斯·赛弗的作品是否对路易丝·拉贝的创作产生了巨大的影响；（2）对三位里昂流派代表人物的作品进行对比；（3）拉贝作品互文本的主要来源。

---

① Hervé De Broc, *Les femmes auteurs：trois femmes poètes*, Paris, Librairie Plon, 1911.
② Madeleine Lazard, *Louise Labé*, France, Fayard, 2004, p. 181.

2012 年再版的约瑟夫·埃纳尔（Joseph Aynard）《七星社的先驱——里昂诗人莫里斯·赛弗、路易丝·拉贝和贝尔奈特·德·基约》① 第一版出版于 1924 年，该书把里昂流派的三位诗人放在一起进行对比。埃纳尔首先分析了赛弗的诗歌创作特点，认为赛弗诗歌最大的特点是语言晦涩，这与中世纪末期文学譬喻性表达传统和 15 世纪末大韵律家们的创作风格息息相关。七星社的诗人们认为这种语言上的晦涩正是赛弗诗歌的亮点。除此之外，赛弗还深受意大利文化，尤其是彼特拉克的影响。关于莫里斯·赛弗和贝尔奈特·德·基约的关系，作者认为赛弗是后者的老师和灵感的来源，因为德·基约诗句中的字谜和隐射的对象正是赛弗，因此人们也猜测赛弗笔下黛丽的原型很可能是德·基约。德·基约的诗歌可以分成两类，在第一类诗歌中，她对赛弗进行模仿，此类诗歌语言也是非常晦涩，在第二类诗歌中，她保持了自己的风格。与路易丝·拉贝不同，德·基约是一位中规中矩的女诗人，她既没有女性主义的要求，也没有表现出那种奔放的激情。她的创新性在于她是人们目前仍保有其作品的第一位资产阶级女诗人，她的作品比路易丝·拉贝的作品早 10 年出版。作者不认为赛弗对路易丝·拉贝的创作产生影响，路易丝·拉贝既没有模仿赛弗，也没有模仿杜·贝莱（Joachim du Bellay）和龙沙（Ronsard），她的灵感来源与他们一样，部分来自文艺复兴时期的意大利作家。拉贝的诗歌与赛弗有很大的不同，尤其是语言风格上，拉贝的诗歌简单明了、表达清晰，与赛弗语言的晦涩形成了巨大的反差。拉贝的作品中没有赛弗作品中那么多的新词，却有赛弗

---

① Joseph Aynard, *Les poètes lyonnais précurseurs de la Pléiade-Maurice Scève*, *Louise Labé*, *Pernette du Guillet*, Genève, Slatkine, 2012.

作品中所没有的"笑声"。作者不认可路易丝·拉贝是莫里斯·赛弗学生的说法,因为两者的诗歌不论是风格,还是灵感或诗体都不具备可比性。

在 1981 年保罗·阿尔杜翁(Paul Ardouin)出版的《莫里斯·赛弗、贝尔奈特·德·基约和路易丝·拉贝:文艺复兴时期里昂的爱情》① 一书中,作者对这三位文艺复兴时期里昂的诗人做了对比。他认为这三位诗人有着共同的人文主义倾向,爱情是他们三人作品共同的主题。从某种意义上来说,莫里斯·赛弗可以说是贝尔奈特·德·基约和路易丝·拉贝的老师,他们三人共同组成了里昂流派。作者分析了里昂流派的灵感来源,柏拉图主义和彼特拉克主义,以及来自中世纪的影响。随后,作者用了三个部分分别介绍这三位诗人的生平与作品,尤其强调了莫里斯·赛弗对他的两个"女学生"所施加的影响。尤其精彩的是作者对三位诗人爱情表达的分析,他认为他们对爱情的描绘与三个象征相对应,分别是贝尔奈特·德·基约的"水",路易丝·拉贝的"火"和莫里斯·赛弗的"光",作者分别分析了"水、火和光"在三位诗人作品中的象征意义,让我们仿佛听到了里昂文艺复兴时期的爱情三重奏。在专著的第四部分,作者对里昂流派进行了思考,比如《黛丽》起到的示范作用,里昂流派作品中所体现的水与火的神秘结合等。最后在专著的第五部分附有三位诗人的部分作品。

《拉贝作品中的拉丁遗产:对提布鲁斯的模仿》② 一文分析了

---

① Paul Ardouin, *Maurice Scève*, *Pernette du Guillet*, *Louise Labé*, *l'Amour à Lyon au temps de la Renaissance*, Paris, Librairie A.-G. Nizet, 1981.

② D. E. L. Sterritt, «A Latin Legacy in Louise Labé: Imitation of Tibullus», in *French Forum*, N°2, 2005.

拉贝对古罗马诗人提布鲁斯的模仿。法国文艺复兴时期的诗人们提倡对古代文本进行模仿，杜·贝莱呼吁诗人们模仿奥维德、提布鲁斯和普罗佩提乌斯的范式来创作哀歌。拉贝既从语言上，也从韵律上模仿提布鲁斯。作者逐句分析了拉贝哀歌 1 中与提布鲁斯哀歌 1 中相似的诗句，认为拉贝在重新使用提布鲁斯诗句中的形象时进行了艺术化的修改，以便使之适应她所处的时空和文化。16 世纪中叶进行诗歌创作的拉贝面临的挑战是在一个男性占统治地位的领域构建一个女性叙述者，她不想推翻她所继承的以男性声音为主导的传统，而是适应并利用这一传统。

在《路易丝·拉贝的爱情诗歌与她所处时代的诗歌传统》①一文中，作者首先对龙沙、莫里斯·赛弗等拉贝同时代诗人的诗作进行分析，以还原拉贝创作时的文化语境。随后分析了拉贝诗歌中对当时流行范式的模仿，如她诗歌中的肉欲成分、她爱情主题的表达等。

4. 《作品集》结构研究

受亚里士多德的有机整体论影响，人们在面对作品集时，总是希望寻找作品集的完美结构，这一点，从 16 世纪人们对作品集布局的关注上就有所体现。现代文论也摆脱不了该理论的影响。研究拉贝《作品集》的内在结构显得尤其困难，因为该结构隐藏在《作品集》不均质的表象之下，只有经过细心的琢磨，人们才能找到贯穿其《作品集》的主线。

关于《作品集》的布局，虽然恩佐·施迪奇的《路易丝·拉

---

① Dudley B. Wilson, «La poésie amoureuse de Louise Labé et la tradition poétique de son temps», in *Louise Labé, les voix du lyrisme*, Saint-Etienne, Editions du CNRS, 1990.

贝短评》和马德莱娜·拉扎尔的《路易丝·拉贝》等专著中都有所提及，但都不是很系统。第一本对《作品集》布局进行系统研究的专著是达尼埃尔·马尔丹 1999 年出版的《热恋中女子的符号——〈路易丝·拉贝作品集〉的布局》①。该专著围绕两个主要问题：一是《作品集》各不同部分之间的关系，二是这些不同部分如何有机地结合，从而构成一个整体。作者认为，《作品集》的卷首献辞为女性呼吁进行文学创作的权利，强调写作带来的乐趣，《辩论》和"歌集"中能找到很多与此相关的回声。作者将《辩论》视为卷首献辞中的要求被众神在舞台上演绎。疯神作为女性的代言人，她要求获得与爱神平等的权利。叙述 3 可以被看作《辩论》的铰链，《辩论》在这里从爱神和疯神之间戏剧性的、暴力性的争执转向公正的司法辩论。如同卷首献辞一样，诗人在哀歌中也对里昂的女性们说话，请求她们的宽容和支持。哀歌和十四行诗都体现了《辩论》中的思想：爱神与疯神的结合，爱情经历与写作的结合。作者在分析 24 首十四行诗时首先将 24 首诗分组，在排除了相互呼应的第 1 首和第 24 首诗后，作者将剩下的 22 首诗分成：简单序列（2—4 首）、复杂序列（5—11 首）、中心铰链序列（12—14 首）、第二个复杂序列（15—20 首）、最后一个简单序列（21—23 首）。在每个序列中，要么序列两头的十四行诗相互呼应，要么其他序列中的诗歌与中心铰链序列呼应。作者对文本结构的内部分析不仅清楚地阐释了文本中一些意义模糊之处，而且通过对同一个表达方式或者同一个神话人物在文本不同地方出现时含义的解析，丰富了文本的意义。

----

① Daniel Martin, *Signe（s）d'Amante, l'agencement des Euvres de Louïze Labé Lionnoize*, Paris, Champion, 1999.

　　除了达尼埃尔·马尔丹的这本专著，收录在 1990 年《路易丝·拉贝——抒情的声音》论文集中的《尤利西斯的错误——关于路易丝·拉贝"歌集"组织的几点推测》[①] 一文也对《作品集》可能的布局进行了推测，该文中的某些观点对达尼埃尔·马尔丹也深有启发。作者认为人们对诗集布局的兴趣并不是结构主义的产物，早在文艺复兴时期，人们就开始关注诗集的组织，尤其是彼特拉克的《歌集》。拉贝的《歌集》因为体量有限，因此诗歌之间的联系非常明显，但是具体贯穿歌集的线却很难把握。作者认为拉贝歌集中的三首哀歌不仅自身存在内部联系，而且在整个歌集中充当骨架的作用，它们还是 24 首十四行诗的序言。十四行诗的布局遵循两个原则：缝合与交替。重复的修辞、韵律和词语出现在不同十四行诗的同一位置，这些联系如同一条线将不同的诗缝合起来。但诗歌被缝合起来的同时，寓意相反的诗歌交替出现却时常打断这条线。因此整个歌集表现出一种顿足不前、如同心房纤颤的状态。作者认为第 13 首十四行诗是十四行诗组的中枢，随后又分析了第 1 首十四行诗在《作品集》中的作用，在此诗中，神话人物尤利西斯具有十分重要的意义。拉贝赋予诗中尤利西斯以敏锐的洞察力，但即便如此，尤利西斯依然犯下了以貌取人的错误，而这一错误在《辩论》中也出现了两次，于是，通过尤利西斯这一人物，第 1 首十四行诗与《辩论》被缝合在一起。此外，尤利西斯是一个狡猾的人，诡计在十四行诗组出现了 3 次，推动了爱情故事的前进，成为串联十四行诗

---

　　① François Lecercle, «l'Erreur d'Ulysse, quelques hypothèses sur l'organisation du Canzaoniere de Louise Labé», in *Louise Labé les voix du lyrisme*, Saint-Etienne, Editions du CNRS, 1990.

组的两条逻辑主线之一。

《路易丝·拉贝的哀歌——爱情的重负与写作的重负》[①] 一文是达尼埃尔·马尔丹 1994 年发表的论文，该论文应该是其专著《热恋中女子的符号——〈路易丝·拉贝作品集〉的布局》的前身。在该文中，达尼埃尔·马尔丹通过对拉贝三首哀歌的文本分析，尝试证明长时间以来被评论家们所忽视的哀歌不仅在拉贝的"歌集"中，而且在整个《作品集》中起着非常重要的作用。哀歌在整个《作品集》的中心位置是作者的刻意安排，因为哀歌不仅是"歌集"的开篇，是联结散文《辩论》和十四行诗的桥梁。哀歌通过其内容和布局，暗示了在诗歌表面的爱情故事下，还有一场结局不明的冒险——写作。

5. 诗歌研究

虽然从篇幅上来说，拉贝的诗歌在《作品集》中只占很少的一部分（以 1555 年的《作品集》为例，全书 173 页，哀歌与十四行诗仅仅只有 25 页，只占全书约 1/7 的篇幅），但这并不妨碍人们认为诗歌才是路易丝·拉贝得以流芳后世的杰作。人们对拉贝诗歌研究的重点在于诗歌的韵律和诗歌的诠释。

《路易丝·拉贝的诗句》[②] 一文分析了拉贝 10 音节诗体的格律。作者首先介绍了 16 世纪中叶人们对 10 音节诗体形式的规定，随后分析了拉贝十四行诗是否符合这些规则以及诗中格律和句法之间是否一致。在路易丝·拉贝写作的时期，亚历山大体还没有代替 10 音节体，在处理一些比较崇高和庄重的主题时，人们最常

[①]　Daniel Martin, «Les élégies de Louise Labé: le faix d'Amour et le faix de l'écriture», in *Etudes littéraires*, Volume 27, Numéro 2, 1994.

[②]　Jean-Michel Gouvard, «Le vers de Louise Labé», in *L'Information Grammaticale*, N° 103, 2004.

用的就是 10 音节体。16 世纪人们对 10 音节诗体的格律划分要么是 4—6，要么是 5—5，但实际上，中世纪时较为盛行的 5—5 在当时已经非常少见了。路易丝·拉贝的所有诗歌都遵循了 4—6 模式。为了说明拉贝如何协调 4—6 的格律形式和句法，作者重点研究了拉贝所使用的技巧，如呼语的使用、同一诗句中两个语段的并列等。

《路易丝·拉贝十四行诗 12 中的音乐表达》[①] 一文中，作者认为拉贝十四行诗的基础是欲望。欲望强迫人们去表达，但欲望和欲望的表达之间有差距。在拉贝的十四行诗 12 中，诗人创作的欲望表达为诗人没有能力去控制她的表达工具。在这首诗中，诗人围绕一个主要的隐喻——伪音，来表达自己的欲望。伪音使得艺术家可以超脱乐谱来进行演奏，伪音成为拉贝表达艺术家所面临的各种创作困难的隐喻。尤其是对于一个在男性传统文本语境下使用女性声音进行创作的女性作家，困难可想而知。拉贝使用伪音这个概念特指在传统诗歌语言环境下女性诗人那种模糊的定位。

《再评路易丝·拉贝的十四行诗》主要针对热拉尔·吉约（Gérard Guillot）对路易丝·拉贝诗歌所做出的评语进行批驳。热拉尔·吉约认为拉贝的诗歌"不仅是爱情的诗歌，也是激情与痛苦的诗歌。无法抗拒的容颜造成了心灵的创伤，创伤带来的痛苦是如此巨大以至于坟墓是唯一的解决之道"[②]。作者认为这一结论有其不合理的地方。作者认同拉贝的诗歌是关于痛苦的诗歌，一

---

① Mary Skemp, «Musical expression in Louise labé's twelfth sonnet», in *neophilologus*, Volume 85, 2001.

② M. J. Baker, «The sonnets of Louise Labé, a reappraisal», in *Neophilologus*, LX, 1, 1976, p. 20.

些表面上描绘爱情快乐的诗实际上也表达痛苦，痛苦是贯穿拉贝十四行诗的主旋律。但作者认为拉贝诗歌中所体现出的诗人对痛苦的态度与当时流行的彼特拉克范式不一样。拉贝同时代诗人在处理痛苦这一主题时一般都寻求逃避痛苦，但拉贝在诗中所显示的观点却认为痛苦是可以被控制的，是可以被接受和忍受的。即使诗中明确提到了死亡，但也没有将死亡视为痛苦的解决之道。

综上所述，国外的学者们对路易丝·拉贝进行了广泛且深入的研究。作为法国最伟大的女诗人之一，法国女性主义的源头之一，路易丝·拉贝在法国文学史上占据了非常重要的地位。笔者希望能够将这样一位写下不朽爱情诗句、拥有传奇人生的女诗人引入中国，加强国人对法国文艺复兴时期社会历史文化的了解，尤其是对当时女性写作特征的了解。通过对路易丝·拉贝《作品集》的分析，唤起人们对美好爱情的向往，激励女性追求属于自己的荣誉，像《辩论》中的疯神或"歌集"中所塑造的女诗人那样，拥有自由、解放和敢于与男性争锋的勇气。

第一章

谜之人生

路易丝·拉贝是法国文艺复兴时期一位极具传奇色彩的女作家，她流传至今的作品仅有一部《里昂人路易丝·拉贝作品集》。拉贝作品的语言简单却不肤浅，用词直白却不流于艳俗，其中所流露的感情炙热、直扣读者心灵，使得读者不禁自问，究竟什么样的环境、什么样的人生才能在 16 世纪孕育出这样一位思想前卫、精神自由解放的女诗人。她谜一般的人生让人情不自禁想一探究竟。

第一节　女诗人的家庭

路易丝·拉贝出身于里昂一个资产阶级家庭，她的父亲——皮埃尔·查理（Pierre Charly）祖籍意大利。皮埃尔·查理是一位制绳商，他娶了已故制绳商雅克·昂贝尔·拉贝（Jacques Humbert dit Labbé）的寡妻吉耶梅特·德居塞尔姆阿（Guillemette Decuchermois）为妻，继承了雅克·昂贝尔·拉贝的商号，并以皮埃尔·拉贝的别号进行商业活动。他与吉耶梅特·德居塞尔姆阿没有生养孩子。在第一任妻子去世后，皮埃尔·拉贝再婚，并与再婚的妻子艾蒂耶奈特·卢瓦柏（Etiennette Roybet）养育了5个孩子，三个男孩和两个女孩，其中包括路易丝·拉贝。艾蒂耶奈特·卢瓦柏在1523年左右去世，当时路易丝·拉贝尚且年幼。重新成为鳏夫的皮埃尔有5个年幼的孩子需要照顾，他还要管理自己的手工作坊，维持客户关系。他别无他法，只能于1526年到1527年再次结婚，娶了一位出生于屠夫家庭的姑娘——安托瓦内特·泰拉德（Antoinette Taillard）。当时的安托瓦内特·泰拉德太年轻了，再加上她本人目不识丁，她根本无法对自己的继子女进行严格的教育，因此艾蒂耶奈特·卢瓦柏身后所留下的几个子女完全处于一种无人教养的状态，他们按照自己的喜好自由地成长。皮埃尔·查理与安托瓦内特·泰拉德共生育了2个孩子。

皮埃尔·查理的制绳生意比较成功，自1512年到1548年，因为其良好的口碑，整个里昂市都在用他所制作的绳索。当然，人们无法知道他生意的具体规模，但当时在里昂仅有30个左右的制绳商，他们需要满足人们在战争、运输、包装，以及其他方面的巨大用绳需求。由此可见，里昂的制绳的生意相当繁荣。里昂16世纪上半叶的快速发展使得皮埃尔·查理得以发家致富，他过上了体面且舒适的生活。他不但扩大了自己在阿尔贝尔—塞克（Arbre-sec）街上的房产，在热拉（Gela）庄园上建造房屋，他还拥有里昂市区的好几处房产、圣—樊尚山坡（la Côte Saint-Vincent）附近的地产，以及多菲内地区（Dauphiné）的一些土地。除此之外，他还有足够的流动资金，用来参加了对国王的借款，他的借款都得到了高额的回报。总之，皮埃尔·查理虽然只是一个手工艺者，但他相当富裕，这为路易丝·拉贝的成长和教育提供了一个较为优越的物质条件。

皮埃尔·查理是一个成功的商人，但他并不是一个有文化的人。他有可能识字，因为当时学校老师会对孩子们进行基础的拼读教育。但他很可能不会写字，因为当时的教育将拼读与写字分割开来，学写字更加困难，学费也更加昂贵。有史料证明皮埃尔·查理不会写字：1529 年，里昂的财务官让他去市政府领一笔借款的本息，并在借据的背面签收。他不会签名，只会画押，因此财务官在他的借据后面标注了"应查理的请求"①，并让公证员对他的借据进行认证。从此以后，他所有的借据都是如此画押。因此皮埃尔·查理不可能有足够的文学修养，从拉伯雷或其他法国意大利的文学作品中获得灵感，对路易丝·拉贝进行文学上的启蒙。

1543 年 8 月 15 日，皮埃尔·查理在他 78 岁时立下了遗嘱，5 年后，他又在遗嘱中追加了一部分内容，增加了他第三任妻子可继承的遗产。他在 1548 年到 1550 年去世。

第二节　神秘的青少年时期

人们不知道路易丝出生的准确日期，她可能是皮埃尔·查理和第二任妻子艾蒂耶奈特·卢瓦柏的第二个女儿，人们因此推测她应该出生于 1520 年到 1523 年之间。她的出生地也成谜。乔治·特里库翻阅了里昂档案馆里的无数资料，推测路易丝应当出生于圣·樊尚教区市郊的盖拉。这块土地是艾蒂耶奈特·卢瓦柏的叔叔送给她的嫁妆。

---

① Prosper Blanchemain, *Poëtes et amoureuses：portraits littéraires du XVIe siècle*, Paris, Léon Willem, 1877, p. 65.

她的教育经历也被笼罩在谜团中：她在哪里接受教育？如何接受教育？谁是她的老师？什么样的教育能够让一个出身手工艺者家庭，而且家庭成员几乎都是白丁的年轻女子能够成为一个女性文人，写出了如此脍炙人口的作品。

16 世纪伊始，随着人文主义在欧洲的蔓延，人们开始对教育问题产生兴趣，教育理念也发生了翻天覆地的变化，与教育相关的论文常常被印刷成册。但人们关注的重心是男性的教育，学校的大门依然对女性关闭。对于被禁锢在家庭中的女性来说，知识、文学于她们来说毫无用处，家务、刺绣才是她们在家庭中的立身之本。

对于女性来说，文艺复兴有其进步的一面，那就是人们对才女的接受程度有所提高。公主们和贵族女性接触文化得到了人们的承认，她们有着高人一等的社会地位，这使得她们部分摆脱了女性身份的束缚。此外还有一些大资产阶级的女性，或者印刷商的妻子或女儿们等。总之，文艺复兴时期女性文人的数量比之前任何一个世纪都要多。但这并不意味着社会所有阶层都拥有同样的文化权。大部分出身小资产阶级、手工艺者或农民阶层的女性，她们和男人一样承担着繁重的工作，很难想象她们在劳累了一天之后，能够有雅兴去进行学习和阅读。伦理学家让·布歇（Jean Bouchet）认为对于这些"忙于家务活的女性来说，学习文学是不可能的。因为对于社会底层和农村的女性来说，学习文学是一件令人厌恶的事情"①。如果她们试图学习文学，那就仿佛东施效颦一样徒惹人笑。出身这个阶层的女性们大多待在家里，在

---

① Madeleine Lazard, *Louise Labé*, France, Fayard, 2004, p. 43.

母亲身边学习做家务或在父亲的商店或工场进行职业学习。

但路易丝·拉贝的情况显然不在此列。她的继母过于年轻且目不识丁，无法承担拉贝的教育工作。她的父亲虽然没有文化，但他有足够的经济条件为他的孩子们寻求更好的教育资源。为了找到拉贝的知识来源，人们进行了各种各样富有想象力的猜测。

K. 贝里奥（K. Berriot）和 F. 温伯格（F. Weinberg）认为路易丝可能前往三一神学院（Collège de Trinité）学习。但这个推测正确的可能性不大。虽然三一神学院接受了人文主义的理念，成为一所混合制的学校，但这一混合制指的是社会阶层的混合，而不是性别的混合。学校既接收贵族们的孩子，也接收出身低微的孩子，但学校绝对不会接收女学生。1540 年成为该校校长的人文主义者巴泰勒·阿诺（Barthélemy Aneau）在上交给执政官的一份课程安排和学校组织计划中提到不要女学生，因为"女人对学校来说就是害人精"①。家长们也会反对将男孩和女孩们混在一起。就 16 世纪的社会历史环境来说，男女混校是不被接受，甚至是可耻的。

桃乐茜·奥康娜（Dorothy O'Connor）认为路易丝·拉贝有可能接受了意大利式的、符合人文主义理念的教育，因为她的父亲热爱当时在里昂盛行的意大利文化。来自意大利的思想教导人们以平等的方式对待女性和男性，因此皮埃尔·查理以意大利年轻姑娘的教育为典范，给了他心爱的女儿以一种几乎男性化的教育。当时的意大利年轻姑娘们可以与她们的兄弟们一起进行体育活动或参与各种练习，因此小路易丝不仅学会了跳舞和刺绣，也

① Madeleine Lazard, *Louise Labé*, France, Fayard, 2004, p. 43.

学会了骑马打仗。年轻的意大利姑娘们学习拉丁文和希腊文，路
易丝·拉贝也至少掌握了拉丁文。桃乐茜·奥康娜认为皮埃尔·
查理的教育灵感来自拉伯雷的《巨人传》。《庞大固埃》1532 年
第一次在里昂出版，随后又于 1533 年、1534 年、1542 年再版，
这部小说在里昂可以说是家喻户晓。皮埃尔·查理对路易丝音乐
教育和身体锻炼的重视，这些都可以从拉伯雷的作品中找到原
型。桃乐茜·奥康娜这一推测正确的可能性也不大。首先皮埃
尔·查理本人文化程度不高，他不会写字，是否能认字也不确
定。其次，如果说他意识到良好教育的作用，愿意给路易丝以适
当的教育使得她能够得到更好的社会地位，这不无可能。但要说
他主动提议并鼓励他的女儿学习语言文学，并将路易丝当作男子
来精心培养，这就不太可能了。因为就 16 世纪的社会历史环境来
说，父母会为儿子们，尤其是长子谋取更好的出路，对他们进行
精心的教育。除了一些富贵的家庭，父母对女儿们的教育投入有
限。皮埃尔·查理有三个儿子，他很可能将大部分的教育资源倾注
在能够继承自己事业的儿子们身上，而不是终将嫁为人妇的女儿。

　　一个较为可信的推测认为路易丝·拉贝的文学素养来自自
学。16 世纪的里昂有很多人文主义者以做家庭教师为生，路易丝
有可能旁听了家庭教师教授她哥哥们的课程。在掌握了基本的读
写之后，出于对文学的热爱，她博览群书，这从与她同时代的安
托万·德·维迪尔的记述中可以得到证实，"她书房里摆放得满
满的"① 拉丁文、法文、意大利语和西班牙语的书籍。她所生活
的城市里昂 16 世纪是法国的印刷之都、书籍之都，15 世纪里昂

---

① Antoine Du Verdier, *La bibliotheque d'Antoine du Verdier*, *seigneur de Vauprivas*, Lyon, Barthelemy Honorat, 1585, p. 822.

有 72 个印刷商，16 世纪又增加到了 100 多个。大量的书籍在这里出版流通，里昂书商们的印刷品遍布欧洲各地。无论是婚前还是婚后，优越的家庭条件不仅使得路易丝有足够的金钱用于购买她所想要的图书，而且使得她拥有很多闲暇时间用来进行阅读，且不必为生计发愁。年轻而才华横溢的路易丝就这样通过自学走上了文学创作之路。

里戈洛（Rigolot）提出了另外一个较为可信的推测，即路易丝·拉贝幼年时被送到了女修院创办的女了寄宿学校生活学习。将女孩子送到女修院进行教育是当时非常常见的做法，比如《七日谈》第 22 个故事中的女主人公玛丽·艾罗埃（Marie Héroët），她 5 岁就进了女修院学习。路易丝很可能被送往热拉地区的德塞尔特（Déserte）女修院。这个女修院建于 14 世纪，1503 年加入本笃会，从属于普拉特里埃街（Platrière）教区。路易丝母亲一系的亲戚德尚（Deschamps）一家曾对女修院进行过捐赠。路易丝在生母去世时尚且年幼，最多 3 岁大小。她的继母安托瓦内特在 1526 年或 1527 年嫁给皮埃尔·查理时也非常年轻，目不识丁的她根本没有能力去教导她丈夫和前妻所生的孩子们和她自己即将生育的孩子们。于是，将年幼的路易丝托付给德塞尔特女修院的修女们教导就成为一个非常好的选择。在当时，隐修修女和修道院长通常来自比较高的社会阶层，她们受过良好的教育。修道院中与世隔绝的生活让她们有大量的时间学习、写作，并教导人们托付给女修院的女孩子们读书写字。也许路易丝有幸在女修院里结识了一位类似安娜·德·玛尔盖（Anne de Marquets）的修女，这位修女吃惊地发现小路易丝是如此的聪慧、有天赋，于是她致力于培养她的文学兴趣，让她发现阅读和写作的乐趣。她教授她拉丁文和意大利语，使得她不仅能用这两种语言进行阅读，甚至还能用意大利语进行创作。也许在路易丝离开女修院时，她还将路易丝推荐给里昂知识界的名人们。

　　除了通过广泛的阅读培养文学素养之外，路易丝·拉贝似乎也非常醉心于音乐的学习并从中获得了巨大的乐趣。几乎所有为她写赞诗的诗人都影射了她作为音乐家的才能和她的歌唱天赋：

> 不认识你的人也会敬重你，路易丝
> 只要他们读过你的诗句
> 悠扬的琴音，温柔的嗓音
> 足以让行人流连①

　　在文艺复兴时期的诗歌中，诗琴是一种非常重要的乐器，它不仅是诗人与缪斯沟通的媒介，也是不幸爱情的象征。路易丝将诗琴称为"我不幸的同伴"，它见证了诗人的多愁善感与悲伤。路易丝的音乐才能得到了安托万·德·维迪尔（Antoine Du Verdier）的证实，"她与她的朋友们谈论音乐，不论是唱歌还是乐器，她都非常擅长"②。

　　就这样，在文学与艺术的秘密花园中，这位拥有敏感灵魂的少女渐渐长大。如同其他普通少女一样，她会织布、刺绣，善于家务；但她又如此与众不同，对文学与艺术的喜爱让她摆脱了出身的制约，拥有了更加开阔的眼界和一种不甘雌伏的志气，继而对女性们发出"将思想提升到纺锤和锭子之上"的号召。畅游在

---

① Louise Labé, *Euvres de Louïse Labé Lionnoize*, Lyon, Dvrand et Perrin, 1824, p. 130.
② Madeleine Lazard, *Louise Labé*, France, Fayard, 2004, p. 48.

知识海洋的青少年时光是多么美好，但无忧无虑的少女渐渐长大，她不得不面对自己人生的一个重要转折——婚姻。

第三节 婚姻

进入婚龄的 16 世纪少女们只有两条路可选，嫁人或进入修道院。不论她出身何种社会阶层，哪怕贵若公主，婚姻都是她的命运，是她必须从事的"职业"，否则她就只能进入修道院，苦修终生。

在文艺复兴时期的婚姻市场上，女性处于弱势地位。当时人们普遍重男轻女，因为男孩能够增加家庭的财富，而女孩则是"赔钱货"。扶养教育女孩需要经济上的支出，待到她们成年嫁人后，她们的劳动或财富只会给夫家带来收益，更何况她们的婚姻需要一笔巨大的费用——嫁妆。"从出生那一刻起，嫁妆的阴影就笼罩着妇女：她代表着潜在的损失而不是收益。新娘家送给新郎家的嫁妆只是到 12 世纪才超过男方家给新娘的彩礼，但随后几个世纪，嫁妆急剧增加，并在文艺复兴时期达到顶峰。在那个独一无二的文化繁荣时代，婚姻契约也达到了一个极端：新娘家交出女儿和嫁妆——现金以及妆奁；新郎家承担起供养妻子或寡妇的责任并提供各种实际或象征性的彩礼。在整个文艺复兴时期，不仅经济负担不合比例地转移到新娘一方，而且所需数额也不断攀升。"①

路易丝于 1543 年到 1545 年结婚，那时她已经 20 岁到 25 岁

① ［美］玛格丽特·金：《文艺复兴时期的妇女》，刘耀春等译，东方出版社 2008 年版，第 34 页。

了。当时的法定婚龄是女孩 12 岁，男孩 14 岁。在大多数人看来，15 岁是一个女孩结婚的理想年龄，谨慎的父母会早早地将女儿打发出门，因为老姑娘对一个家庭来说是一种耻辱和负担。路易丝如此晚才结婚应当不是因为家中无力承担高额嫁妆的原因，因为她的父亲皮埃尔·查理是一个成功的商人，他完全有能力为心爱的女儿置办一份体面的嫁妆。路易丝晚婚的原因不明，也许是她想找一个学富五车的丈夫，也许是她的父亲认为自己的女儿如此聪颖，应该能够配得上出身上流社会的贵人。总之，路易丝蹉跎了岁月，最后在 20 岁到 25 岁"高龄"时匆忙嫁人，当时她的父亲已经约 78 岁了。也许是无力再承担制绳工场的管理和劳作，他急需一个女婿的帮助，他为路易丝选择的丈夫埃内蒙·佩兰同他一样，也是制绳商。对于一个像路易丝这样迷人、有思想的女孩来说，埃内蒙并非一个很好的选择。首先他年纪较大，他与路易丝结婚时已近半百，路易丝很可能是他的续弦。16 世纪单身汉非常少见，知天命的埃内蒙之前应该结过婚，不过他当时没有孩子。其次他的经济条件不是很好。他既不像他岳父那样富有，在其所在的制绳商行业也不是很活跃。最后，他很可能对文学和艺术一窍不通。桃乐茜·奥康娜研究了大量里昂人创作的，或献给里昂人的各种献辞、短诗、长诗，里面没有任何与埃内蒙·佩兰相关的内容。此外，路易丝作品集的《赞诗》就好像用诗歌创作的路易丝生平介绍，其中也没有任何影射埃内蒙的内容。由此可见，他很可能并未参与里昂的文化生活。

　　路易丝与埃内蒙的夫妻关系如何，他们之间是否有爱情，人们对此一无所知。路易丝的传记作者们要么致力于为人们描绘一幅夫唱妇随的和谐关系，要么戏谑地将埃内蒙刻画为一个大度能容、头顶绿帽子的丈夫。按照安托万·德·维迪尔的说法，路易丝看不起他，而且毫无顾忌地与别的男性有所牵扯。不过这些都是一些主观臆测。人们最多可以推测出埃内蒙对自己的妻子很满意，因为他在遗嘱中将路易丝列为唯一的全部遗赠继承人。他应该很爱路易丝，如同其他人一样，他感受到路易丝的魅力，欣赏她的才华，并且愿意给路易丝一个好丈夫所能给予的一切。也许他在路易丝幼年时就已经认识她，对她抱有一种亦夫亦父的复杂感情，因此哪怕路易丝成为他的小妻子，他仍然愿意给予未应相夫教子的她足够的自由，让她得以继续徜徉在文学的海洋，甚至在 1554 年以路易丝·拉贝的名字申请国王的出版特许证明。

　　至于路易丝，婚姻给了她更多的自由，她无须面对一个对她不喜的继母。她可以学习任何想学的东西，参加里昂知识分子们的文化活动。成为女主人的她甚至可以在自己家中举办类似沙龙的聚会，接待那些领主、绅士和其他杰出人物。他们在一起交流讨论，阅读"她书房里摆放得满满的"[1] 拉丁文、法文、意大利语和西班牙语的书籍。她的丈夫对此从不干涉，他甚至有可能为拥有这样一个才华横溢的妻子而感到骄傲，证据就是他允许妻子以自己的名义申请出版证明和出书。文艺复兴时期的女性在家庭生活和社会生活中拥有的自由非常有限，所谓的在家从父，出嫁从夫，她基本不被允许有个人意愿。夫妻关系并非一种平等的关系，妻子仅是丈夫的下属。虽然文艺复兴时代的人们重新发现了自由之含义，男性婚姻和家庭关系的理论家们也极力推崇夫妻之间平等友爱的伙伴关系，即路易丝在卷首献辞中所说的妻子"作

---

[1]　Antoine Du Verdier, *La bibliotheque d'Antoine du Verdier, seigneur de Vauprivas*, Lyon, Barthelemy Honorat, 1585, p. 822.

为男性家庭和公共事务的伙伴"，但"主张和重申男人在婚姻中控制女人是一个无法回避的事实"①。丈夫是妻子的监护人，在家庭中对妻子拥有绝对的权威，甚至"一个世纪以后，曾构想一种致力于艰苦工作、和平和宽容的理想社会的人文主义者和圣徒托马斯·莫尔，也认为妇女严格从属于丈夫'是一个人人平等的社会中唯一专制的特色'"②。由此可见，若非得到埃内蒙的允许与支持，路易丝根本不可能以自己的名义出版作品集，她也许只能像当时大部分的女性那样，偷偷摸摸地"培育她们的知识花园"③，匿名或用男性假名出版作品，甚至让自己的作品留存在闺阁之中不见天日。路易丝何其有幸，能够遇到埃内蒙这样一位开明的丈夫，虽然自己对文学不甚了解，却能支持妻子的文学之路，由此可见他应该很爱自己年轻的妻子。

没有任何资料谈及路易丝对埃内蒙的感情，但在《辩论》中，我们可以看到路易丝对婚姻和爱情的思考。她一方面借阿波罗之口强调婚姻中爱情的重要性，"男人（无论他品德如何高尚）离开女人亲切的陪伴，将独自在家憔悴不堪，女人对男人可以一心一意温柔以待，女人可以让男人更加快乐，她温柔地驾驭男人，以防他过度劳累影响身体健康，她为他排忧解难，有时甚至阻止忧愁产生，她让他平静，让百炼刚化为绕指柔，不论他是身体健康还是疾病缠身，她都与他相伴，她让他拥有了两个身体，四个手臂，两个灵魂，比柏拉图《会饮篇》中最初的人类还要完

---

① ［美］玛格丽特·金：《文艺复兴时期的妇女》，刘耀春等译，东方出版社 2008 年版，第 49 页。

② 同上。

③ François De Billon, *Le Fort inexpugnable de l'honneur du sexe feminine*, Paris, Jean d'Allyer, 1555, p. 34.

美，他难道还能否认夫妻之爱值得推荐？这一极乐不是来自婚姻，而是来自维持婚姻的爱情"①；另一方面她也承认婚姻有其不尽如人意之处，"假如不是男人和女人的愚蠢让他们看不到婚姻中的瑕疵，婚姻又能持续多久"②。16 世纪的婚姻是建立在金钱而不是爱情的基础之上，在大多数婚姻安排中，无论美德还是血统标准都不重要：在现实中，金钱是首要的考虑。婚姻就是一种商品交易，这些商品在一份合同中被逐条列出，并注定在交易完成后被交给丈夫保管。由于钱的问题如此迫切，在婚姻契约中扮演着不可或缺的角色的，妇女的需求、渴望和性情成为次要考虑的因素③。相对于现实的残酷，路易丝在《辩论》中所展现的爱情婚姻观比较公允，对婚姻既不过分美化，也不擅加诋毁。在她看来，虽然婚姻并不完美，但婚姻中爱情的存在是毋庸置疑的，生活中男性需要女性的陪伴，夫妻相依相伴才能达到最初阴阳人的完美状态。她对婚姻的这种感悟也许来自她的亲身经历，虽然她与丈夫因为年龄和爱好的差距，可能并没有那种焚天毁地的爱情，但他对她的尊重和赋予她的自由如同细雨一样，在日常的陪伴中滋润着她的心灵，使得她对婚姻和爱情有了更加客观的认识。

根据路易丝的传记作家们的研究，埃内蒙大约于 1555 年 1 月到 1557 年 9 月间去世。1555 年，路易丝出版了《作品集》，1556 年她对《作品集》进行了修订。此后 10 年期间，她再无任何作

---

① Louise Labé, *Oeuvres*, in *Louise Labé*, *La Belle Rebelle et le François nouveau*, édité par Karine Berriot, Paris, Editions du Seuil, 1985, p. 313.

② Ibid., p. 333.

③ [美] 玛格丽特·金：《文艺复兴时期的妇女》，刘耀春等译，东方出版社 2008 年版，第 42 页。

品留下。是因为丈夫的去世让她心如枯槁，封笔不再吟诗？还是作品出版后面对人们的口诛笔伐，她灰心丧气，不愿再继续创作？答案不得而知。总之，从 1556 年到她 1566 年离开人世，她似乎完全脱离的里昂的文学圈，陷入了沉寂之中。

第四节　暮年

　　路易丝生命最后的岁月也被笼罩在一团团迷雾之中。失去了丈夫疼爱与保护的她不得不独自面对社会的动荡、女性出版作品所带来的种种冷嘲热讽和异样的眼光。大部分的传记作家认为她人生的最后 10 年隐居在乡间。1557 年到 1562 年她陆续在帕尔西厄（Parcieu）购买了一些土地，她隐居在此间以躲避世事无常。

　　这一时期，与她直接相关为数不多的史料中最重要的是她 1565 年 4 月 28 日所立下的遗嘱。患病的路易丝在里昂圣—保罗区托马斯·福尔蒂尼（Thomas Fortini）家中立下遗嘱。人们对托马斯·福尔蒂尼也是知之甚少：他是意大利人，1513 年 2 月 22 日出生于佛罗伦萨，自 1551 年起侨居里昂。1557 年到 1559 年公证人记事簿中有与他相关的纪录。他 1572 年之前就返回了意大利。福尔蒂尼是一个商人，人们认为路易丝·拉贝在隐居的 10 年间，很可能委托他代其打理自己的产业，路易丝曾在他的协助下购买了几块土地，而且在遗嘱中将他作为自己的遗嘱执行人。路易丝和福尔蒂尼究竟是什么关系，有人认为他们是朋友关系，有人认为路易丝准备嫁给福尔蒂尼。不管怎么样，在这个动荡的时代，福尔蒂尼作为外籍人士，他的家可以为像路易丝这样的单身女性提供很好的安全保障。

于是，1565 年 4 月 28 日，在福尔蒂尼位于圣—保罗区的住宅中，公证人并王家公证文书誊写人皮埃尔·德·拉夫雷斯特（Pierre de la Forest）受邀来到路易丝的病榻前，在七位证人的见证下，记录下路易丝口述的遗嘱。立遗嘱人和七位见证人中的五位在遗嘱上签了名。这份遗嘱本应被妥善保管起来，在立遗嘱人死后方可揭晓，但它却不翼而飞。幸好日常登记簿中保留了遗嘱的副本，副本一直留存至今并被多次出版。

遗嘱揭示了路易丝所生活的社会阶层、她财产的多寡和她临终的精神状况。她遗嘱的见证人有商人、药剂师、鞋匠、裁缝，这些人出身低微，其中两人甚至不会签名。她财产的价值较为可观：位于贝勒高尔迪艾尔街（Bellecordière）的房产价值 2000 里弗尔；位于帕尔西厄的土地价值 5000 里弗尔；位于圣·让·德·图利纽（Saint Jean de Thurigneu）的仓房价值 800 里弗尔；此外还有一大笔对国王的借款，约价值几千里弗尔。她全部遗赠财产的承受人是她"最亲爱的侄子们，雅克和皮埃尔，已故兄长弗朗索瓦的两个儿子"。福尔蒂尼既是遗嘱执行人，也是特别受遗赠人，他是帕尔西厄谷仓的有用益权人。此外，路易丝还通过遗嘱对她身边的人进行遗赠，显示出她对这些人的同情和关爱。她赠金给三位年轻姑娘，资助她们获得嫁人的嫁妆；她赠衣服给邻居家的四个姑娘；对几位女仆、园丁、仓房管理员、男仆以及他们的家人，她都有金钱或物质上或多或少的馈赠。

人们不知道路易丝逝世的具体日期，但能推测出她在逝世之前缠绵病榻一段时间，她的遗嘱中列举了对药剂师的欠款（44 里弗尔）。公证人拉夫雷斯特记事簿中的记录证明了她被安葬在帕尔西厄，"1566 年 8 月 30 日星期五，布雷斯堡（Bourg-en-Bresse）

定居在里昂的石匠克劳德·德·布尔（Claude de Bourg）确认收
到托马斯·福尔蒂尼的 12 里弗尔 2 索尔，用来支付安葬在帕尔西
厄已故路易丝·查理夫人的墓碑，墓碑上刻有该位夫人的墓志铭
和纹章"①。由此可见，路易丝·拉贝逝世于 1565 年 4 月 28 日
到 1566 年 8 月 30 日之间。与她在诗歌中所刻画的那个激情四
射、充满勇气的传奇女战士形象相反，她在遗嘱中要求"安葬
时不要铺张……夜里，在灯笼光下，除了抬尸人之外，请上四
位牧师即可"②。

　　路易丝的人生如戏。前半生她才名美名远播，"许多博学之
士在全世界宣扬我的美名……不仅在法国，人们对我赞誉有加；
他处我也受到颂扬，尽管我无意于此"③。对于文艺复兴时期出身
低微的女性来说，盛名之下往往是烦扰与中伤。在当时人们的眼
中，女性应当是缄默且顺从的，敢于发出自己声音的女性往往被
扣上不安于室的帽子。路易丝也没逃过这种侮辱，人们把她看作
交际花，一个为了金钱出卖自己肉体的贱女人。面对人们的口诛
笔伐，在丈夫去世后，她如同看破红尘般隐居在乡间，远离她原
来出入的里昂文学圈。她出版《作品集》的 1555 年和《作品集》
再版的 1556 年既是她人生的高潮，也是她文学生涯的终点。不知
道她后来是否后悔年轻时的锋芒毕露，为女性发出不甘居于人下
的呐喊，使得自己被残酷的社会现实弄得遍体鳞伤。也许有那么
一丝悔意吧，因此她才会在人生的最后十年陷入完全的沉默，而
且在遗嘱中要求葬礼不要铺张。

---

① Madeleine Lazard, *Louise Labé*, France, Fayard, 2004, p. 220.
② Louise Labé, *Oeuvres*, in *Louise Labé*, *La Belle Rebelle et le François nouveau*, édité
par Karine Berriot, Paris, Editions du Seuil, 1985, p. 360.
③ Ibid. , p. 282.

　　后世的读者却庆幸她年轻时那么勇敢，敢于将自己的作品付印，敢于与男性文人一较高下，这才让我们听到了那个遥远时代女性的心声与诉求，让我们看到了一个让人产生时空错乱之感的自由解放的女性形象。她的声名穿越了一个个世纪，她谜一般的人生让人们不断遐想。她就是"集美貌、德行、优雅与口才为一身"① 的"美丽的制绳女"——传奇女诗人路易丝·拉贝。

---

　　① Louise Labé, *Oeuvres*, in *Louise Labé, La Belle Rebelle et le François nouveau*, édité par Karine Berriot, Paris, Editions du Seuil, 1985, p. 360.

第二章

美丽的制绳女

第一节　交际花之说

目前已知的直接或间接与路易丝有关的历史资料，最早的一份是 1547 年尚普努瓦·菲利伯特·德·维埃纳（Champenois Philibert de Vienne）在让·德·杜尔勒印刷工场出版的《王廷哲学家》（*Le Philosophe de court*）。在这本书中，"里昂的制绳女"以值得尊敬、不唯利是图的交际花面貌出现，作者借此讽刺当时吝啬和财富至上的世风，并以反讽的口吻嘲笑廷臣们的生活方式①。

1555 年，在路易丝·拉贝出版《作品集》的同一年，弗朗索瓦·德·比翁（François de Billon）在巴黎出版了《女性荣誉坚不可摧》。在这部作品中，德·比翁提到了有关"美丽的制绳女"的一些流言蜚语，并为她进行辩护，他认为这些不好的谣言都是"恶意妒忌"的产物，是对诗人才华的嫉妒，"这位制绳女巾帼不让须眉：尤其是她能够做男性才会做的事情，比如使用武器，甚至是写

---

① Champenois Philibert De Vienne, *Le Philosophe de court*, Genève, Droz, 1990, p. 138.

作，这完全可以让她摆脱那些嫉妒她的人对她进行的嘲讽"①。

随后，在 1559 年出版的一本法国歌集中，出现了一首名为《里昂美丽的制绳女新歌》，歌中唱道：

> 那天，我走上了
>
> 通往里昂的道路
>
> 我住在 制绳女的家中
>
> 我要将好的伴侣作
>
> 靠近一些，我的朋友，
>
> 美丽的夫人说：
>
> 靠近一些，我的朋友，
>
> 长夜漫漫，我如何度过②。

这首歌的作者已经无法考证，但歌中的制绳女很明显是一位在家中接待恩客的交际花。

让·加尔文（Jean Calvin）在 1566 年出版的作品集中，对里昂圣—让教堂的唱诗班成员加布里埃尔·德·沙高奈（Gabriel de Saconay）发起了攻击，称他是一个放荡的人，批评他习惯于用穿男装的女人来取悦他的客人们，在这些女人中"他常常使用一个非常有名的荡妇，那就是美丽的制绳女"③。

---

① François De Billon, *Le Fort inexpugnable de l'honneur du sexe feminine*, Paris, Jean d'Allyer, 1555, p. 14.

② Pierre-Marie Gonon, *Documents historiques sur la Vie et les Moeurs de Louise Labé*, Lyon, Imprimerie de Dumoulin, Ronet et Sibuet, 1844, p. 11.

③ Jean Calvin, *Recueil des opuscules de Jean Calvin*, Geneve, Batiste Pinereul, 1566, p. 1822.

　　路易丝·拉贝去世 7 年后，议事司铎、历史学家纪尧姆·帕拉登（Guillaume Paradin）1573 年在里昂著名出版商安托万·格雷弗（Antoine Gryphe）的印刷工场出版了《里昂历史回忆录》。在该书中，他对路易丝·拉贝和里昂另外一位女诗人贝尔奈特·德·基约大加赞赏，并将她们视作贞洁且智慧的女性典范："本世纪，在国王弗朗索瓦一世和亨利二世统治时期，两位女性像两颗光芒四射的星辰冉冉升起，两个高贵而贞洁的灵魂如花般绽放，她们俩就像是两条美人鱼，她们受到了各种有利的影响，拥有我们这个时代女性最可贵的知性。她们中的一个叫路易丝·拉贝。她如天使般美丽，不过她的美丽在她的灵魂前不值一提，因为她的灵魂是如此贞洁，如此诗情画意，少见地博学，似乎上帝把她创造出来就是为了让她作为一个天才被人们欣赏……这位仙女仅仅通过她的写作和她的贞洁就被人们熟知。另外一个女性叫做贝尔奈特·德·基约。"[①]

　　纪尧姆·帕拉登对路易丝·拉贝和贝尔奈特·德·基约的赞美之词成为里昂另外一位著名的历史学家克劳德·德·鲁比（Claude de Rubys）对他进行批评的口实。1574 年，克劳德·德·鲁比在同一个出版商那里出版了《里昂的各种优惠、特权和免税政策》，他认为帕拉登不应该将路易丝·拉贝作为美德和贞洁的典范推荐给里昂的女性们，因为"这位不知羞耻的路易丝·拉贝，所有人都知道她一直干着交际花的行当直到她去世为止"[②]。他认为帕拉登作为一个历史学家，没有一个严谨的工作态度，经

---

　　①　Guillaume Paradin, *Memoire de l'Histoire de Lyon*, Lyon, Antoine Gryphius, 1573, p. 355.

　　②　Claude De Rubys, *les privileges, franchises et immunitéz de la ville de Lyon*, Lyon, Antoine Gryphius, 1574, p. 27.

常将自己在街头巷尾听到的杂谈作为历史史实记录下来。他以路易丝·拉贝和贝尔奈特·德·基约为例说明帕拉登所记录的历史不可信,"在他的里昂历史中,他称颂与他同时代的里昂两位著名的交际花。其中一个是贝尔奈特·德·基约,她是一个修道院院长和修道士们的胯下玩物。另一个是路易丝·拉贝,别名美丽的制绳女,她不仅在里昂,而且在整个法国都很有名,是帕拉登那个时代最著名的交际花之一。但是帕拉登却将她们称作贞洁的镜子和美德的典范。他一直待在里昂,却能把与他同时代发生在里昂的事情弄错,我们又如何能相信他所记录的已经过去的世纪里所发生的事情呢"①。

弗朗索瓦·格吕德(François Grudé),目录学家,1584 年在他的图书目录中第一次明确将路易丝·拉贝和"美丽的制绳女"这个称号联系在一起:"里昂人路易丝·拉贝,一位非常博学的女性,通常被称作里昂美丽的制绳女……她诗歌和散文都写得很好。她用法语写了对话式散文,名为《疯神与爱神的辩论》,该散文与她自己创作的和她朋友们创作的诗歌一起被印刷出版,所有的东西被集合成册,1555 年在里昂由让·德·杜尔勒出版,作品集的标题是《里昂人路易丝·拉贝作品集》"②。

同一年,皮埃尔·德·圣朱利安(Pierre de Sainct Julien)在他的作品中也对路易丝·拉贝有所提及:"路易丝·拉贝,又名美丽的制绳女〔她的作品很好地显示出莫里斯·赛弗(Maurice

---

① Claude De Rubys, *Histoire veritable de la ville de Lyon*, Lyon, Bonaventure Hugo, 1604, p. 2.

② François Grudé, *Premier volume de la bibliotheque du sieur de La Croix du Maine*, *qui est un catalogue general de toutes sortes d'autheurs qui ont escrit en François depuis cinq cents ans et plus*, Paris, A. l'Angelier, 1584, p. 291.

Scève）博学而欢快的思想，而不是一个普通交际花的思想］"①。

安托万·德·维迪尔（Antoine Du Verdier），瓦尔普里瓦的领主，著名人文主义者，与弗朗索瓦·格吕德齐名的目录学家，他认为路易丝·拉贝是一个交际花，但将《作品集》的所有权归于路易丝·拉贝。他在作品中写道，"路易丝·拉贝，里昂交际花（因为嫁给了一个制绳工，被人们称作美丽的制绳女）"②。路易丝·拉贝在自己的家中接待那些领主、绅士和其他杰出人物，他们在一起交流讨论，阅读"她书房里摆放得满满的"③拉丁文、法文、意大利语和西班牙语的书籍。安托万·德·维迪尔将她放进自己的书目中，"不是因为她是一个交际花，而是因为她所写作的东西"④。

17 世纪，路易丝·拉贝的作品没有被再版，评论家和历史学家也很少提及她。只有纪尧姆·高勒岱（Guillaume Colletet）在他的《法国诗人们的生平》中对她有过简短的评述。虽然他非常欣赏路易丝·拉贝的作品，但对于路易丝·拉贝品行的判断，他与德·鲁比和德·维迪尔的观点一致，"我们可以肯定，路易丝·拉贝在品行上比在诗歌上更加不拘一格"⑤。

18 世纪人们开始努力洗刷路易丝·拉贝名誉上的污点。夏尔—约瑟夫·德·鲁尔茨（Charles-Joseph de Ruolz）提出了一些新颖的观点。他认为人们不应该用对待普通女性的标准去要求一位有才华的知识女性，对知识女性的道德评判和质疑实际上往往

---

① Pierre De Sainct Julien, *Gemelles ou Pareilles*, *livre* Ⅱ, Lyon, Charles Pesnot, 1584, p. 324.

② Antoine Du Verdier, *La bibliotheque d'Antoine du Verdier*, *seigneur de Vauprivas*, Lyon, Barthelemy Honorat, 1585, p. 822.

③ Ibid. .

④ Ibid. .

⑤ Madeleine Lazard, *Louise Labé*, France, Fayard, 2004, p. 235.

是出于当事人的无知和嫉妒。路易丝也是如此，虽然她的作品中有些内容不符合社会惯例，她诗歌中情感自由奔放不是她个人的错误，而是她所处时代造成的。贵族家庭出身的克莱曼丝·德·布尔日接受成为她的献词对象足以证明她的清白①。

19 世纪，《作品集》被再版了八次。学者们继续对路易丝·拉贝的品行发表各自不同的意见。布赫高·德·吕（Breghot du Lut）认为那些可能认识路易丝·拉贝的人都对其大加赞赏，认为她的品行无可指摘，而那些不认识她的人才会对她的品行加以鞭笞。虽然路易丝·拉贝用火热的语言来歌唱爱情，"但谁能保证她爱恋的对象不是她的丈夫埃内蒙·佩兰本人呢？抑或是她想象中的爱人，就好像诗人们歌颂那些风中的鸢尾花，那些从来都没有存在过的菲利斯，那些塞尔维"②。

而路易—玛丽·普吕多姆（Louis-Marie Prudhomme）则认为考察路易丝·拉贝的品行要考虑到当时的时代特征。"路易丝·拉贝所处的那个时代，对女子说甜言蜜语是一件荣耀的事情，路易丝·拉贝身边围绕着众多仰慕她的人。如果她能够抵抗如此之多的诱惑，那她的不为所动简直就可以说是一种英雄主义了。"所以，路易丝·拉贝作为一个女人，通常无法抵抗男性的这种殷勤，这就是她生活放荡的原因。但"与她同时代的大部分人认为，她精神上的高雅、对学习的兴趣、她对于其所属时代来说各种非同寻常的才华，足以洗去她行为上享乐主义的所有污点"③。

① Charles-Joseph De Ruolz, *Discours sur la personne et les oeuvres de Louise Labé lyonnaise*, Lyon, imprimerie d'Aymé Delaroche, 1750, pp. 13 – 26.

② Breghot Du Lut, *Notice sur la rue Belle-Cordière*, Lyon, Barret, 1828, pp. 8 – 9.

③ Louis-Marie Prudhomme, *Biographie universelle et historique des femmes célèbres*, tome 3, Paris, Lebigre, 1830, p. 122.

20 世纪，评论家们除了尝试继续洗刷路易丝·拉贝品行上的污点之外，开始将研究重点放在文本上，主要讨论路易丝·拉贝作品中语言和情感的真实性。同时，路易丝·拉贝也成为性别研究的重点人物。

历史上关于路易丝·拉贝品行的讨论，论据基本上来自与她同时代人对她的评价。后世的学者们或者接受了克劳德·德·鲁比和让·加尔文的观点，认为她是一个交际花，或者赞同纪尧姆·帕拉登的观点，认为她是贞节的典范，她交际花的名称不过是男性们恶意妒忌的产物。中立一些的观点则认为路易丝·拉贝的品行并非完全的无可指摘，但她这种自由的生活方式是时代造成的，而且这种生活方式有助于路易丝通过写作施展她的才华。笔者认为关于路易丝·拉贝是否是交际花这个问题不适合用简单的"是"或"否"来回答。时代的不同带来了不同的道德评判标准，也许 16 世纪人们视为出格的举动在当今也只是稀松平常。至于路易丝究竟是否真的出卖肉体来换取利益，这一点并没有明确的历史记录。因此，无论断言她"是"或者"不是"交际花都有武断之嫌。

第二节　女诗人的爱情故事

关于诗歌中那个让路易丝又爱又恨，让她生活在水深火热之中，让她发出：

我生，我死：我燃烧，我沉溺
我感觉热不可耐却又寒彻入骨

生活对我来说既甜蜜又痛苦

相互纠缠的是我的快乐与忧郁

　　这般哀叹的那个冤家是谁，路易丝·拉贝的传记作家们进行了种种猜测。谁为她带来了那些炙热的爱情诗句的灵感？是一个人还是几个人？这些问题至今没有一个完全令人满意的答复。与她同时代的、指责她是交际花的人并没有提到她情人的姓名。直到19世纪，路易丝《作品集》的出版商之一布赫高·德·吕才首次猜测路易丝热恋的对象可能是奥利维尔·德·马尼（Olivier de Magny），两位传记家图尔克迪（Turquety）和 P. 布朗什曼（P. Blanchemain）紧随其后将其列为路易丝的追求者之一，从此她的爱情传说终于有了一个男主角。

　　奥利维尔·德·马尼1529年左右出生于卡奥尔。他来自资产阶级家庭，父亲是银行家，曾担任行政官员。他本人在学业结束后来到巴黎，开始时担任宫廷诗人雨果·萨莱勒（Hugues Salel）的秘书，这一职务让他能够接触宫廷并结识了当时的一些名人，如皮埃尔·德·龙沙和若阿香·杜·贝莱等。在他们的影响下，他也开始进行诗歌创作，培养自己的文学能力。雨果·萨莱勒去世后，他为阿旺松（Avanson）领主让·德·圣—马塞尔（Jean de Saint-Marcel）效力，1550年左右他陪伴让·德·圣—马塞尔前往罗马完成一项外交任务。也许就是在这次前往意大利的旅途中，他途经里昂并认识了路易丝·拉贝。1555年，他从罗马返回巴黎时再次途经里昂。

　　图尔克迪和 P. 布朗什曼两位传记家认为路易丝可能爱恋过奥利维尔·德·马尼，却被奥利维尔始乱终弃。1550年左右，奥利维尔作为秘书陪同大使让·德·圣—马塞尔前往罗马。16 世纪,旅行尤其是官方出行讲究排场,前进速度缓慢。大使一行曾在里昂停留很长时间等待进一步指示。也许奥利维尔正是在此次旅行中结识了路易丝·拉贝。对于里昂文学圈来说,奥利维尔的到来应该掀起了一阵热潮。作为伟大诗人龙沙的朋友和首都巴黎来的宫廷诗人,奥利维尔在里昂这个渴望了解首都新事物的城市也许受到了众星拱月般的待遇。路易丝为他而着迷,就好像萨福与法翁的初识。从此之后,她的眼中只有这位年轻且才华横溢的诗人。但她并非单相思,奥利维尔也为路易丝的美丽与才华所倾倒。他们俩的相遇相爱如同命中注定,奥利维尔在为路易丝创作的赞歌中写道:

> 当我第一次走近她
>
> 这一切都是命运的安排
>
> ……①

路易丝在第 20 首十四行诗中对此作出回应:

> 那是我们第一次相见
>
> 看着他陷入命中注定的爱情

路易丝当时正值盛年。奥利维尔比她小四岁到五岁,他有活力、有激情、擅文字、会写诗,对于女性来说,他是一个很容易

---

① Prosper Blanchemain, *Poëtes et amoureuses portraits littéraires du XVIe siècle*, Paris, Léon Willem, 1877, p. 203.

让人产生好感的翩翩公子。他的才华、性格、社会地位和年纪对于一个成熟且渴望爱情、充满文学幻想的女性来说具有致命的吸引力。很快路易丝与奥利维尔的心灵就产生了共鸣。假如人们将他们的诗作放在一起进行对比研究，就会发现他们似乎总在一唱一和。他们的作品拥有相同的气息，他们的思想和表达相互呼应，向人们展现了一对恋人的爱情悲喜。

比如路易丝第 23 首十四行诗的前四句：

> 唉！这一切有何意义
> 哪怕你曾经赞美我金色秀发
> 将我美丽的双眼
> 比作两轮太阳

再看奥利维尔赞歌中的诗句：

> 丽人啊
> 你拥有美丽的金色秀发
> 它甚至让黄金黯然失色
> 你的双眼如同两颗星辰

这几句诗歌难道不像恋人间的絮絮私语？路易丝这几句诗词的灵感很可能来自奥利维尔写给她的赞诗。

此外，路易丝"歌集"第 2 首十四行诗的前八句：

> 哦美丽的棕色双眼，哦躲闪的目光

哦温热的叹息，哦飘洒的泪水

哦徒然等待的黑夜

哦徒然回归的白天

哦悲伤的呻吟，哦挥之不去渴望

哦失去的时光，哦挥霍掉的痛苦

哦千般死亡被织成千条线

哦这是我命中注定的苦痛

　　这八句诗一字不差地出现在奥利维尔诗歌集《悲歌》的第55首十四行诗中。路易丝·拉贝的《作品集》出版于1555年，奥利维尔的《悲歌》出版于1557年。奥利维尔不仅了解路易丝的作品，他也应该认识路易丝本人，而且非常欣赏她的才华，否则他不会为路易丝写赞歌，而且在自己的诗歌中引用路易丝的诗句。

　　路易丝在哀歌Ⅱ中为情人不在身边而悲伤。她的心上人前往波河，波河是意大利最大的河流。情人来信"承诺说很快就踏上归途"，等待了两个多月的女诗人因为情人的迟迟未归心生焦虑：

你是否将我抛在脑后

你的承诺也不再作数

我一直为你守身如玉

你怎敢如此对我

你是否依然徘徊在波河

也许只是你的心

燃起其他爱火

你始乱终弃爱上其他女子

世事无常

你是否将对我忠诚的誓言遗忘

　　奥利维尔离开里昂，出发前往罗马继续他的官方旅行。孤独的女诗人独自在里昂翘首期盼着情人的回归。在交通不便、通信不畅的 16 世纪，音讯全无的漫长等待对于恋人们来说是一种痛苦的煎熬。即便是路易丝这样一位骄傲、自由的女性也如同其他陷入爱河的女子们一样，开始怀疑情人移情别恋。

　　在完成意大利的公事之后，奥利维尔再次回到里昂。恋人间的重逢无疑是炙热而甜蜜的，仿若阳光撕开了厚重的乌云，仿若星辰将黑夜点亮：

明亮星辰回归让人喜悦

但让人更加幸福的

是他的深情凝望

这会让她度过美好的一天

　　但即使是天空最明亮的星星，也比不上情人深情凝望的眼睛。爱情让这对恋人琴瑟共鸣，让他们才思泉涌，写下如此炙热的诗句。

　　但如果爱情过于强烈，如同烈火般将一切燃尽，激情过后，也许只剩下满目疮痍。路易丝与奥利维尔的爱情故事并没有一个美好的结局。重返里昂的奥利维尔必须在规定的时间里回巴黎复命，他无法留在路易丝身边。这次的分离比前一次的更加残忍和痛苦，尤其在他们品尝了爱情的甘美之后。没有细水长流的相守，无论当初多么炙热的爱情都经不起时间与距离消磨。路易丝在消沉了一段时间之后，在欣赏她诗作的朋友们的敦促下，决定出版自己的作品集来纪念她消逝的爱情。未曾想到，她的《作品集》一出版就获得了巨大的成功，名声大噪的她获得了更多的关注，其中不乏倾慕于她的人。当路易丝得知奥利维尔甚至在与她热恋的时候，也没忘了寻花问柳，在罗马与意大利的交际花们打得火热，失望的她渐渐抛开了那段恋情，转而眷恋起里昂一位年轻而出色的律师克劳德·德·鲁比。再次回到里昂、本以为可以旧情复燃的奥利维尔发现路易丝爱恋上别人，嫉妒与愤怒冲昏了他的头脑，他写下《献给埃蒙先生的赞歌》。诗中头戴绿帽子的制绳商影射的就是路易丝的丈夫埃内蒙·佩兰。诗中情人诋毁情妇的丈夫，将他描绘成身穿油腻腻的工作服，关心"绳子周长"①胜过其他男人对自己妻子示爱的人。他还在诗中用隐晦的方式揭发了克劳德·德·鲁比与路易丝的私情。

奥利维尔《献给埃蒙先生的赞歌》不仅让路易丝深陷丑闻，而且成功地让她被克劳德厌弃。心胸狭隘的克劳德将被路易丝卷入丑闻的怒火尽数发泄出来，他在 1574 年出版的《里昂的各种优惠、特权和免税政策》和 1604 年出版的《里昂真正的历史》两本书中，将路易丝贬斥为毫无廉耻之心的交际花。

曾经的情人们与自己反目成仇，从前爱有多深，此时的路易丝就有多痛苦。在丈夫埃内蒙·佩兰去世后，失去丈夫庇护的路易丝不得不隐居乡下，以逃避这残酷的世情和流言蜚语。一位

---

① Pierre-Marie Gonon, *Documents historiques sur la Vie et les Moeurs de Louise Labé*, Lyon, Imprimerie de Dumoulin, Ronet et Sibuet, 1844, p. 8.

美名远扬、才华横溢的女诗人就此陷入沉寂之中。

　　这就是女诗人的爱情故事，虽然故事的真实性并未得到研究路易丝的学者们的一致赞同，严肃的传记家们认为故事中想象成分过多，但故事弥补了路易丝生平资料不足所带来的缺憾。才子与佳人的爱情故事，配上传唱至今的爱情诗句，这为女诗人和《作品集》增添了一抹玫瑰色的光彩。

第三章

作品归属之争

第一节　于雄对《作品集》真实作者的质疑

在法国当代学者中，针对路易丝·拉贝提出最具颠覆性论题的是米蕾耶·于雄。米蕾耶·于雄是索邦大学教授，法国荣誉勋位勋章获得者，法国 16 世纪语言文学研究专家。她在 2005 年出版的《路易丝·拉贝，一位虚拟诗人》中对路易丝·拉贝的身份提出新的观点：她并不否认 16 世纪里昂存在一个名叫路易丝·拉贝的交际花，但这个交际花并非《作品集》的作者。她认为《作品集》的真正作者是围绕在莫里斯·赛弗周围、与出版商让·德·杜尔勒关系密切的几位男性诗人，如克劳德·德·达耶蒙（Claude de Taillemont），让-安托万·德·巴伊夫，奥利维尔·德·马尼（Olivier de Magny）等。《作品集》是一部用假名发表的作品，是这些男性诗人借用了交际花路易丝·拉贝的名字，作为女诗人的路易丝·拉贝是不存在的。她最重要的论据之一就是历史上对路易丝·拉贝的评价自相矛盾，她倾向于认为人们对路易丝·拉贝的负面评价是真实可信的。

《路易丝·拉贝，一位虚拟诗人》出版后第二年，法兰西学院院士马克·弗马罗利在《世界报》上发表了《路易丝·拉贝，一次绝妙的冒名顶替》来支持米蕾耶·于雄的论题。他认为"米蕾耶·于雄的论证是无可辩驳而且令人喜悦的，尽管她的论证将会使 19 世纪以来那些评注家和传记作家们羞得无地自容，因为他们仅仅从字面意思去理解这一高水平的双重诗歌游戏，却并没有抓住其中隐含的诙谐幽默"①，并做出了"路易丝·拉贝退场"②的结论。

埃马纽埃尔·比隆（Emmanuel Buron）在《克劳德·德·达耶蒙与〈不同诗人写给里昂人路易丝·拉贝的赞歌〉——针对米蕾耶·于雄〈路易丝·拉贝，一位虚拟诗人〉的讨论》一文中表明他与米蕾耶·于雄在一些问题上观点一致。他也认为《辩论》不是路易丝·拉贝的作品，它来自当时人们对爱情的讨论，而路易丝·拉贝仅仅是作为一个秘书，记录了当时她参加的沙龙上人们的谈话内容。

埃马纽埃尔·比隆指出，1550 年左右的里昂，男性诗人常常用女性的口吻来写作诗歌。他还指出《不同诗人写给里昂人路易丝·拉贝的赞歌》（以下简称《赞歌》）就好像出版广告，其中的诗歌并不是为路易丝·拉贝而作，而是其他诗集中诗歌的重复使用，甚至有可能在诗歌作者不知道的情况下，因此诗歌中似乎与路易丝·拉贝生平有关的内容没有任何参考价值。不过，他也反对在没有翔实资料的情况下，就将路易丝·拉贝定性为"虚拟诗人"，"我们必须承认，在路易丝·拉贝身上，许多事情我们都没

---

① Marc Fumaroli, «Louise Labé, une géniale imposture», in *le monde*, le 11 mai, 2006.
② Ibid. .

有弄清楚，因此才会出现如此丰富的假设"①。

米蕾耶·于雄对《作品集》真实作者提出质疑的主要论据大致如下：

（1）于雄认为路易丝·拉贝一生仅留下一本薄薄的《作品集》，之后再没有任何作品留下，作者在此书 1555 年出版、1556 年再版后就陷入了完全的沉默，这非常可疑。

（2）于雄倾向于认为路易丝·拉贝是一个交际花，不可能有进行诗歌创作的才华。与路易丝·拉贝同时代的两位历史学家，帕拉登和德·鲁比在有关她的品行问题上观点针锋相对。于雄认为纪尧姆·帕拉登过分赞扬了路易丝·拉贝，"用词完全没有历史学家应有的简明扼要"②，在他的笔下，贝尔奈特·德·基约和路易丝·拉贝简直是"她们那个时代最智慧的女性"③。而德·鲁比揭发出路易丝·拉贝是一个交际花，他的工作态度更加严谨，更加符合历史学家的标准，因而他的结论更加可信。于雄认为在 16 世纪的社会历史条件下，路易丝·拉贝作为一个交际花不可能拥有很高的文化水平，能够创作出拥有如此深厚文化底蕴的作品。关于两位历史学家之争，问题的意义并不在于路易丝·拉贝是否是交际花，而是交际花能否拥有足够的学识进行文学创作。于雄认为交际花不可能成为诗人。

（3）于雄提到很早就有人怀疑《作品集》的真实作者了，比如皮埃尔·德·圣朱利安就认为莫里斯·赛弗是《辩论》的真正

---

① Emmanuel Buron, «Claude de Taillemont et les Escriz de divers Poëtes à la louenge de Louïze Labé Lionnoize. Discussion critique de Louise Labé, une créature de papier, de Mireille Huchon», in *L'information littéraire*, *les belles lettres*, Vol. 58, 2006/2, p. 46.

② Mireille Huchon, *Louise Labé, une créature de papier*, Genève, Droz, 2005, p. 117.

③ Ibid..

作者。于雄注意到《辩论》中的许多神话元素与莫里斯·赛弗的作品《虔诚的基督教徒、法国国王亨利二世胜利驾临古老而高贵的里昂城之盛况》中的神话元素相似,两部作品有着"相同的想象事物"①。

（4）于雄认为《赞歌》揭示了莫里斯·赛弗是这一《作品集》的发起者,他以及同他相熟的诗人参加了《作品集》的撰写。于雄认为我们可以从《赞歌》中的一些诗篇中推断出莫里斯·赛弗在这一行动中的决定性地位。

第二节　学界对于雄观点的质疑

米蕾耶·于雄的书出版后,引发了一场关于路易丝·拉贝是否真实存在,她是否是《作品集》真正作者的讨论,众多研究路易丝·拉贝和法国 16 世纪文学的学者参加进来。2008 年 6 月 25 日,在法国文化广播电台,米蕾耶·于雄和艾丽阿讷·维埃诺（Eliane Viennot）展开了关于"美丽的制绳女"是《作品集》真正作者,还是一群男性诗人借用名的辩论。除了这场在电台的辩论之外,学者们也纷纷撰文,或支持米蕾耶·于雄的观点,或对她进行反驳。大部分研究 16 世纪的专家并不认同米蕾耶·于雄的观点,认为她的论证仅仅是一系列推测,没有任何具体证据能够支持她的论题。

针对路易丝为何只有一部作品,路易丝的传记作家马德莱娜·拉扎尔提出自己的观点,她认为在路易丝·拉贝的作品出版后不

---

① Mireille Huchon, *Louise Labé*, *une créature de papier*, Genève, Droz, 2005, p. 33.

久，里昂就因为鼠疫和宗教战争经历了一段艰难时期，当时的社会历史环境不利于爱情诗歌的发展，"王室政策的改变，以及随后的宗教战争和国内战争使得里昂声势锐减。许多大商人离开了里昂，和路易丝·拉贝来往密切的文人作家团体也渐渐解散、消失了。……宗教斗争愈演愈烈，经济形势越来越困难，里昂开始走上了衰落的道路"①。克劳德·杜讷东（Claude Duneton）也认为"当时是一个历史的转折时期——于雄女士装作忘记了这一点：在法国，因为宗教改革的危机，世界发生了翻天覆地的变化……里昂1555 年之后，轻松的时代很快就要结束，情色十四行诗的季节也将过去"②。

　　关于交际花能否成为一个诗人，米歇尔·儒尔德（Michel Jourde）的观点与于雄的观点相反，"16 世纪末，那些将路易丝·拉贝描绘成交际花的人丝毫不怀疑路易丝·拉贝是其《作品集》的真正作者"③。因为"对于他们来说，一个出版作品的女性是一个公共的女人"④，一个交际花，更何况路易丝·拉贝在描写爱情和对爱人的渴望时用词比较直白和露骨。在 16 世纪的社会环境下，许多出版自己作品的女性都被认为品行不端，帕拉登盛赞的路易丝·拉贝和贝尔奈特·德·基约在德·鲁比的笔下是两个交际花，而德·鲁比称为"纯洁珍珠"的克莱曼丝·德·布尔日在德·维迪尔看来也是一个交际花。因此"交际花"反而能够成为路易丝·拉贝是女诗人的佐证。

---

① Madeleine Lazard, *Louise Labé*, France, Fayard, 2004, p. 8.

② Claude Duneton, «je vous salue, Louise», in *Le Figaro littéraire*, 9 mars, 2006.

③ Michel Jourde, «Louise Labé, deux ou trois choses que je sais d'elle», in *Cultures et société en Rhône-Alpes*, N°2, 2008, p. 74.

④ Ibid. .

　　针对米蕾耶·于雄认为《辩论》的真正作者是莫里斯·赛弗的观点，学者们也给予反驳。首先皮埃尔·德·圣朱利安并没有断言《辩论》是莫里斯·赛弗的作品，他只是说路易丝·拉贝的"作品很好地显示出莫里斯·赛弗博学而欢快的思想，而不是一个普通交际花的思想"①。米蕾耶·于雄错误地理解了皮埃尔·德·圣朱利安想要表达的意思。皮埃尔·德·圣朱利安想表达的意思是路易丝·拉贝作品中的博学超越了普通交际花的水平，可以达到与莫里斯·赛弗思想媲美的程度。其次，虽然两部作品有相同的想象，但这一点并不能成为《作品集》是假名发表的佐证。因为文艺复兴时期，所有作品的基础都是一种模仿，这就是当时的背景，甚至是当时创作的技巧。"'复兴'这个概念，在它的历史和文化接受上，承载着另外一个同样具有丰富内涵的概念，那就是模仿（imitation）"②，包括对古人的模仿，对彼特拉克的模仿，对新柏拉图主义的理解与应用。因此，路易丝·拉贝和莫里斯·赛弗作品中出现同样的隐喻、同样的神话和主题并不令人诧异。

　　于雄关于《赞歌》中能够揭示出莫里斯·赛弗是《作品集》发起者的分析被达尼埃尔·马尔丹（Daniel Martin）认为比较牵强附会。比如根据于雄的分析，克劳德·德·达耶蒙在写给路易丝·拉贝的赞诗中提到了"太阳"，因为他曾经在另外一首诗中用"太阳"来隐射赛弗，所以这首歌颂路易丝·拉贝的诗歌其实是写给赛弗的。这样的分析并没有很强的说服力，因为我们无法确定在克劳德·德·达耶蒙的笔下，"太阳的光芒让另外一个星

　　①　Pierre De Sainct Julien, *Gemelles ou Pareilles*, livre II, Lyon, Charles Pesnot, 1584, p. 324.

　　②　Guy Poirier, *la Rennaissance*, *hier et aujourd'hui*, Canada, l'Harmattan, 2003, p. 213.

球发光"这一意象就一定是指莫里斯·赛弗。至于《赞歌》中的诗基本不是在歌颂一个女诗人,有的甚至不是歌颂路易丝·拉贝本人,某些诗歌还表达出对被歌颂对象的一种蔑视,达尼埃尔·马尔丹认为这很正常,因为《赞歌》其实是出版广告,"不可否认,《赞歌》有人工痕迹:因为它们是一种广告,很明显,人们不得不对其内容进行填充,也许是因为赞诗的数量要达到 24 首,对应着路易丝·拉贝 24 首十四行诗"①。这些用作内容填充的赞诗并非特意为路易丝·拉贝所作,而是诗人重复利用了别处创作的诗歌,但这种"16 世纪常见的重复利用并不一定意味着一种嘲讽"②。

　　除了反驳于雄的论据之外,专家们还指出了于雄论证方法上的一些不合理之处。比如,于雄认为《作品集》的卷首献诗是克劳德·德·达耶蒙的作品,论据是德·达耶蒙在其他作品中表现出相同的女性主义立场。但同时,于雄认为卷首献诗的目的是嘲弄女性。于雄强调了德·达耶蒙的女性主义立场和他在《作品集》卷首献诗中号召女性"将思想提升到纺锤和锭子之上"③,将文学创作作为提升女性社会地位的一种手段,但却得出了他写献诗的目的是嘲弄女性、质疑女性的智慧和能力的结论,这样的论证自相矛盾。再比如,米蕾耶·于雄在没有充分的史料证实的情况下,直接将一系列用条件式表示的推测变成用直陈式表示的肯定结论,这样的转化缺乏根据。另外,米蕾耶·于雄的论证忽略

---

① Daniel Martin, «Louise Labé est-elle "une créature de papier"», in *Réforme, Humanisme, Renaissance*, N°63, 2006, p. 7.

② Ibid. .

③ Louise Labé, *Oeuvres*, in *Louise Labé, La Belle Rebelle et le François nouveau*, édité par Karine Berriot, Paris, Editions du Seuil, 1985, p. 282.

了对《作品集》的文本分析而将重点放在对历史资料和《赞歌》的重新解读上，而这种重新解读很容易就会被推翻。

学者们也提出了《作品集》是路易丝·拉贝作品的佐证：比如，米歇尔·儒尔德认为假名发表作品是 19 世纪的产物，16 世纪并不具有用假名发表作品的条件。米蕾耶·于雄论证中用"假名发表这一概念是一种年代错误"[1]，产生假名发表要求"成形的文学界，其参与者要有相对固定的社会定位，而且参与者男性和女性角色要有清晰的划分"[2]，16 世纪并不具备这些条件；再如，《作品集》后面附有国王颁发的出版特权证明书，出版特权证明书既起到了出版许可证的作用，也是保障出版商在一定的时间内拥有该书籍的独家印刷出版权的手段。出版特权证明书需要作者或出版商将作品的手写稿提交给监察官审查备案。《作品集》附录的出版特许说明书不是出版商让·德·杜尔勒申请的，而是作者路易丝·拉贝以本人的名义申请的。另外，路易丝·拉贝的作品还有一个特殊性，那就是《作品集》组织的严密性：《作品集》乍一看结构复杂，内容不均一，作品体裁多样，但路易丝·拉贝细致地用重复的主题将《作品集》的不同部分完美地缝合在一起，各体裁之间相互呼应，构建了一个"作品集的隐秘结构"[3]，她采用了一系列手法"使得每一个部分，《疯神与爱神的辩论》中的每一段叙述，每一首诗，都为整体的协调做出贡献，并从整

---

[1]　Michel Jourde, «Louise Labé, deux ou trois choses que je sais d'elle», in *Cultures et société en Rhône-Alpes*, N°2, 2008, p. 74.

[2]　Ibid. .

[3]　Daniel Martin, *Signe (s) d'Amante, l'agencement des Euvres de Louïze Labé Lionnoize*, Paris, Champion, 1999, p. 15.

体和每个组成部分中获得意义"①。《作品集》整体如此和谐统一，集体创作的可能性非常小。

第三节　女诗人路易丝·拉贝是否真实存在

根据上述前人对路易丝·拉贝的评价和当代学者对路易丝·拉贝究竟是否是《作品集》真实作者的辩论，笔者倾向于认为路易丝·拉贝作为历史人物是真实存在的，《作品集》的真实作者很可能就是路易丝·拉贝本人，而不是一群冒名顶替的男性诗人。

首先，米蕾耶·于雄的论据和论证过程并不能让人信服。一方面，她只是对已有资料的重新解读，她的作品中并没有新的、令人信服的史料加入进来，只是从她论题的角度对已有的资料做出新的解释。例如关于皮埃尔·德·圣朱利安对路易丝·拉贝的评价，她阐释成德·圣朱利安认为莫里斯·赛弗是《作品集》的真正作者。但人们完全可以从另外一个角度去理解，即德·圣朱利安只是在称赞路易丝博学的思想。另一方面，她的论证过程也不是很完美，比如上文中提到关于卷首赞诗，她就得出了自相矛盾的结论。再比如关于路易丝·拉贝的画像中疑似美杜莎的小画像，于雄首先认为小画像表现的是美杜莎，其次又说《赞诗》中的诗人们将路易丝·拉贝比作美杜莎是受了画像的影响，最后通过《赞诗》中美杜莎的形象确认了路易丝画像中的那个奇怪的形象就是美杜莎，在这里，于雄就陷入了循环论证当中，事实上，没有任何东西能够证明路易丝画像中的那个奇怪的小画像

---

① Daniel Martin, *Signe (s) d'Amante, l'agencement des Euvres de Louïze Labé Lionnoize*, Paris, Champion, 1999, p. 15.

是美杜莎。

其次，否定路易丝·拉贝是《作品集》的作者，在解决某些疑问的同时，会带来更多的谜团。关于为什么一个平民的女儿能够拥有深厚的文化修养，创作出如此感情奔放的诗歌，以及《赞歌》给人的斑驳感由何而来等问题，米蕾耶·于雄给出的答案就是《作品集》并非路易丝·拉贝所作。且不论这个答案有过于简单化的嫌疑，她的这一论点也会带来新的疑问：比如，按照她的分析，当时人们都知道《作品集》是假名出版的作品，那为何帕拉登和德·鲁比都没有提及这一点？假设《作品集》是假名出版的作品，莫里斯·赛弗和他的诗人朋友们为何要借用一个真实存在的女性的名字，而不是干脆起一个新的名字？历史上真实存在的路易丝·拉贝和克莱曼丝·德·布尔日如何能够同意将自己的名字和这一讽刺嘲笑女性的作品联系在一起？里昂的官员为什么会愿意为这一众所周知假名发表的《作品集》发放出版特权证明书？假如路易丝·拉贝不是《作品集》的作者，那《作品集》真正的作者会是谁？莫里斯·赛弗？奥利维尔·德·马尼？他们在自己的作品中都写不出如此脍炙人口的诗句，又如何能在这一集体创作中突然超越自我，写出这"世界上最美的、充满热情的诗句"① 呢？这一系列问题都使人倾向于接受与于雄相反的观点，即路易丝·拉贝就是《作品集》的真正作者。

再次，在里昂当时的社会历史条件下，路易丝·拉贝作为平民的女儿，拥有足够的文化修养并能够进行文学创作的原因有两点。一方面，16 世纪印刷术的发展、城市中书籍的流通打破了社

---

① E. Faguet, *Histoire de la littérature française*, Paris, Librairie Plon, 1905, p. 387.

会各阶级之间的文化壁垒："印刷术的出现是一个具有划时代意义的变革，书籍大量印刷，知识文化获得了前所未有的广泛传播。读者数量增加，富人们基本上都能受到教育，甚至普通民众的生活也或多或少地受到印刷术的影响"①。蒙田也在他的《米歇尔·德·蒙田意大利旅行日记》中记录了一个小逸事：当他去朋友家吃饭时，遇到一位可怜的农妇，这位农妇目不识丁，却能七步成诗，文风典雅轻松，而且诗中加入了古代神话因素，如众神的名字，古代国家和名人的名字等，就好像她接受过系统的教育一样。究其原因，是因为她小的时候，她的一位叔叔经常在她面前朗读亚里士多德和其他一些诗人的作品②。由此可见，印刷术的发展和书籍的传播使得底层人民也获得了接触文化的机会，更何况家庭条件富裕、生活在"书籍之都"③里昂的路易丝·拉贝呢？另一方面，里昂特殊的女性主义氛围使得女性能够在文学上崭露头角。形成这种女性主义氛围的原因有很多，比如生活在里昂的意大利人带来的意大利作品和里昂的意大利风潮、里昂出版业的相对自由、许多文学聚会和讨论的举行、王廷不断地来访等等。首先，"意大利的影响是非常重要的。1555年之前，就已经有许多意大利女诗人出版自己的作品……这些诗集在当时的里昂都能找到"④。其次，当时的女性虽然不能上学，但她们中一部分可以参加一些沙龙，加入到当时的文学、人文主义讨论中。最

---

① Marie-Madeleine Fragonard, *Précis d'histoire de la littérature française*, France, Didier, 2004, p. 30.

② Michel De Montaigne, *Journal du voyage de Michel de Montaigne en Italie*, *par la Suisse et l'Allemagne en 1580 et 1581*, *avec des notes par M. de Querlon*, Paris, Le Jay, 1774, p. 16.

③ Madeleine Lazard, *Louise Labé*, France, Fayard, 2004, p. 18.

④ Michèle Clément, Janine Incardona, *l'émergence littéraire des femmes à Lyon à la Rennaissance 1520—1560*, Saint-Etienne, PU Saint-Etienne, 2008, p. 19.

后，16 世纪许多文学作品的文本或副文本中都包含对女性的寄语，里昂出版的如路易丝·拉贝的《作品集》、贝尔奈特·德·基约的《诗集》、让娜·弗洛赫（Jeanne Flore）的《爱情故事》等也是如此，"这种将女性读者包含在内的做法体现了 1530 年到 1550 年里昂重新铺展文学场的意愿。这种寄语改变人们的期待视野，先将女性纳入接受进程，随后再将她们纳入创作进程"①。正是通过这种循序渐进的做法，里昂的女性主义逐渐发展起来，从阅读意大利女性的作品发展到里昂女性自己创作，从将女性作品私下传阅发展到公开发表，从身后出版作品到生前就以自己的名字出版作品，里昂的女性们就这样一步步登上了以往专属男性的文学舞台。

然后，"在每一首十四行诗中，在每一首好的十四行诗中，都有独一无二的、专有的烙印；每一首十四行诗都是庄严而不可替代的，其中所表现出来的风格是作者个人风格的体现"②。路易丝·拉贝作品的个人风格非常明显。她的语言简单直白，既摆脱了以龙沙为代表的诗人们的学究气，也不像莫里斯·赛弗的语言那么晦涩难懂。费尔迪南·布吕乃基耶于 1900 年写道："这是第一次有人用我们的语言如此强烈而朴实地表现激情。"③ 路易丝·拉贝语言的朴实就是她的个人风格，这一风格在她的遗嘱中也有所体现。

---

① Michèle Clément, Janine Incardona, *l'émergence littéraire des femmes à Lyon à la Rennaissance 1520—1560*, Saint-Etienne, PU Saint-Etienne, 2008, p. 20.

② Chiara Sibona, *Le sens qui résonne, une étude sur le sonnet français à travers l'oeuvre de Louise Labé*, Ravenna, Longo Editore, 1984, p. 23.

③ F. Brunetière, «La Pléiade française et l'école lyonnaise», in *Revue des Deux Mondes*, 1900, p. 915.

最后，对作品真实作者质疑可以说是文学批评的一个传统，路易丝·拉贝并不是唯一被怀疑的。从"荷马问题"到莎士比亚的身世之谜，人们对他们作品的归属一直争论不休。尤其是莎翁，人们怀疑他是否真实存在的原因几乎和路易丝·拉贝的疑问如出一辙。直到现在，荷马和莎翁的真实性依然没有定论。路易丝·拉贝也如此，在没有新的历史资料出现以前，匆忙得出路易丝·拉贝是一位虚拟诗人的结论显得不够严谨。

总之，纵观目前所能查阅到有关路易丝·拉贝的资料，人们并不能得出路易丝·拉贝不是《作品集》真实作者的结论。路易丝生平成谜，她是否是交际花，她是否是《作品集》的真实作者，在没有获得更确切的史料之前，人们无法断言。

第四章

《赞诗》与萨福再生

第一节　《赞诗》的构成与作者们

　　1555 年《作品集》的初版和 1556 年的再版都包含《赞诗》，《赞诗》由 24 首体裁多样的诗歌组成，约占《作品集》1/3 的体量。从语言上看，《赞诗》创作语言多样，24 首赞诗中有 18 首是用法语创作，其他赞诗的语言分别是：第 1 首赞诗是希腊文，第 2 首是拉丁文，第 10、11、12 和 20 首是意大利语。从体裁上看，24 首赞诗中有 11 首十四行诗，其中 6 首连在一起（第 3 首到第 11 首），两首分开（第 16 首和第 22 首）。第 1 首希腊文诗歌和第 13、14 首赞诗是十行诗。第 18 首诗歌是重叠回旋诗，第 20 首意大利诗是牧歌。第 23 首诗有 16 句，由一个四行、两个五行和一个两行诗组成，该诗不属于任何一种诗歌形式，但可以归入以上的短诗中。此外的 7 首诗属于长诗，分属诗体信、颂歌和歌谣。在整个《赞诗》之前，还有一首十四行诗，题名为《献给路易丝·拉贝的诗人们——十四行诗》，该诗位于路易丝·拉贝的十四行诗和他人为路易丝·拉贝创作的系列赞诗之间，起到了承上启下的过渡作用，可以将其视为《赞诗》的前言。

24 首赞诗无一有明确署名，学者们对赞诗的研究往往侧重于推测赞诗的归属。根据目前学者们的研究，9 首诗歌的作者已基本得到了一致承认：其中 4 首诗带有座右铭，可以视为作者署名：第 3 首诗中带有莫里斯·赛弗的座右铭，"non si non la"；第 6、7 首诗歌后面附有克劳德·德·达耶蒙的座右铭，"devoir de voir"，第 7 首诗歌标题中出现的字谜"a soy belle"同样被用在第 8 首诗中，学者们借此推测第 8 首诗的作者也是克劳德·德·达耶蒙。第 9 首诗歌中出现了座右铭"d'immortel zele"，学者们认为该座右铭与让·德·沃塞勒（Jean de Vauzelles）座右铭"d'un vray zele"比较接近，因此该诗很可能是让·德·沃塞勒的作品。第 4 首十四行诗中出现的姓名缩写"P. D. T."是彭杜·德·蒂亚尔（Pontus de Tyard）的缩写。第 19 首颂歌署名"D. M."是德·马尼的姓名缩写，此外第 16 首赞诗也出现在德·马尼本人的诗集《悲歌》中，学者们由此推测第 16 首和第 19 首赞歌的作者是奥利维尔·德·马尼。第 22 首诗开头的"A. F. R."应该是安托万·富梅·罗什瓦（Antoine Fumee Rochois）或"报告人"（rapporteur）的缩写。除了这 9 首诗外，学者们也对其他诗歌的作者进行了推测，但目前没有得到一个统一的、能够让所有人信服的结论。

由于历史资料的缺乏，其他赞诗作者身份的辨认很难取得进展，但我们可以分析目前已知赞诗作者与路易丝·拉贝可能存在的交集，分析选择将以上诗人创作的赞诗收录入《作品集》的原因。

6 位已知的赞诗作者中最有可能与路易丝交往密切的是莫里斯·赛弗。莫里斯·赛弗不仅与路易丝生活在同一个城市——里昂，而且他生活的大部分岁月与路易丝重合在一起：莫里斯·赛弗出生于 1500 年左右，1564 年左右离世；路易丝·拉贝生于 1520 年到 1523 年，卒于 1566 年。关于莫里斯·赛弗的生平，我们也是知之不多。现有的历史资料显示他出生于大资产阶级家庭，家境富裕而且在里昂比较有影响力。他的父亲是里昂的一位重要人物，曾在 1506—1517 年担任大法官，1504—1508 年兼任市政长官。赛弗本人博学多识，虽然他取得了法学博士的头衔，但他并没有子承父业地去担任法官的职务，而是走上了文学创作的道路。赛弗非常欣赏彼特拉克，他模仿彼特拉克，并将创作出法语的歌集视为自己不可推却的责任。他与彼特拉克的缘分始于 1530年左右，当时他在阿维尼翁发现了疑似劳拉的墓，在墓中发现了很可能出自彼特拉克的手稿。1545 年，即路易丝·拉贝出版《作品集》前 10 年，他在里昂出版了彼特拉克式的诗集《黛丽——至高无上的美德》，黛丽（délie）从此成为法国的劳拉。该诗集奠定了赛弗里昂流派领头人的角色。里昂流派并非一个严格意义上的文学流派，它并没有共同的纲领，它仅是 16 世纪里昂拥有同样灵感来源和人文主义倾向的诗人、文人所组成的松散组织，其主要成员包括莫里斯·赛弗、贝尔奈特·德·基约和路易丝·拉贝。保罗·阿尔杜翁认为"莫里斯·赛弗在该城拥有绝对的权威，他的作品拥有如此之高的威望，以至于它不可避免地成为赛弗两位里昂女学生真正的教材"①。这两位女学生就是路易丝·拉贝和里昂另外一位出版自己诗集的女诗人贝尔奈特·德·基约。不论路易丝·拉贝是否真的师从莫里斯·赛弗，但她很可能与杜·贝

---

① Paul Ardouin, *Maurice Scève*, *Pernette du Guillet*, *Louise Labé*, *l'Amour à Lyon au temps de la Renaissance*, Paris, Librairie A. -G. Nizet, 1981, p. 8.

莱笔下"第一个远离无知之路"① 的"优雅灵魂"有过交流。

　　克劳德·德·达耶蒙 1526 年左右出生于里昂一个行政官员家庭。关于他的生平，人们也是知之不详，与他相关的资料最重要的就是他的三部作品。此外，他还是莫里斯·赛弗的朋友，与赛弗一同组织了 1549 年亨利二世驾临里昂的庆典。有学者认为他与路易丝一定相识，德·达耶蒙参与撰写《不同诗人的赞诗》就可以证明这一点②，而且克劳德·德·达耶蒙的贡献"重大"，因为 24 首赞诗中至少有三首出自其笔下。第 6 首和第 7 首赞诗署名"devoir de voir"，该座右铭频繁出现在他自己的作品中。第 8 首赞诗虽然没有同样的署名，但学者们认为该诗的作者"毫无疑问"③ 依然是克劳德·德·达耶蒙，因为在第 7、8 首诗中，诗人玩弄着同样的字母游戏，将路易丝·拉贝的姓名字母"Loyse Labé"进行位置上的变动，变成了"Belle à soy"（以美悦己）。我们倾向于认为克劳德·德·达耶蒙如同莫里斯·赛弗一样，都认识里昂著名的"美丽的制绳女"，他们共同品尝着"友谊的果实"（第 8 首）。

　　让·德·沃塞勒（约 1495—1559）与莫里斯·赛弗和克劳德·德·达耶蒙一样，都是路易丝的同乡——里昂人。他是祝圣神甫，被命名为马耳他骑士团骑士，后来又成为蒙特罗提耶（Montrottier）修道院的院长。他一生大部分时间都献给了慈善事业，翻译出版了大量宗教作品。有些学者们认为赞诗第 9 首的落款"d'immortel

---

　　① Joseph Aynard, *Les poètes lyonnais précurseurs de la Pléiade-Maurice Scève*, *Louise Labé*, *Pernette du Guillet*, Genève, Slatkine, 2012, p. 10.

　　② Béatrice Alonso, VIENNOT, Eliane, *Louise Labé* 2005, France, Publications de l'Université de Saint-étienne, 2004, p. 80.

　　③ Ibid. , p. 82.

zele"与他常用的两个座右铭"D'un vray zele""Crainte de Dieu vault zele"比较接近，因此将该诗归于让·德·沃塞勒。但也有学者持不同意见，认为该诗的作者有可能是让·德·沃塞勒的哥哥马修·德·沃塞勒（Mathieu de Vauzelle），因为 d'immortel zele 毕竟和他常用的座右铭有出入。第 9 首赞诗的品位和风格与莫里斯·赛弗比较接近，马修·德·沃塞勒娶了莫里斯·赛弗众姐妹中的一位为妻，因此他的文风很可能受到了莫里斯·赛弗的影响①。不管怎么样，学者们认为该赞诗"肯定出自德·沃塞勒兄弟中的一位"②。

彭杜·德·蒂亚尔是目前已知赞诗作者中生平资料最完整的一位，这可能与他出身贵族和他本人在法国文学史上重要的历史地位有关。他是比西（Bissy）的领主，高级神职人员，出生于 1521 年，1605 年去世。他也是位诗人，是"七星社"的成员之一。他与里昂结下了不解之缘，他不仅是莫里斯·赛弗的好友，而且"与里昂当时所有的文学和科学界名人保持紧密而且持续的联系"③。1549 年，他在里昂出版了《爱情的错误》，该诗集的写作风格接近彼特拉克，因此人们也将其视为里昂流派的成员，还有学者认为该诗集的灵感来源于路易丝·拉贝：署名"P. D. T."的赞诗《凝望路易丝·拉贝》同样出现在同年彭杜·德·蒂亚尔在里昂再版的《爱情的错误》中。不论彭杜·德·蒂亚尔的缪斯是否是路易丝·拉贝，他与里昂文学界的紧密联系以及他为路易丝写赞诗这一举动让我们相信这位来自比西的名人应该与路易丝

---

① Alfred Cartier, «Les poètes de Louise Labé», in *Revue d'Histoire littéraire de la France*, 1ère Année, N°4, 1894, p. 436.

② Ibid. .

③ Ibid. .

有一定的交集。

安托万·富梅（1515—1575）同样出自上流社会家庭。他的父亲马丁·富梅（Martin Fumée）是法国议会议员，他的弟弟小马丁·富梅是拉罗什的领主，他本人则担任掌玺大臣公署报告人的职务。他是奥利维尔·德·马尼的好友。第 22 首赞诗标题《A. F. R. 献给 D. L. L. 的十四行诗》中的缩写"A. F. R."很可能是他姓名的缩写。在这首赞诗中，他提到自己最先发现了路易丝·拉贝的才华：

> 你爱情的诗句为你带来如此多的赞美与荣誉
>
> 让我感到幸福的并非我第一个爱上你
>
> 而是我在你出名前第一个了解你的学识①

与此同时，在第 19 首赞诗中，奥利维尔·德·马尼将安托万·富梅称作路易丝的"好老师"②，路易丝的传记作家们据此推测安托万·富梅是路易丝的"一位老师并教给她拉丁文和拉丁语文学，也许是他让其他博学之士注意到路易丝"③。根据赞诗的内容，我们认为安托万·富梅很可能与路易丝相识，而且对路易丝的才华和学识非常了解。

奥利维尔·德·马尼 1529 年左右出生，与安托万·富梅一样，他并非里昂人。他出生资产阶级家庭，父亲是银行家，曾担任行政官员。他本人在学业结束后来到巴黎，开始时担任宫廷诗

---

① Louise Labé, *Euvres de Louïse Labé Lionnoize*, Lyon, Dvrand et Perrin, 1824, p. 131.

② Ibid. , p. 121.

③ Madeleine Lazard, *Louise Labé*, France, Fayard, 2004, p. 67.

人雨果·萨莱勒（Hugues Salel）的秘书，这一职务让他能够接触宫廷并结识了当时的一些名人，如皮埃尔·德·龙沙和若阿香·杜·贝莱等。在他们的影响下，他也开始进行诗歌创作，培养自己的文学能力。雨果·萨莱勒去世后，他为阿旺松（Avanson）领主让·德·圣—马塞尔（Jean de Saint-Marcel）效力，1555年他陪伴让·德·圣—马塞尔前往罗马完成一项外交任务。也许就是在这次前往意大利的旅途中，他途经里昂并认识了路易丝·拉贝。他本人的诗歌作品中有许多似乎与路易丝·拉贝有关的内容、他为路易丝创作了两首赞诗、他写诗讽刺路易丝的丈夫、他的品性与路易丝描写的始乱终弃的情人形象比较吻合等。有些传记作家总结了这些蛛丝马迹的内容，认为他曾与路易丝相恋后却抛弃了路易丝，路易丝诗歌中那个欺骗了她感情的负心人就是奥利维尔·德·马尼。我们无法断言奥利维尔·德·马尼和路易丝之间真的有一段爱情往事，持此意见的传记作家们的依据仅是两者的诗歌作品，并没有其他相对客观的史料，因此我们对此保持一种存疑的态度。

　　综上分析已知的6位或7位赞诗作者，他们的几个共同点非常明显：一方面，是他们的身份，均为男性诗人，且都出身于上流社会，"路易丝并不属于他们那个世界"[1]，他们的性别和社会地位无疑为出生手工艺者家庭、第二性的路易丝提供了某种意义上的保护；另一方面，他们要么是里昂人，要么与里昂有着千丝万缕的联系，由此可以推测他们应该认识路易丝本人，这为他们的赞诗增加了一定的可信度。

---

① Béatrice Alonso, Eliane Viennot, *Louise Labé* 2005, France, Publications de l'Université de Saint-étienne, 2004, p. 79.

第二节 《赞诗》所体现的意图

《赞诗》如同路易丝·拉贝的生平一样存在很多未解之谜：除了9首赞诗的作者学者们有比较让人信服的推测，《赞诗》的大部分作者身份成谜。汇集这些赞诗的人是路易丝·拉贝还是其出版商让·德·杜尔勒，抑或是"路易丝·拉贝的诗人们"之一？赞诗的作者在创作赞诗时有过交流吗？除了已知赞诗作者外，其他诗人在创作赞诗时是否认识路易丝·拉贝呢？赞诗中与路易丝生平相关的信息真实吗？有学者认为"《赞诗》的策划取决于出版商的计划，它们的传记价值几乎为零"[①]。但人们可以确定的是，路易丝·拉贝接受了《赞诗》目前的状态——赞诗的篇幅、赞诗的选择、赞诗的内容等，1556年版《作品集》没有对1555年版《赞诗》进行修改。我们亦无法回答上述所有问题，我们所要考察的重点是《赞诗》的安排所体现出的意图：

1. 为什么要安排《赞诗》

加布里埃尔—安德烈·佩鲁贾（Gabriel-André Pérouse）认为位于《作品集》末尾的《赞诗》是路易丝·拉贝的诗人们为女诗人提供的一种保护，如同《作品集》开头处的卷首献辞是女诗人的自我保护措施一样[②]。这些赞诗除了常规的赞美性言辞之外，它们在作品集中占据如此重要篇幅的目的是减少人们对女诗人的

---

① Emmanuel Buron, «Claude de Taillemont et les Escriz de divers Poëtes à la louenge de Louïze Labé Lionnoize. Discussion critique de Louise Labé, une créature de papier, de Mireille Huchon», in *L'information littéraire*, Vol. 58, N°2, 2006, p. 38.

② Béatrice Alonso, Eliane Viennot, *Louise Labé 2005*, France, Publications de l'Université de Saint-étienne, 2004, p. 79.

猜忌。文艺复兴时期，以自己姓名出版作品、以自己姓名申请特许证明的女性并不多见，因此路易丝要面临的压力可想而知。《赞诗》集中了如此之多对路易丝进行称颂的男性诗人，从侧面说明了路易丝品行无可指摘，因为对于爱惜自己羽毛的诗人们来说，他们不会愿意将自己的姓名与一个声名狼藉的女性联系在一起。赞诗也是一种提升作品价值的手段，按照热奈特的说法，这种类型副文本的言下之意是"一个有如此之多朋友和同伴的作者肯定不差"①。路易丝也非常清楚这一策略，正如她自己在卷首献辞中写道，"我的几位朋友在我不知情的情况下读到了它们（我们是多么容易相信那些称颂我们的人啊！），他们说服我应该将它们出版，我不敢拒绝他们，但我威胁他们我会让他们承担此举将给我带来的一半耻辱"②。因此路易丝的这些诗人朋友很可能是应路易丝的请求，为她创作赞诗以使她避免可能遭受的侮辱。

24 首赞诗的顺序安排也非常发人深思，第 3 首赞诗出自莫里斯·赛弗，第 4 首出自彭杜·德·蒂亚尔，第 6、7、8 首出自克劳德·德·达耶蒙，第 9 首出自让·德·沃塞勒或马修·德·沃塞勒，这四人中有三人是里昂本地名人，彭杜·德·蒂亚尔虽不是里昂人，但他大部分作品都是由里昂著名出版商让·德·杜尔勒出版，他本人也与里昂的文学圈有非常紧密的联系。加布里埃尔—安德烈·佩鲁贾指出，《赞诗》的布局意味深长，"就好像路易丝非常细心地将那些名人所写的赞诗放在赞诗册的开头，它们成为制绳女出身的路易丝的装饰和她大胆行为的担保。在我看

————————

① Gérard Genette, *Seuils*, Paris, édition du Seuil, 1987, p. 215.

② Louise Labé, *Oeuvres*, in *Louise Labé, La Belle Rebelle et le François nouveau*, édité par Karine Berriot, Paris, Editions du Seuil, 1985, p. 283.

来，这一做法与她在卷首选择克莱曼丝·德·布尔日作为受献词者有异曲同工之妙"[1]。达尼埃尔·马尔丹也认为放在《赞诗》开始处、由出身里昂名人所写的诗歌，与《作品集》中献给里昂贵族小姐的卷首献辞存在"平行关系"[2]。

　　此外，赞诗的数量似乎也并非随意安排的结果。《赞诗》包含 24 首诗歌，这一数量正巧与路易丝的 24 首十四行诗相一致，让人不禁怀疑这种巧合出自《赞诗》收集者的刻意安排。在达尼埃尔·马尔丹看来，这一巧合是"某种布局原则存在的迹象"[3]，揭示了整个《作品集》的结构是一种精心安排的结果。歌颂路易丝的诗歌并非只有 24 首，除了《作品集》中的这些诗歌外，1555 年路易丝出版作品的同一年同一出版商出版的《诗学》中，作者雅克·佩尔蒂埃（Jacques Peletier）也写诗赞美路易丝的美貌、知识和说话方式。即使该赞诗 1555 年未能及时纳入《作品集》，1556 年《作品集》再版时也应该增补进去。但 1555 年初版和 1556 年再版时，赞诗的数量和排布没有任何变化，因此我们有理由相信 24 首赞诗这一数量安排是为了与路易丝的 24 首十四行诗相呼应。

　　2. 为什么《赞诗》的语言体裁多样

　　《赞诗》中出现外语诗歌并非毫无意义，希腊语、拉丁语和意大利语的选择也富有内涵。首先，在《赞诗》的开始安排的希腊和拉丁文诗歌象征诗歌伟大的起源——古代。人文主义对古代的推崇使得人们将对古代作品的模仿作为创作的重要手段，人文主义影响

---

[1]　Béatrice Alonso, Eliane Viennot, *Louise Labé* 2005, France, Publications de l'Université de Saint-étienne, 2004, p. 80.

[2]　Daniel Martin, *Signe（s）d'Amante, l'agencement des Euvres de Louïze Labé Lionnoize*, Paris, Champion, 1999, p. 391.

[3]　Ibid. .

下的文学作品回归古代诗歌和哲学思想文本。《赞诗》开篇处从语言上回归古代的处理无疑有提升《赞诗》价值的效用，符合了人们推崇古风的审美情趣。选择用意大利语创作赞诗则来自当时意大利文艺复兴对法国的影响和人们对彼特拉克的推崇。与路易丝·拉贝同时代的"七星社"诗人们，尤其是杜·贝莱和龙沙，主张对古代作品和意大利文艺复兴时期的作品进行模仿，从而丰富本民族语言，并将它提升到古代语言和意大利语同样的高度。从某种意义上来说，《赞诗》语言的选择正是响应了杜·贝莱1549年出版的《保卫和发扬法兰西语言》之号召，古代语言、意大利语和法语共同出现在《赞诗》中，显示出法语与希腊、拉丁语"同样高尚"。《赞诗》语言上的精心选择显示出《赞诗》安排者工巧的心思。

　　《赞诗》体裁多样，几乎包含当时所流行的所有诗歌形式。《赞诗》体裁的多样化与整个《作品集》体裁的多样化形成了呼应。此外《赞诗》中十四行诗数量最多（24首中占11首），形成了"对路易丝诗歌创作的致敬"①。

第三节　《赞诗》所构建的路易丝形象

　　《赞诗》的作者们在写诗歌颂路易丝时，势必要突出路易丝的某种品格或形象。我们可以从24首赞诗中寻找共同点，从而构建出《赞诗》所体现的路易丝形象特征。

　　1. 路易丝·拉贝——美名远扬的女诗人

　　《赞诗》的作者们都不遗余力地赞扬路易丝的美貌，"美丽"

---

　　①　Daniel Martin, *Signe (s) d'Amante, l'agencement des Euvres de Louïze Labé Lionnoize*, Paris, Champion, 1999, p. 389.

和"美貌"两词在《赞诗》中出现的频率非常高。比如第 12 首
赞诗，

> 上天让你可爱美丽
>
> 爱神精心造就你乐此不疲
>
> 你并非凡尘女子
>
> 当我看到你神圣的魅力
>
> 无法取悦你的恐惧
>
> 让我内心惶恐恨不得死去
>
> 但你美丽的眼睛
>
> 闪耀着天堂的光芒
>
> 如同星辰般绚丽
>
> 照亮我们让我们活下去①

在这首意大利语赞诗中，"美丽"（bella）一词出现了三遍，
诗人歌颂路易丝是上天的杰作，是爱神精心培养的美丽精灵，诗
人将路易丝神圣化，使得她成为一个跳出凡尘的女子，尤其"神
圣的魅力"一句更让路易丝成为女神般的存在。诗人惶恐无法取
悦于她，让人不禁想起中世纪的骑士文学，骑士要千方百计地取
悦自己心仪的贵妇。在这首诗中，路易丝摆脱了现实中卑微的出
身，成为诗人笔下等待骑士效忠的贵妇人。诗人在诗歌中尤其强
调了路易丝眼睛的美丽，将她的双眼比作天上的星辰，引导世人
去追寻"天堂的光芒"。《赞诗》中反复出现路易丝美丽的双眼，

---

① Louise Labé, *Euvres de Louïse Labé Lionnoize*, Lyon, Dvrand et Perrin, 1824, p. 112.

比如第 11 首赞诗，

熊熊爱火燃烧我心

对我来说如此甜蜜

即便身处火焰中心

我依然歌唱她双眼蕴含的美丽①

对美丽双眼的赞美是文艺复兴时期诗歌的一个俗套，在彼特拉克的笔下，眼睛更是成为爱情进入心灵的"门扉"，"美丽的眼睛射出的无形视线，将我捆缚起来，如同囚犯"②。赞诗也对此加以模仿，如第 22 首赞诗，

你闪耀着光芒的双眼

囚禁了无数爱你的灵魂

你可以完全信任我

因为你的眼睛紧紧抓住了我的心③

除了眼睛，诗人们还赞美路易丝"优雅的举止与笑容"（赞诗 24）、"温柔高贵的容颜"（赞诗 4）、"温柔的嗓音"（赞诗 22）……通过这些诗句，诗人们塑造一个"美丽迷人"（赞诗 24）的路易丝形象。同时，诗人们也不忘强调路易丝超越其他美丽女子的特殊身份——女诗人。这一点在作为《赞诗》前言

---

① Louise Labé, *Euvres de Louïse Labé Lionnoize*, Lyon, Dvrand et Perrin, 1824, p. 111.
② ［意］彼特拉克：《歌集》，李国庆、王行人译，花城出版社 2001 年版，第 3 页。
③ Louise Labé, *Euvres de Louïse Labé Lionnoize*, Lyon, Dvrand et Perrin, 1824, p. 130.

存在的《献给路易丝·拉贝的诗人们》中体现得尤为明显，

> 你们为路易丝写赞诗
>
> 也许只是一时兴起
>
> 你们选择美丽的路易丝为主题
>
> 你们将会从中受益
>
> 她有缪斯的天赋
>
> 不仅为了她自己
>
> 赞美她神圣的诗歌
>
> 你们将因她而不朽
>
> 劳拉优雅盛名远播
>
> 但那来自他人的恩宠
>
> 路易丝也是美名远扬
>
> 她更因她自己的笔受到敬重
>
> 她让人相信
>
> 赞颂她的人将因她而光耀千古①

　　该诗位于 24 首赞诗之前，虽然该诗的标题是献给路易丝·拉贝的诗人们，但实际上真正受到颂扬的是路易丝·拉贝本人。这首诗具有很强的目的性：采取一种迂回含蓄的策略提高路易丝作品的价值，并通过赞美路易丝的才华以实现创作者们自身的荣誉。路易丝已经通过自己的作品获得了盛名，因此诗人通过赞美这么一位才名远扬的女子来提高自己的声誉。如同现代社会中一

---

　　① Louise Labé, *Euvres de Louïse Labé Lionnoize*, Lyon, Dvrand et Perrin, 1824, p. 102.

些人借助与名人拉上关系来出名一样，这首诗反映的正是路易丝·拉贝的诗人们通过赞美路易丝来追求自己的不朽。文艺复兴时期赞美女性的诗歌通常会将描写的重点放在女性的美貌、举止优雅等方面，但这首诗强调的却是路易丝的文学才华。诗人匠心独运，将路易丝与彼特拉克式诗歌所颂扬的女性典范——劳拉——进行对比，劳拉虽然被人美誉，但她的盛名并非来自她自己，她如同月亮，折射出彼特拉克的光芒。但路易丝的美名是因为她笔下的作品，她的天赋不仅照亮了她自己，还为歌颂她的诗人们带来了光明，"赞颂她的人将因她而光耀千古"①。

除此之外，在第22首十四行诗中，富梅强调路易丝受到那些并不认识她，只读过她诗作之人的赞扬，

不认识你的人也会敬重你，路易丝
只要他们读过你的诗句
悠扬的琴音，温柔的嗓音
足以让行人流连②

诗人强调"不认识你的人也会敬重你"从侧面说明路易丝诗句的魅力，它们可以让人无视诗人的性别、品行和一切现实因素，仅凭诗句就认为诗人是一位值得尊敬的人。"敬重"一词说明对路易丝的尊重是一种文学带来的尊重。美貌可以带来他人的赞誉，但却无法带来他人的重视与尊崇。文学上的荣耀才有可能让男性敬重一位作为弱者代名词的女性。因此诗人在该诗的末尾

---

① Louise Labé, *Euvres de Louïse Labé Lionnoize*, Lyon, Dvrand et Perrin, 1824, p. 102.
② Ibid., p. 130.

强调了路易丝作品为她带来的荣誉，"你爱情的诗句为你带来如此多的赞美与荣誉"①。

2. 路易丝·拉贝——维纳斯与玛尔斯的女儿

在《赞诗》中，路易丝不仅作为美名远扬的女诗人而存在，她还被诗人描绘成上天的杰作：如此美丽的女子，如此才华横溢的女诗人，怎可能是凡人，她只能是天造地设、神谋化力之结果，"哪位神灵雕刻出这温柔高贵的容颜"②。于是，赞诗的诗人们将其神化，给她一个神圣的出生，将她抬到了女神的高度。

比如第 23 首赞诗《献给里昂路易丝·拉贝夫人，她与众神的对比》，

> 天上的七颗明星
>
> 在你身上合一
>
> 月神白如雪：你肤如凝脂
>
> 墨丘利博学：你与他无异
>
> 维纳斯总是美丽
>
> 如同我眼中的你
>
> 太阳神的头发黄金打造
>
> 正如你的金发飘飘
>
> 玛尔斯强大有力：他却惧怕与你相遇
>
> 朱庇特掌管天庭
>
> 你的美丽征服一切
>
> 天上的农神了解生命的本质

---

① Louise Labé, *Euvres de Louise Labé Lionnoize*, Lyon, Dvrand et Perrin, 1824, p. 131.
② Ibid., p. 106.

你拥有幸运带来的甜蜜乐趣

别人可望却不可即

因此谁想知道众神赐予你何种贵重礼物

他只需凝望天空①

在这首诗中，诗人将路易丝分别与月亮、水星、金星、太阳、火星、木星、土星进行对比，从 7 大星辰中各取一优点赋予路易丝，使得路易丝一个人就拥有 7 位神灵的品质。诗人笔下的"你"美貌、博学、强大、幸运，这些礼物来自众神的赐予，诗人将路易丝与众神紧密联系起来。

第 24 首赞诗则更为我们描绘了一个传奇的路易丝。该诗首先强调路易丝的神圣性这一主题，

优雅的众神

神圣的缪斯与上苍

他们让她的容貌

她的身体和思想美名远扬

我要用不一样的话语

把她赞

……

哦，多么高贵，哦神圣的杰作

来自无所不能又高高在上的众神②

---

① Louise Labé, *Euvres de Louïse Labé Lionnoize*, Lyon, Dvrand et Perrin, 1824, p. 131.
② Ibid., p. 132.

诗人认为路易丝是众神的杰作，众神和缪斯让路易丝美名远扬。作者"要用不一样的话语"来歌颂路易丝，于是，他在诗中将路易丝描绘成玛尔斯和维纳斯的女儿，虚构了以路易丝为主角的一个神话故事，

> 她身姿挺拔，如此优雅：
> 傲挺的双峰，美丽的眼睛，
> 神圣的面容，
> 优雅的举止与笑容，
> 洁白的乳房，
> 这些似乎都在证明
> 她来自维纳斯的身旁
> 还有她的勇毅与果敢，
> 她的勇气与机敏
> 她双臂有力
> 伴随着她的幸运
> 这无不说明
> 她是战神玛尔斯的后裔①

这段诗的重点在于强调路易丝父母的神圣性，她的品貌证明了爱神维纳斯是她的母亲，她的勇毅说明战神玛尔斯是她的父亲。如同柏拉图笔下的阴阳人一样，路易丝身上既有女性的柔美，也有男性的阳刚，她的双系家谱使得她很好地将女性与男性的完

---

① Louise Labé, *Euvres de Louïse Labé Lionnoize*, Lyon, Dvrand et Perrin, 1824, p. 153.

美结合在一起。于是，诗人一方面将路易丝描绘成一位"可爱的姑娘"（159 句），她的花园是一个充满歌声、琴音和梦想的爱情胜地；另一方面不吝笔墨地刻画了路易丝女战士形象，分别将路易丝与塞米勒米斯（Semiramis），亚马孙女王彭忒西勒亚和她的女战士们（Penthasilee et les Amazones）进行对比。在路易丝·拉贝的笔下，塞米勒米斯的传奇故事是为了证明爱情的力量，爱情战胜了一个比男性还勇敢的女战士。但在赞诗中，诗人强调的是塞米勒米斯的男子气概，她的战斗性与她的女性身份不符。塞米勒米斯的形象与亚马孙女王彭忒西勒亚和她的女战士们相结合，拉开了路易丝军事冒险的序幕。

疯狂的路易丝

脱下女性柔软的衣裙

她早已厌倦

从西班牙来的坏消息

年轻的法国小姐

参加了佩皮尼昂（Parpignan）保卫战

她对敌人发起攻击

她表现自己的实力

她用自己的长矛

战胜了最勇猛的进攻者

她证明自己

是一位勇敢的骑士①

---

① Louise Labé, *Euvres de Louïse Labé Lionnoize*, Lyon, Dvrand et Perrin, 1824, p. 136.

赞美路易丝女战士的价值和她的勇敢也是对她品质进行一种正面的鉴定：16世纪，"勇敢被看作全部的美德，包括并超越其他所有美德"①。赋予路易丝勇敢这一品质几乎相当于赋予她贵族的头衔，承认她拥有"坚强的心灵与身体，16世纪的人称之为高贵，高贵的要旨在于身处险境而不做出丢脸的行为，让自己的对手承认自己的价值……对于他们来说，这是人类最值得尊敬的品质，是贵族真正的标准"②。

诗人在将路易丝英雄化，赋予她男性特质的同时，不忘将路易丝女战士的命运归于神授，

> 这位尚武的姑娘
>
> 她从不自大
>
> 她走上战场
>
> 却是应她母亲的命令
>
> 维纳斯，她温柔的母亲
>
> 某天晚上与她谈心③

路易丝"从不自大"，她走上战场并不是出于骄傲自负，而是应了她母亲维纳斯的请求，因此路易丝与女性天性不符的女战士形象是来自神的旨意。紧接着这些诗句的是维纳斯对路易丝一段语重心长的告诫。维纳斯以法厄同（Phaeton）的故事为例教育自己的女儿：自负的法厄同驾驶父亲太阳神的神车闯出了大祸。

---

① Gabriel-André Pérouse, André Thierry, André Tournon, *l'homme de guerre au 16e siècle*, Saint-Etienne, Publication de l'Université, 1989, p. 207.

② Ibid. .

③ Louise Labé, *Euvres de Louÿse Labé Lionnoize*, Lyon, Dvrand et Perrin, 1824, p. 137.

此外，维纳斯的告诫中还强调了路易丝爱情冒险与战争冒险之间的关系。维纳斯告诉路易丝她无法抵抗哥哥爱神的力量（379—389），预言她将爱上一个"战士"（503）。因此她应该不爱红妆爱武装（519—522）。总之，诗人想象了一个美丽的路易丝身着军装与她英俊的骑士相遇在战场上的爱情故事。

作为维纳斯和玛尔斯的女儿，路易丝背负着爱情与战争的双重命运，来自维纳斯的爱情与来自玛尔斯的战争在她的身上结合在一起。

3. 路易丝·拉贝——第十位缪斯或现代的萨福

《赞诗》赋予路易丝另外一个突出的形象就是第十位缪斯或现代的萨福。在《赞诗》中，诗人们将路易丝看作缪斯姐妹中的一员，比如第9首赞诗的标题《献给路易丝夫人，缪斯女神中的首位或第十位缪斯》，这首诗非常明显地影射萨福，因为萨福也被柏拉图誉为"第十位缪斯"。第21首赞诗告诉读者路易丝与"九位姐妹如此熟悉"①，她为她们带去了光明。第24首赞诗开篇处诗人拒绝寻求9位缪斯的帮助，她们的第十位姐妹是众神和上天的杰作，因此他无须帮助就可以将路易丝歌颂；结尾处与开篇处相呼应，诗人表示整个希腊的抒情诗歌都不足以歌颂新萨福的美貌才情。

《赞诗》中最突出地将路易丝与萨福相提并论的就是第一首赞诗《献给路易丝·拉贝诗歌的赞诗》，

> 美丽的萨福，时间从我们这里夺去了你的诗句
> 但年轻的路易丝重现了你的狂热和你的歌曲

---

① Louise Labé, *Euvres de Louïse Labé Lionnoize*, Lyon, Dvrand et Perrin, 1824, p. 129.

帕福斯绿色的小树林将她养育

维纳斯的温柔给予她启迪

她的心为了另一个法翁燃烧

哎！她爱上一个负心人，就像你

他卑鄙的背叛，路易丝无奈悲泣

他的傲慢、拒绝和罪恶的逃离

当她描绘内心的痛苦

她让你的竖琴重生

入迷的读者变成她的情人

希望取代她爱的那个薄情人①

　　这首赞诗用希腊语创作，立刻将读者带入萨福的故乡。该诗通篇对路易丝和萨福进行对比，她们都有不幸的爱情经历，她们都爱上了薄情无信的男人，于是她们用诗歌来歌唱自己的痛苦，用文字来描绘自己火热的感情。时间带走了希腊萨福的诗歌，新的萨福让它们重现，路易丝成为萨福的继承者。

　　用萨福的形象来丰富路易丝的形象并非偶然。这位古希腊女诗人从古代起就声名远扬，既因为她所创作的诗歌，也因为她的爱情故事。一直以来，人们将其看作抒情诗歌的象征和陷入毁灭性爱情的女性象征，“在完美的艺术中，萨福将所有那些作为一个女人——爱情中的女人所享有的荣誉和遭受的痛苦意义，加以记录、再造、压缩，提高到抒情诗的水平”②。人们为萨福打上了两个标签，诗歌与爱情。萨福的爱情成为人们指责她品行的原

---

① Louise Labé, *Euvres de Louïse Labé Lionnoize*, Lyon, Dvrand et Perrin, 1824, p. 103.
② ［古希腊］萨福：《我看见了爱神》，王命前译，燕山出版社 2014 年版，第 1 页。

因，人们怀疑萨福是同性恋，一方面因为她的诗歌表现出她对年轻女子的热爱，另一方面来自贺拉斯提及萨福时用的"男性"一词。在路易丝所生活的 16 世纪，人们也怀疑萨福的女同倾向，因此安德烈·特维（André Thevet）认为有必要为其辩护，他在1584 年出版的《名人真实画像与生活》一书中将前人关于萨福既爱男性也爱女性的暗示视为恶意中伤。对于他来说，贺拉斯用"男性"一词来修饰萨福，并非指萨福有男性倾向，而是因为萨福能够创作如此出色的诗句，而写诗原本是男性特有的能力①。这一例子证明了 16 世纪萨福的形象摇摆于伟大的女诗人和可耻的女同性恋者之间。

《赞诗》很显然接受了积极的萨福形象。第 1 首赞诗归纳出路易丝与萨福的两个共同点：抒情女诗人和陷入爱情的女子。后世的研究者们还总结出路易丝与萨福其他方面的相似性，比如纪尧姆·高勒岱（Guillaume Colletet）在《法国诗人生活》中指出，路易丝与萨福的相似之处不仅在于思想上，还在于品行上；在所有能够与萨福相提并论的女性中，没有人比路易丝·拉贝更加恰当，因为两者都有敏感的心灵，且品行不端。他在这里暗示了萨福的同性恋倾向和路易丝的交际花之说②。

不论萨福与路易丝的相似点如何，《赞诗》塑造的路易丝·拉贝——现代萨福的形象一直流传了下来，甚至在 1824 年 N. F. 高夏尔和布赫高·德·吕出版的《作品集》中，人们虚构了一场萨福与路易丝跨越时空的对话。

---

① Mireille Huchon, *Louise Labé*, *une créature de papier*, Genève, Droz, 2005, p. 84.
② Ibid. , p. 82.

第五章

里昂人路易丝·拉贝

第一节　路易丝·拉贝署名的特殊性

1555 年的《作品集》封面，以非常醒目的方式标注出作者"路易丝·拉贝"，从字体大小上看，作者路易丝·拉贝的署名仅次于《作品集》的标题。路易丝·拉贝署名的下一行，以略微小一号的字体标注出"里昂人"，与封面下半部的出版信息"里昂"相呼应。对于现代读者来说，除了标注出作者所属地略微让人不习惯之外，"里昂人路易丝·拉贝"这一署名很正常。但结合 16 世纪的历史文化语境去观察，路易丝·拉贝的署名却并非寻常。

首先，女性姓名出现在书籍封面，这种情况非常少见。尽管 16 世纪上半叶进行写作实践的女性有所增加，但她们中很少有人出版自己的作品，以自己姓名出版作品的女性则更加罕见。1555 年路易丝出版作品之前，只有 10 位女性作家的姓名出现在法语书籍的封面①。究其原因，女性作者的署名会遇到双重阻力，"学术上的阻力和道德上的阻力"②，一方面是漫长的男性学术传统反对女性的介入，另一方面是写作和出版作品使得一位女性成为公共人物，"公共女性"，这意味着女性作家要面对道德的审判和可能对她不贞洁的指责。

其次，路易丝·拉贝并非路易丝本名。我们首先对姓名的历史稍作介绍，这样就能更好地看出她署名的特殊性。法国人姓名（名＋姓）的规定并非自古就有，对于女性来说，这一规定确定于 13 世纪末 14 世纪初（男性是 12 世纪末）。在此之前，人们只使用单独的名字（人们从 9 世纪开始称之为"受洗名"，相当于当今的名字）。从 9 世纪到 15 世纪，人们大多使用这一单独的名字，12 世纪末由于名字重复得越来越多，出现了另外一种命名的方式——名＋别号（玛丽·德·法兰西 Marie de France，让·德·梅恩 Jean de Meung）。别号有三种形式：地域型别号（土地或领地）、社会职业型或绰号型，渐渐地，别号世代相传就演化为当今的姓，于是名＋别号的起名方式就变成了当今的名＋姓。当女性需要给自己的名字加上一个别号时，她们可以采用父亲或丈夫的姓，这是女性的权利，并没有强制性。16 世纪的女性婚后也可以选择继续随父姓。因此 1594 年加布里埃尔·德·瓜尼阿尔（Gabrielle de Coignard）的女儿们在其母去世后出版其母的诗歌作品，署名为"已故的加布里埃尔·德·瓜尼阿尔夫人"，而不是加布里埃尔·德·芒桑卡勒（Gabrielle de Mansencal），即她丈夫

---

① Michèle Clément，«Nom d'auteur et identité littéraire，Louise Labé Lyonnaise. Sous quel nom être publiée en France au XVIe siècle?»，in *Revue RHR-Réforme*，*Humanisme*，*Renaissance*，N°70，2010，p. 77.

② Ibid.，p. 76.

和女儿们的姓。路易丝·拉贝的署名非常特殊,该姓名并非她真实姓名,路易丝·拉贝的本名是路易丝·查理,拉贝是一个商号,是他父亲皮埃尔·查理店铺的名字。该商号的名称来自商铺的前任主人制绳商拉贝,皮埃尔·查理在拉贝去世后娶了他的寡妻并继承了该商号。当时的里昂人习惯于用拉贝来称呼查理一家[1]。路易丝·拉贝婚后没有用她丈夫埃内蒙·佩兰的姓,1551年一份官方文件中显示"路易丝·查理,别号拉贝,他的妻子"[2],1565年4月28日她的遗嘱也署名为"路易丝·查理夫人,别号拉贝,已故埃内蒙·佩兰先生的寡妻"[3]。路易丝选择《作品集》的署名时,既没有采用父亲的姓氏查理,也没有采用丈夫的姓氏佩兰,而是选用了父亲商号的名字。她如此选择的原因可能在于"拉贝"相对于查理或佩兰来说更加有名。在路易丝出版《作品集》之前,路易丝就以"美丽的制绳女"这一绰号出名,她制绳女这一称呼与他父亲的商号密切相关,也就是说,路易丝是以路易丝·拉贝这一称呼美名远扬。历史学家纪尧姆·帕拉登盛赞的"两位女性像两颗光芒四射的星辰冉冉升起,两个高贵而贞洁的灵魂如花般绽放"[4],其中之一名叫"路易丝·拉贝",既不是路易丝·查理,也不是路易丝·佩兰。采用更加出名的路易丝·拉贝这一署名,无疑有助于《作品集》的被接受。"作者姓名出现在标题页这一出版做法诞生于15世纪末,16世纪渐渐流行起来,

---

　　① Georges Tricou, «Louise Labé et sa famille», in *Humanisme et Renaissance*, V, 1944, p. 60.

　　② Madeleine Lazard, *Louise Labé*, France, Fayard, 2004, p. 71.

　　③ Ibid. .

　　④ Guillaume Paradin, *Memoire de l'Histoire de Lyon*, Lyon, Antoine Gryphius, 1573, p. 355.

这一做法的目的是以一种越来越明显的方式，凸显作者的姓名，这说明作者的姓名对于书籍的商业运作非常重要"①，因此，采用路易丝·拉贝这一已经为里昂甚至全法国所熟知的姓名出版作品，在封面以非常醒目的方式凸显这一姓名，有助于激发读者的兴趣，促进《作品集》的销售。

再次，路易丝署名的特殊性还在于该署名在《作品集》中出现的频率和形式的多样。从频率上来看，该姓名以作者署名的方式出现了 4 次（标题、卷首献辞的署名、《辩论》的开头、《作品集》的末尾）。此外，该署名在特许证明中出现了 1 次，在《赞诗》中出现了 21 次（完整形式 14 次，缩写 D. L. L. 4 次，文字游戏方式 3 次，"Belle à soy""à soy belle""la loy se laberynthe"）。因此，路易丝姓名完整地出现了 26 次，此外她的名字路易丝单独出现了 14 次。从形式上来说，她的姓名有 9 种形式：

Louïze Labe Lionnoize

Louïze Labé

D. Louïze Labe Lionnoize

D. Louïze Labé

Dame Louïze Labé

Belle à soy

à soy belle

la loy se laberynthe

在一本 173 页、体量不大的《作品集》中，作者姓名出现的

---

① Michèle Clément, «Nom d'auteur et identité littéraire: Louise Labé Lyonnaise. Sous quel nom être publiée en France au XVIe siècle?», in *Revue RHR-Réforme*, *Humanisme*, *Renaissance*, N°70, 2010, p. 73.

频率如此之高，形式如此多样，强调作者身份的意味非常明显。
为什么需要采取这种在现今看来似乎多此一举的做法呢？一方面
缘于女性对于原本只属于男性的作家身份的追求，"印刷在书籍
上的姓名让女性成为作者，让她们成为书籍合法拥有者。这让女
性——包括那些没有贵族头衔的女性——能够有机会以作家的身
份立足于世"①；另一方面则因为女性作者署名的脆弱性，人们本
能地会去猜想女性作家的署名后面是否会隐藏着一位男性，正如
布赫高·德·吕再版《作品集》时，在序言中为路易丝进行辩
护，其立足点就是文学所有权问题，"这是所有进行写作的女性
的命运：人们剥夺了她们所创作的作品理应给她们带来的荣誉，
暗示她们仅仅是作品的养母"②。为了更好地保护自己的劳动成
果，12 世纪著名女诗人玛丽·德·法兰西在自己的作品中写道，

为后世我写下自己的名字
我名叫玛丽·德·法兰西
可能会有许多教士
无耻将我的作品掠夺
我不愿自己的作品被冠上他人的名字③

路易丝也许出于同样的考虑，"不愿自己的作品被冠上他人

---

① Michèle Clément, «Nom d'auteur et identité littéraire: Louise Labé Lyonnaise. Sous quel nom être publiée en France au XVIe siècle?», in *Revue RHR-Réforme*, *Humanisme*, *Renaissance*, N°70, 2010, p. 75.

② Ibid..

③ Marie de France, les Fables, éd. *Critique avec traduction de Charles Brucker*, Peeters, Paris-Louvain, 1998, p. 365.

的名字",因此在《作品集》中不厌其烦地重复"路易丝·拉贝",以强调自己女作家的身份和作品的归属。

最后,对比 16 世纪其他女性作家的署名,路易丝·拉贝的署名也十分特殊。埃弗利娜·贝里奥-萨尔瓦多(Evelyne BERRIOT-SALVADORE)在其专著《文艺复兴时期法国社会的女性》一书的附录中,统计了 1500 年到 1597 年的女性出版物,共计 70 种,分属 27 位女性作家。她们的名字出现在封面时基本都有尊称或突出品德的形容词加以修饰,"里昂贞洁而优雅的贵妇贝尔奈特·德·基约","虔诚的基督徒,法国的公主玛格丽特,纳瓦尔王后","高贵而能干的贵妇,玛丽·德·克雷福(Marie de Clèves)夫人",或者至少有"夫人""小姐"等修饰语。如同"女子外出不戴头罩是为逾矩"[①] 一样,用修饰语对姓名加以包装是为了减轻女性姓名单独出现时的突兀感。16 世纪下半叶,这一做法延续下来,比如"德罗什夫人们""加布里埃尔·德·瓜尼阿尔夫人""玛丽·德·罗米厄小姐"……整个旧制度时期,人们都保持"夫人""小姐"这一习惯直到 19 世纪中叶,比如"斯塔尔夫人""塞维尼夫人"。对比路易丝·拉贝的署名,我们会发现她的署名非常简单,"里昂人路易丝·拉贝",既没有尊称,也没有表示其人品的修饰语,这对于 16 世纪的女性作家来说非常少见。通常这种署名方式为男性作家所有,比如弗朗索瓦·维庸(François Villon)、克雷芒·马罗(Clément Marot)、让·马罗(Jehan Marot)。路易丝·拉贝"也许是法国书籍史上第一位像男性一样只署

---

① Evelyne Berriot-Salvadore, «Les femmes et les pratiques de l'écriture de Christine de Pisan à Marie de Gournay», in *Bulletin de l'Association d'étude sur l'humanisme, la réforme et la renaissance*, N°16, 1983, p. 60.

名与姓的女作家"①。该署名应该是路易丝刻意的选择：一方面，
她在 1565 年 4 月 28 日遗嘱上的署名，"路易丝·查理夫人，别号
路易丝，已故埃内蒙·佩兰先生的寡妻"②，由此可见路易丝在别
处署名时还是按照当时的社会习俗，加上了"夫人"这一修饰语；
另一方面，1555 年其作品集的出版商让·德·杜尔勒在此之前已经
出版了两位女性的作品，玛格丽特·德·纳瓦尔（Marguerite de
Navarre）和贝尔奈特·德·基约，在她们作品的封面，作者署名
都有礼貌用语，比如玛格丽特·德·纳瓦尔署名为"杰出的纳瓦
尔王后"，贝尔奈特·德·基约是"里昂贞洁而优雅的夫人贝尔
奈特·德·基约"，因此路易丝这种署名方式也并不符合其出版
商的惯例。路易丝采用了这一男性化的署名方式，正是她女性主
义态度的体现：女性与男性是平等的，她不需要对姓名进行包装
来凸显女性身份，因为在姓名上添加各种头衔或对德行进行褒扬
的做法是女性不自信的一种表现，这一行为从本质上就是承认了
自己的弱势地位。她的署名方式与卷首献辞中的女性主义宣言相
呼应。

第二节　城市的荣耀

虽然当时"诗人标明自己出生地是一种普遍做法"③，但在路

---

① Michèle Clément, «Nom d'auteur et identité littéraire：Louise Labé Lyonnaise. Sous quel
nom être publiée en France au XVIe siècle?», in *Revue RHR-Réforme*, *Humanisme*, *Renaissance*,
N°70, 2010, p. 75.

② Louise Labé, *Oeuvres*, in *Louise Labé*, *La Belle Rebelle et le François nouveau*, édité
par Karine Berriot, Paris, Editions du Seuil, 1985, p. 240.

③ Mireille Huchon, *Louise Labé, une créature de papier*, Genève, Droz, 2005, p. 15.

易丝各种形式的姓名中，"里昂人"出现了 7 次，对作者归属地的强调相当明显。路易丝没有选择女性常用的表示身份和品行的形容词，而是用里昂人来对自己的姓名进行包装，一方面说明她对自己出生和生活的城市里昂的依恋，另一方面也是利用这所城市的荣耀来提升作者和作品的价值。

高卢人的首都在 16 世纪的法国拥有与北方巴黎相媲美的地位，当时的诗人将其形容为"法国的第二只眼睛"①。它特殊的地理位置和商业条件，使得各种商品、各国人、各种书籍、思潮在这里汇聚，相互碰撞，里昂成为真正意义上的文化熔炉，其中来自意大利的影响尤为明显。同时，相对于巴黎来说，里昂远离索邦大学和政府的文化监控，形成了一种相对自由的知识氛围，再加上里昂印刷业的飞速发展，这一切使得里昂成为真正意义上的印刷之都和知识之都。这种知识自由不仅为男性带来了好处，也为女性带来了一定程度的解放，使得里昂有许多女性在文学上崭露头角。

1. 里昂——法国的佛罗伦萨

里昂地理位置特殊，它位于多菲内（le Dauphiné）、萨瓦（la Savoie）接壤处，途经里昂的两条可通航的河流——罗纳河和索恩河——直接将它与勃艮第（la Bourgogne）、瑞士和普罗旺斯连接起来。与此同时它还是意大利与法国北部、荷兰和现在德国大部分地区进行贸易的门户。里昂特殊的地理位置使得它成为法国几任国王征战意大利的前沿阵地。历次意大利战争导致法国人口减少、国贫民穷，但战争却成为里昂物质财富和知识财富增长的

---

① Mireille Huchon, *Louise Labé, une créature de papier*, Genève, Droz, 2005, p. 17.

最主要原因之一。从意大利回来的法国士兵带来了他们的战利品，书籍、艺术品、奢侈品，这使得里昂的生活被打上了意大利烙印。商业和银行业的发展吸引了许多意大利人来此定居。生活在里昂的意大利侨民们带来了意大利文化，尤其是彼特拉克主义和由费奇诺（Marsile Ficin）发展的柏拉图主义。A. 鲍尔（A. Baur）认为里昂的文艺复兴并非来自书籍、学者的影响，即通过某种学术渠道而来，里昂的文艺复兴是里昂人与生活在里昂的意大利侨民直接接触的结果，里昂人接受了意大利式的快乐和对节日的喜爱，受到意大利艺术和奢侈之风的影响，因此"里昂的文艺复兴是文明而雅致的，与法国北方的文艺复兴截然不同"[1]。里昂人更熟悉意大利文艺复兴和人文主义思想，如同意大利人一样，"他们的思想习惯于快乐、奢侈与美"[2]，"里昂是文艺复兴时期最意大利化的城市"[3]，因此里昂也被视为法国的佛罗伦萨。

2. 里昂——印刷之都与知识之都

15 世纪末 16 世纪初，里昂的印刷业取得了迅猛的发展，"众所周知，里昂在 15 世纪最后 25 年就已经成为欧洲出版业最重要的中心之一……到了 16 世纪中叶，唯一能超过里昂的只有威尼斯"[4]。16 世纪中叶，里昂的梅尔希埃尔（Mercière）街周边有 100 多家印刷工场，约有 600 多人从事这一行业。里昂的印刷业因其良好的质量而享有国际声誉，出版的书籍被销往意大利、德

---

① Stanislaw Piotr Koczorowski, *Louise Labé, étude littéraire*, Paris, Edouard Champion, 1925, p. 8.

② Ibid. , p. 7.

③ Michèle Clément, Janine Incardona, *l'émergence littéraire des femmes à Lyon à la Rennaissance* 1520—1560, Saint-Etienne, PU Saint-Etienne, 2008, p. 29.

④ Stanislaw Piotr Koczorowski, *Louise Labé, étude littéraire*, Paris, Edouard Champion, 1925, p. 7.

国、西班牙等国，许多法国其他城市或国外的作家也将他们的书籍交付里昂出版商出版。在众多出版商中，最著名的两位是塞巴斯蒂安·格里夫（Sébastien Gryphe）和让·德·杜尔勒①，让·德·杜尔勒正是路易丝·拉贝的出版商。塞巴斯蒂安·格里夫出版了大量希腊文和拉丁文的作品。让·德·杜尔勒则偏爱法国和意大利作家。桃乐茜·奥康娜指出，当时里昂的印刷业发展迅猛，而且相对于巴黎印刷商来说，里昂的印刷商"远离索邦大学严厉的监控，因而他们从业时几乎完全不用担心审查"②，因此里昂的印刷业显得更加有活力，更加自由，里昂从而成为"知识自由之都"③。16 世纪的里昂以其自由的氛围吸引了许多学者，如加尔文（Calvin）、拉伯雷（Rabelais）、多莱（Dolet）、马罗（Marot）、于格·萨代尔（Hugues Sadel）、夏尔·方丹（Charles Fontaine）、奥利维尔·德·马尼（Olivier de Magny）等。途经里昂的人文主义者和里昂本地的学者们通过沙龙聚会等形式相互交流，推动了人文主义的发展。印刷工场是人文主义者们进行讨论和交流的活动场所之一，比如塞巴斯蒂安·格里夫（Sébastien Gryphe）和让·德·杜尔勒的印刷工场就成为学者会社（le cercle savant Sodalitium）的活动场所。马德莱娜·拉扎尔特别强调了里昂印刷工场在人文主义发展过程中的中心地位，"这个小小的世界对所有新生事物都保持开放的态度，海纳百川、积极、新颖，它像磁石一样吸引了大量文人，这团温暖而明亮的里昂之火将他们从远方带到了这里"④。爱情、女性地位、古代文化、各种思潮都

① Mireille Huchon, *Louise Labé, une créature de papier*, Genève, Droz, 2005, p. 36.
② Dorothy O'connor, *Louise Labé, sa vie, son œuvre*, Genève, Slatkine, 2014, p. 24.
③ Madeleine Lazard, *Louise Labé*, France, Fayard, 2004, p. 15.
④ Ibid., p. 18.

是他们讨论的主题。路易丝·拉贝也参加了这些沙龙，她在自己的家中接待那些领主、绅士和其他杰出人物，他们在一起交流讨论，阅读"她书房里摆放得满满的……拉丁文、法文、意大利语和西班牙语的书籍"①。

3. 里昂——爱情之都

里昂是一个被打上了爱情符号的城市。它的地理位置就足以让人浮想联翩：它见证了罗纳河和索恩河的爱情。阳性的罗纳河与阴性的索恩河在这里进行了一次"永恒之吻"②，它们阴与阳、力量与平静的结合成为诗人们喜爱的主题。里昂本土诗人莫里斯·赛弗在诗中写道，

> 罗纳、索恩即将分手
> 我的心也将离你而去③

途经里昂的诗人也会运用这一主题，比如当时的"诗歌王子"克雷芒·马罗在结束费拉尔（Ferrare）的流亡回到里昂时，也谈到了索恩河和她易冲动的丈夫④。

里昂还是爱神维纳斯庇护下的城市。里昂附近有座富维耶山（Fourvière），16 世纪时，人们认为该山名字的词源是 Forum Veneris，意即"维纳斯广场"，因为古时山顶可能有一所维纳斯神庙。路易丝赞诗的最后一首《对里昂人路易丝·拉贝夫人的称

---

① Antoine Du Verdier, *La bibliotheque d'Antoine du Verdier, seigneur de Vauprivas*, Lyon, Barthelemy Honorat, 1585, p. 822.
② Mireille Huchon, *Louise Labé, une créature de papier*, Genève, Droz, 2005, p. 18.
③ Ibid. .
④ Ibid. .

颂》就采用了这一说法，该诗在提及富维耶山时在旁边标注了"富维耶山从前被称作维纳斯广场"①。

身处爱神光辉福泽下的里昂人文主义者对爱情哲学非常感兴趣，从意大利传来的新柏拉图主义更是让他们入迷，发生在里昂的"女性爱人之争"就是明证。1542 年，安托万·埃罗艾（Antoine Heroët）在里昂艾蒂安·多莱（Etienne Dolet）印刷工场出版了一首长诗《完美女性》（La parfaite amie），该诗描绘了一位用全部身心来追求一种高贵而纯粹精神生活的理想女性，她分析了爱人在她身上所引发的各种感情，对爱情进行了一番哲学分析，将其视为两性爱人之间的一种完美结合，是"曾在天堂紧密结合的两个灵魂在尘世间的再次相遇"②，对"美和快乐"③的强烈渴望将把他们引往神圣的爱情。同年，让·布瓦索·德·拉鲍尔德里（Jean Boiceau de la Borderie）在同一印刷工场出版了《王廷女性》（l'amie de court），反对安托万·埃罗艾的思想，他在作品中描写了一位爱卖弄风情的年轻女子，被众多男性情人围绕的她拒绝柏拉图式的爱情，试图从男性对她的追求中获取利益，爱情与精神无关，只是一场游戏而已。次年，夏尔·方丹因为不赞同《王廷女性》，也在里昂出版了《王廷女性反面》（la contre-amie de court），他在作品中塑造了一位坚信爱情的资产阶级女性形象，她对王廷贪婪和腐败生活的斥责明显体现出新柏拉图主义的影响。这三部在里昂出版的专著构成了"女性爱人之争"的主要载体。

里昂的这种爱情氛围使得里昂的诗人们，尤其是里昂流派的三

---

①　Louise Labé, *Euvres de Louïse Labé Lionnoize*, Lyon, Jan de Tovrnes, 1555, p. 166.

②　Madeleine Lazard, *Images littéraires de la femme à la Renaissance*, Paris, PUF, 1985, p. 14.

③　Ibid. .

位诗人将爱情作为他们抒情诗歌的主题，他们用诗歌来表现自己的爱情哲学，展现了他们对灵与肉究竟是矛盾还是统一的分歧。

4. 里昂——女性之都

文艺复兴时期的里昂在各方面都不逊于巴黎，包括里昂的女性们"也与巴黎的女性们一较高低"①。雅克·佩尔蒂埃（Jacques Peletier）在为路易丝·拉贝创作的颂歌中，赞美里昂的贵妇与小姐们，说她们是如此美丽，如此赏心悦目。对于夏尔·方丹来说，里昂的女士们妆容精致，以至于人们将她们视为仙女下凡②。当时的里昂相对于巴黎来说，"特点和优势就在于里昂拥有许多女性作家"③，弗朗索瓦·德·比翁在1555年出版的《女性荣誉坚不可摧》中列举了6位里昂著名的女性作家——玛格丽特·德·布尔（Marguerite de Bourg）、克洛迪娜·赛弗、让娜·赛弗（Claudine et Jeanne Scève）、克劳德·佩隆（Claude Peronne）、让娜·卡娅尔德（Jeanne Gaillarde）和贝尔奈特·德·基约，巴黎女性只有一位进入他的榜单，那就是玛格丽特·德·纳瓦尔④。弗朗索瓦·德·比翁的表单并不全面，比如里昂除了他列出的这6位女性作家之外，本文研究的对象路易丝·拉贝和她卷首献辞的对象克莱曼丝·德·布尔日都是当时里昂著名的女诗人。不过尽管如此，他的表单从侧面说明了当时里昂的女性完全可以和巴黎的女性相媲美。

"相对于法国其他城市来说，里昂的文人圈要女性化得多"⑤，为什么文艺复兴时期的里昂可以拥有如此之多的女性作家？究竟

---

① Mireille Huchon, *Louise Labé, une créature de papier*, Genève, Droz, 2005, p. 52.

② Ibid. .

③ Ibid. .

④ Ibid. .

⑤ Madeleine Lazard, *Louise Labé*, France, Fayard, 2004, p. 96.

是何种特殊原因使得女性能够登上里昂文坛？斯坦尼斯洛·彼得·考克兆豪夫斯基（Stanislaw Piotr Koczorowski）认为"在里昂这样一个欣赏荣耀、文雅、思想和娱乐艺术的社会里，女性出类拔萃是很自然的事情，里昂的女性以意大利为榜样，在社会上占据了头等地位"①。米歇尔·克莱芒（Michèle Clément）认为里昂特殊的氛围有助于女性作家崭露头角，她认为"当时里昂女性地位与写作的问题是一个非常尖锐的问题，尤其是叙述文学和抒情诗歌领域……里昂有某些其他大城市所没有的东西，也许与里昂印刷业的飞速发展和里昂一些希望在文学舞台上独树一帜的人文主义作家有关，里昂发生的关于语言复兴的讨论、里昂的积极福音主义，甚至宗教改革的选择、医学理论和爱情哲学大讨论，这些都是促使女性崭露头角的因素"②。

"里昂氛围"或里昂带有女性主义痕迹的特殊文学场〔借用布迪厄（Bourdieu）的概念〕的形成是里昂出版商、印刷商、人文主义者和女性们（包括那些如同路易丝一样出身并不高贵的女性）共同努力的结果。在16世纪出版的约70本女性作家的作品中，44本在巴黎出版，18本在里昂出版，8本在其他城市出版，从出版数量上看，里昂虽然逊色于巴黎，但却为其他城市所不及；从出版的女性人名来看（鉴于某些作品再版了许多次），巴黎出版了17位女性作家的作品，其中有两部作品分别是三位和两位女性作家作品的合集，里昂出版了12位女性作家的作品，可见在里昂出版作品的女性作家数量和在巴黎出版作品的女性作家数量相差不大。里昂出版

---

① Stanislaw Piotr Koczorowski, *Louise Labé, étude littéraire*, Paris, Edouard Champion, 1925, p. 8.

② Michèle Clément, Janine Incardona, *l'émergence littéraire des femmes à Lyon à la Renaissance 1520—1560*, Saint-Etienne, PU Saint-Etienne, 2008, p. 8.

过女性作品的出版商有 8 位，其中最著名的就是让·德·杜尔勒，
"在王国其他人文主义出版商为之却步的时候，他是 10 位左右连续
出版女性作品的出版商之一"①，路易丝的《作品集》正是出自他
的工场。里昂的男性人文主义者也为女性登上文坛做出了贡献，
不论是发生在里昂的"女性爱人之争"，还是安托万·德·慕兰
（Antoine du Moulin）在贝尔奈特·德·基约《诗集》的前言中明
确要求里昂的女性们"沿着她（贝尔奈特·德·基约）为她们指
明的道路"② 进行写作并发表作品，抑或是克劳德·德·达耶蒙
在自己的作品中赞美女性并继续明确号召女性进行创作，似乎男
性在为女性走上文学创作的道路摇旗呐喊披荆斩棘。

　　形成里昂这种特殊女性主义氛围的原因很多，我们对此不再
赘述。但毫无疑问，这种"里昂氛围"的存在为女性作家的成长
提供了一片沃土，而且也为女性作家作品的合法性和归属权提供
了某种意义上的保护。里昂的女性作家们形成了同盟，共同驳斥
人们对她们品行和作品真实所属的怀疑。

　　路易丝在署名时强调自己是"里昂人"，说明她对里昂这所
城市的认可，同时也是借用城市的荣誉来对自己进行保护：里昂
的重要性提升了作家作品的重要性；里昂自由、爱情和意大利化
的氛围让她炙热的情歌不再显得那么惊世骇俗；里昂的女性主义
氛围和众多其他女作家的存在也降低了她女作家身份的突兀感，
于是，里昂在某种意义上成为路易丝及其作品集的保护伞。

---

① Michèle Clément, Janine Incardona, *l'émergence littéraire des femmes à Lyon à la Ren-
naissance* 1520—1560, Saint-Etienne, PU Saint-Etienne, 2008, p. 18.
② François Rigolot, «Louise Labé and the "Climat Lyonnois"», in *The French Review*,
Vol. 71, N°3, 1998, p. 408.

第六章

第一个女性主义宣言

第一节　献辞的内容与结构

　　路易丝·拉贝《作品集》开篇是一封献给克莱曼丝·德·布尔日的卷首献辞。这篇献辞的日期标注为 1555 年 7 月 24 日，大约三周后《作品集》印刷成册，据此可以推测卷首献辞应该是路易丝·拉贝在《作品集》出版前最后创作的文本。鉴于卷首献辞的创作时间与《作品集》的印刷时间如此接近，我们可以推测路易丝在撰写卷首献辞时已经充分构思好了《作品集》的结构，对于《作品集》所要展现的作者意图也已经过了深思熟虑，因此路易丝最后撰写的卷首献辞就承担了将作者意图告知读者的作用。卷首献辞不仅拥有前言的功能，而且对于阅读作品集将起到关键性的指导作用。路易丝也非常清楚地意识到了卷首献辞的重要性，证明就是《作品集》1556 年的再版对 1555 年的初版进行的修改，大部分都是一些小的拼写错误的修改，而文本方面比较重要的修改多集中在卷首献辞中。达尼埃尔·马尔丹仔细对比了这两版卷首献辞的差异，对修改之处进行了评论，认为这些修改充分体现出路易丝对前言战略性影响的认识①。路易丝对卷首献辞的修改充分说明她对前言细节的重视，卷首献辞作为前言担负着重要使命，即"保证文本被正确阅读"②，在热奈特看来，这是前言"最主要的功能"③。

献辞虽然没有分段，但其内容很明显分为四个部分。在第一部分中，作者首先揭露了长期以来男性对女性的压迫，将男性与女性置于对立的立场上，例如作者写道"既然男性严苛的法律不再阻止女性投身于知识和教育的时刻来临"④ 时使用了"严苛"一词，充分说明当时男女两性关系并非那么美好。根据艾丽阿讷·维埃诺的说法，"路易丝·拉贝所生活的时代事实上是一个两性关系十分紧张的时代，19 世纪末的历史学家们所采取的'女性之争'的说法不足以表现这一时代特征；许多与路易丝·拉贝同时代的人用了'战争'一词，他们中最正直的人明确指出这是一场男性对女性发起的战争"⑤。随后路易丝·拉贝向女性们发出号召，并以自己为例说明女性追求知识与写作的重要性，这部分内容构成了法国历史上第一份真正意义上的女性主义宣言，因此路易丝·拉贝也被一些评论家视作法国第一位女性主义者。

第二部分中，她邀请克莱曼丝·德·布尔日加入她的女性主义事业并鼓励她追寻文学写作所能带来的荣誉——"您不要放弃

① Daniel Martin, *Signe (s) d'Amante, l'agencement des Euvres de Louïze Labé Lionnoize*, Paris, Champion, 1999, p. 28.

② Gérard Genette, *Seuils*, Paris, édition du Seuil, 1987, p. 200.

③ Ibid..

④ Louise Labé, *Oeuvres*, in Louise Labé, *La Belle Rebelle et le François nouveau*, édité par Karine Berriot, Paris, Editions du Seuil, 1985, p. 281.

⑤ Béatrice Alonso, VIENNOT, Eliane, *Louise Labé 2005*, France, Publications de l'Université de Saint-étienne, 2004, p. 20.

这一目标，也不要在这一目标前却步，您要投入您全部的智慧，您要利用您的年轻和上天赐予您的其他礼物去获取文学和知识能给追求它们的人带来的荣誉"①。这段对克莱曼丝·德·布尔日的寄语很明显起到了小结的作用，既是对卷首献辞前半部分女性主义宣言的总结，也起到了过渡的作用，让路易丝很自然地从女性主义的号召过渡到下文中对写作乐趣的宣扬。

在献辞前半部分中，"荣誉"是一个关键词，不论是第一部分强调女性追求学习和文学创作带来的荣誉的必要性，还是第二部分用荣誉来激励克莱曼丝·德·布尔日，"荣誉"一词与路易丝的女性主义紧密联系在一起。荣誉本是男性追求的目标，不论是文人还是武将，男性都视荣誉为生命，而对于被拘禁于私人空间的女性来说，荣誉于她们来说毫无用处。但路易丝却把荣誉用作激励女性的武器，号召她们追求荣誉，用荣誉来装点自己——"如果我们中有人足够出类拔萃，能够用写作来表达自己的思想，那么她应该细心地去进行创作，接受写作带来的荣誉，用这种荣誉而不是项链、戒指和锦衣华服来装扮自己：因为后者仅供我们使用，并非真正属于我们。知识给我们带来的荣誉才完全属于我们，无论是窃贼的花招、敌人的武力还是漫长的时光，没有人能将它从我们这里夺去"②。对于女性来说，她通往荣誉的道路就是知识与写作。

于是，在献辞的第三部分中，路易丝开始阐释她对文学实践的认识和她出版自己作品的原因。如果说荣誉、女性主义是献辞

---

① Louise Labé, *Oeuvres*, in *Louise Labé*, *La Belle Rebelle et le François nouveau*, édité par Karine Berriot, Paris, Editions du Seuil, 1985, p. 282.

② Ibid..

前半部分的关键词的话，献辞后半部分的关键词就是写作与乐趣，"除了光荣和荣誉，文学学习还可以给人带来的值得一提的好处就是乐趣，这一乐趣将成为我们每个人的推动力"①。"乐趣""快乐""内在的满足感""双重的享受"，"无比的满足感"，这些都是路易丝为女性们描绘的写作的好处。在为女性们分析了自己的写作观后，路易丝分析了自己进行写作的原因。与上文女性主义宣言中所体现的女性骄傲矛盾的是，路易丝将自己进行写作的原因归于"想找一个有价值的打发时间、避免无所事事的方式而已"②，而且她出版作品也并非自愿——"我本无意让别人看到这些作品。但我的几位朋友在我不知情的情况下读到了它们（我们是多么容易相信那些称颂我们的人啊），他们说服我应该将它们出版，我不敢拒绝他们，但我威胁他们我会让他们承担此举将给我带来的一半耻辱"③。这样的论述给读者以一种自相矛盾的感觉，一个号召其他女性追求知识和写作带来荣誉的骄傲女作家，在论及自身时却如此谦卑，与她在上文女性主义宣言中展现出来的形象截然相反，其中的原因我们将在下文献辞的功能中进行阐释。

最后，在第四部分中，作者再次对克莱曼丝·德·布尔日发话，说明选择其作为自己献辞对象的原因，并表示自己的作品仅起到抛砖引玉的作用，作者希望看到克莱曼丝·德·布尔日能够有勇气出版自己的佳作。

整个献辞体现出一种结构上的对称。其内容的重点在第一部

---

① Louise Labé, *Oeuvres*, in Louise Labé, *La Belle Rebelle et le François nouveau*, édité par Karine Berriot, Paris, Editions du Seuil, 1985, p. 282.

② Ibid., p. 283.

③ Ibid..

分和第三部分，即女性主义—荣誉和写作—乐趣这一对主题。至于对克莱曼丝·德·布尔日的寄语，正如作者自己解释的，"因为女性不愿意独自出现在公共场合，所以我选择您作为我的引路人"①，该寄语仅是作者自我保护的一种方式。献辞两部分的发展都遵循了从一般到个人，从理论到作者个人实践，从骄傲到谦逊这一规律。献辞内容和结构上的这种对称非常明显，这应当是作者精心安排的结果。

第二节　献辞的功能

在热奈特看来，"很多延展开的献辞……起到了前言的作用"②，路易丝的卷首献辞也如此。根据热奈特的理论，"每一个前言往往需要承担多项功能"③。他将作者撰写的、最初的前言命名为"原始前言"④。原始前言基本作用就是"保证文本被正确阅读"⑤，"这一过于简单的用语远比它看上去的要复杂得多，我们要从两点对这句话进行分析，第一点是第二点的必要非充分条件，它决定第二点却不能保证第二点：1 获得阅读 2 获得正确的阅读"。简而言之，原始前言放在书的开篇处就是告诉读者"为什么要读这本书，该如何阅读这本书"⑥。原始前言将从两个方面保证文本被正确阅读，一方面是抓住读者注意力从而获得阅读，另一方面是

---

①　Louise Labé, *Oeuvres*, in *Louise Labé, La Belle Rebelle et le François nouveau*, édité par Karine Berriot, Paris, Editions du Seuil, 1985, p. 284.

②　Gérard Genette, *Seuils*, Paris, édition du Seuil, 1987, p. 165.

③　Ibid. , p. 200.

④　Ibid. .

⑤　Ibid. .

⑥　Ibid. .

引导读者进行正确的阅读。

1. 献辞如何获得阅读？

热奈特认为原始前言不承担吸引读者的功能，原始前言"不在于吸引读者，因为读者已经通过购买、借或偷的方式拿到了这本书"①，此时原始前言的目的是"通过典型的说服式修辞机制抓住读者"②。拉丁修辞学将这一机制命名为"博取好感（captatio benevolentiae）"③。热奈特认为博取读者好感并非易事，因为这需要在不让读者产生反感的前提下，用不那么明显、不那么厚颜无耻的语言去吹捧作者，以期"提高书的身价"④。"提高书的身价，（表面上）不去吹捧作者需要作者在自己的自尊上做出痛苦的牺牲，但这种牺牲通常来说是值得的"⑤。热奈特所说的这种牺牲指的是"作者需要称赞作品的主题，同时要比较真诚的指出自己在处理这一主题时所表现的不足"⑥，即作者一方面通过赞扬作品所处理主题的重要性来吹捧自己的作品，一方面贬低自己，表现出一种谦逊的态度。这样做的目的是告诉读者，虽然我处理这一主题时能力有限，但这一题材是如此重要，所以你们至少应该为了题材读一读我的书。

路易丝的卷首献辞正体现了热奈特所总结的原始前言的这一功能。献辞的主题——号召女性通过学习与写作来追求荣誉——是女性事业的重要组成，这一主题在 16 世纪女性主义的萌芽阶段

---

① Gérard Genette, *Seuils*, Paris, édition du Seuil, 1987, p. 201.
② Ibid..
③ Ibid..
④ Ibid..
⑤ Ibid..
⑥ Ibid..

尤为引人注目。这一主题是下文中我们将具体介绍的"女性之争"和"女性爱人之争"的延续，路易丝利用这一主题加入了文艺复兴时期关于女性角色和社会地位的争论。路易丝通过阐释女性学习与写作的好处及必要性来提升自己文本的价值，因为"表现主题的重要性是提升文本价值的最重要的论据"①。路易丝将女性学习与写作的好处上升到整个社会层面。"我们除了可以因此获得荣誉之外，我们还将对社会有利，因为这会促使男性在有价值的知识领域投入更多的学习和努力，因为他们害怕面对被女性超越的耻辱，他们自认为在几乎所有的事情上都高女性一筹"②，女性的学习与写作不但能让女性取得进步，而且还能促进男性奋发图强，男女两性之间友好的竞争可以促使社会进步，由此可见女性学习与写作的重要性。

路易丝在献辞中采用了四个主语人称代词，"我""我们""您""他们"，这四种人称代词在不同情况下的使用也体现出路易丝取悦目标读者群的苦心。首先，路易丝在献辞中将女性和男性分为两个阵营，分别是"我们"和"他们"："他们"剥夺了"我们"学习的权利，"他们"认为自己优越于"我们"，男性女性这种对立的关系非常清晰。其次，路易丝在献辞一般理论性的论述中采用"我们"这一主语，将所有的女性都拉入自己的阵营，营造出一种与女性读者共同进退的氛围，以博取女性读者对自己主题的支持。例如"我认为我们中那些有条件的人应该利用我们曾无比渴望的宝贵自由来进行学习：并向男

---

① Gérard Genette, *Seuils*, Paris, édition du Seuil, 1987, p. 203.
② Louise Labé, *Oeuvres*, in *Louise Labé*, *La Belle Rebelle et le François nouveau*, édité par Karine Berriot, Paris, Editions du Seuil, 1985, p. 282.

性证明，他们剥夺了知识有可能给我们带来的好处与荣誉，这对我们是多么不公平"①，"我们"这一主语代词在此处的使用很容易使女性产生一种同仇敌忾的感情。路易丝直接对女性进行呼吁时非常小心地避免了一种命令的语气，例如"我们需要相互鞭策，投入这值得称颂的事业"②，她与其他女性是平等的，她并非先行者或领导者，她们之间是一种互相帮助、互相督促的关系。再次，当路易丝提及"我"时，完全没有她用"我们"时所体现的骄傲语气。比如她写道，"但因为我曾将年轻时的一部分时间用来进行音乐训练，于是我发现我可以利用自己有限才智的时间所剩无几，我希望女性能够不仅在美貌，而且在知识和德行上能够与男性媲美，甚至超越男性，虽然我无法做到这一点"③，这种谦逊的态度正是热奈特所说的作者自尊上的牺牲，"面对被无限夸大的主题的重要性，作者往往自曝其短，言其并无处理这一主题的能力……但这其实是预防批评，即让批评无从落脚最保险的做法，甚至因为作者抢先进行了自我批评而可以阻止来自别人的批评"④。路易丝对自己出版作品原因的解释也采用了同样的技巧，即通过自我贬低的方式来博取读者好感以"获得阅读"。

2. 献辞如何获得正确的阅读？

诺瓦利（Novalis）曾说过，"前言提供了书籍的使用说明"⑤，

---

①　Louise Labé, *Oeuvres*, in *Louise Labé, La Belle Rebelle et le François nouveau*, édité par Karine Berriot, Paris, Editions du Seuil, 1985, p. 282.

②　Ibid. .

③　Ibid. .

④　Gérard Genette, *Seuils*, Paris, édition du Seuil, 1987, p. 211.

⑤　Ibid. , p. 212.

读者可以从前言中获得书籍正确的阅读方法，作者意图，作品的缘起、创作环境和它生成的每个阶段，这些在前言中或多或少都会有所体现。

首先是作者意图。"原始前言所有功能中最重要的功能在于它构成了作者对文本的诠释，或者换句话说，它是作者宣布自己的意图"①。路易丝也通过献辞中为自己塑造的人格和构建的身份宣告了她的意图。卷首献辞的字里行间隐含着三种路易丝形象，骄傲的女性主义者、对文学实践有深刻体验的女性作家和谦卑的闺阁女子。这三种形象功能并不相同，作者塑造谦卑的闺阁女子形象仅是前言博取读者好感的一种手段，是作者出于女性身份的一种自我保护。作者真正想展现的是前两种形象，其对应的也是卷首献辞的两大主题——女性主义与写作，这两大主题是理解整个《作品集》的钥匙，也是贯穿《作品集》的两大主线。热奈特的说法也证明了从卷首献辞中寻找《作品集》主线的合理性，"因为一个显而易见的原因出现在文集（诗歌集、小说集、随笔集）前言中、能够适当提升文本价值的主题，目的在于展现文集的统一性，一种形式或主题上的统一性，这尤其适用于那些因为倾囊而出的需要导致文本乍看之下显得杂乱和琐碎的文集"②。路易丝的《作品集》就是这样一个内容比较繁杂的文集，包括了散文《辩论》和诗歌集，诗歌集还分为哀歌和十四行诗。作者在出版前应该已经意识到了这一问题，因此她在撰写前言时，非常精心地挑选了献辞的内容并安排了献辞的结构，寻找到女性主义与写作这两个重要的主题来统领整部文集，并将正确阅读文集的钥

---

① Gérard Genette, *Seuils*, Paris, édition du Seuil, 1987, p. 224.
② Ibid. , p. 204.

匙留在了充当前言的卷首献辞中，有阅读经验的作者可以发现这把隐藏在文本中的钥匙，从而打开作者为读者留下的充满丰富精神食粮的宝库。

其次是作品的相关信息，路易丝在献辞中也有所交代。路易丝在此交代了她进行写作的目的：一方面是追求写作带来的乐趣，"如果我们将自己的想法落在笔头——即使此后我们不停地经历无数让我们分心的事情——很久之后我们回顾我们所写下的东西，我们依然能重温彼时的心绪。这样我们可以获得双重的享受，因为我们可以重新找到过去的快乐"①；另一方面是为了激励其他女性，尤其是克莱曼丝·德·布尔日，"我选择您作为我的引路人，并将拙作献给您。我别无他求，只希望让您看到我一直以来对您保有的善意，希望能激励您，让您在看到我粗糙而且结构混乱的作品后能够有兴趣出版一本经过很好润色且更加高雅的作品"②。路易丝解释其出版作品的原因在于不愿意让希望她出版作品的朋友们失望，虽然这很可能仅是作者出于自己女性身份所采取的自我保护。路易丝很清楚地意识到女性出版作品是一种逾矩，因此她威胁她的朋友们，"会让他们承担此举将给我带来的一半耻辱"③。

最后，卷首献辞也从侧面交代了作品的出版环境和创作环境。当时环境最重要的特征是一个"变"字，"既然男性严苛的法律不再阻止女性投身于知识和教育的时刻来临：我认为我们中那些有条件的人应该利用我们曾无比渴望的宝贵自由来进

---

① Louise Labé, *Oeuvres*, in Louise Labé, *La Belle Rebelle et le François nouveau*, édité par Karine Berriot, Paris, Editions du Seuil, 1985, p. 283.

② Ibid. , p. 284.

③ Ibid. , p. 283.

行学习"①，这句话充分说明对待女性学习，男性的态度有所改观，但这种改观并非一种彻底的嬗变，后半句中"有条件的人"说明获得宝贵自由的并非全体女性，而是指如克莱曼丝·德·布尔日一样的贵族女性或城市中比较富裕的资产阶级女性。路易丝出版作品的年代正是女性社会地位和女性角色有所变化，女性主义开始萌芽的时代，卷首献辞中的女性主义宣言也成为那个时代风气转变的见证之一。

　　总而言之，承担前言功能的卷首献辞应当成为读者正确阅读《作品集》的向导。《作品集》之所以成为女性征服话语权的象征正是有赖于路易丝·拉贝在卷首献辞伊始所表现出的女性主义诉求，而这一征服又与写作紧密联系，使得女性主义与女性写作成为了献辞，甚至整部《作品集》的关键词。

第三节　献辞对象的选择

　　对于 16 世纪的文人来说，书籍的献辞非常重要，"在那个时代，大部分情况下，文人只能指望从他的资助人那里获得辛苦工作的酬劳，因此一部作品献辞对象和所献颂词的数量揭示了作家的需求和期望。不过通过选择这位潜在的资助人，他间接地描绘了一个对文人进行保护的知识阶层。就这样，献辞成为作者和书商为了共同利益而精心安排的一种策略"②。在献辞对象的选择上，王后、公主和贵妇成为主要的献辞对象，不过，作家选择地

---

① Louise Labé, *Oeuvres*, in *Louise Labé*, *La Belle Rebelle et le François nouveau*, édité par Karine Berriot, Paris, Editions du Seuil, 1985, p. 281.

② Evelyne Berriot-Salvadore, *Les femmes dans la société française de la Renaissance*, Genève, Librairie Droz, 1990, p. 370.

位如此高贵的人作为献辞对象，"并不一定是想从赞助人那里获得直接利益，因为赞助人常常对他们的作品置若罔闻。他们期待的是来自'权威鉴赏家'的认可，这种认可可以成为提升书籍价值的依据"①。路易丝·拉贝的卷首献辞也是如此，不论是出于路易丝本人的意愿还是来自其出版商让·德·杜尔勒的建议，将克莱曼丝·德·布尔日作为献辞对象是一个成功的选择。德·布尔日虽然不能给路易丝带来任何物质利益，但她的姓名在《作品集》中的存在为路易丝提供了一把很好的保护伞。一本由女性署名的作品集更需要一个监护人，使它免予流言蜚语之伤。

德·布尔日亦如路易丝本人，只留下寥寥无几的历史资料。与路易丝·拉贝出身手工艺者家庭不同，德·布尔日出身贵族家庭，她的父亲"1532 年左右是里昂的市政长官"②。在德·布尔日所属的贵族阶层，女性接触各种形式的文化相比路易丝·拉贝来说容易一些，从克劳德·德·达耶蒙 1556 年创作的一首诗中，我们可以看出德·布尔日是一位有文学修养的年轻女子，醉心于诗歌创作。与德·布尔日同时代的人在关于她德行的问题上，一致认为她的"品行无可指摘"③。德·布尔日不论从社会阶级，还是从道德、知识、文学才华上来说，都是一位理想的受献辞者，尤其对于一部由女性创作的、内容比较大胆的作品集来说。德·布尔日的家庭默许她成为受献辞者也是对路易丝"交际花"传说的抨击，因为如果德·布尔日的父亲认为女儿成为路易丝《作品

---

① Evelyne Berriot-Salvadore, *Les femmes dans la société française de la Renaissance*, Genève, Librairie Droz, 1990, p. 371.

② Daniel Martin, *Signe (s) d'Amante, l'agencement des Euvres de Louïze Labé Lionnoize*, Paris, Champion, 1999, p. 29.

③ Ibid. , p. 30.

集》的受献辞者会影响女儿和家庭的声誉，作为市政长官的他完全可以拒绝让自己的女儿成为路易丝献辞的对象。选择德·布尔日做受献辞者其实暗含着利用德·布尔日的社会地位，尤其是她父亲的社会地位作为作品道德层面的担保。这一担保非常重要，所有女性的作品或为女性创作的作品都要提防人们对其道德层面的怀疑。选择出身比路易丝高贵的德·布尔日作为"引路人"就是非常机智的做法，这样可以让路易丝尽量避免人们对她作品和她个人进行道德上的批判，同时让德·布尔日成为作品的保护人也可以提升作品和作者的地位。"不论查埋一家和克劳德·德·布尔日（Claude de Bourges）一家有何种关系，路易丝·拉贝通过将作品献给他的女儿找到了一个非常有用的担保——这是一个精明的作序者的策略——与此同时，她也通过这一举动表明，'用写作打发时间'使得她这位出身资产阶级的女性能够与城市里的贵族女性相提并论"①。

　　路易丝将卷首献辞献给克莱曼丝·德·布尔日，并在献辞末尾署名"您谦卑的朋友路易丝·拉贝"，有些传记作家认为路易丝与德·布尔日是"闺中密友"②，"她与克莱曼丝·德·布尔日建立了深厚的友谊……她们对科学、诗歌有共同的爱好"③；有研究者认为她们的友谊未能持久，因为路易丝"背叛"④了德·布尔日，她们因爱上同一个男人而反目成仇；更有研究者认为这个

---

① Evelyne Berriot-Salvadore, *Les femmes dans la société française de la Renaissance*, Genève, Librairie Droz, 1990, p. 446.

② Louise Labé, *Euvres de Louïse Charly, Lyonnaise, dite Labé, surnommée la belle cordière*, Lyon, les Frères Duplain, 1762, p. 16.

③ Ibid. .

④ Ibid. .

男人就是为路易丝写赞诗、与她同属里昂流派的男性诗人奥利维尔·德·马尼。在没有相关史料证实的情况下，所有关于路易丝与德·布尔日相交的故事都只能是一种猜测。无论路易丝与贵族小姐德·布尔日有何爱恨情仇，将德·布尔日作为献辞对象更多的是出于出版策略的考虑。如同其他 16 世纪的作家们纷纷将作品献给王后公主们一样，路易丝将作品献给克莱曼丝·德·布尔日也是想寻求一种保护。

第四节　献辞的表现形式

评论家们已经对《作品集》卷首献辞的女性主义特征进行了大量的点评和分析：恩佐·施迪奇认为路易丝的卷首献辞不仅构成了"里昂流派真正的文化与女性主义宣言"[①]，而且该宣言从某种意义上来说，也是"资产阶级的章程"[②]，资产阶级从此"反抗城堡和修道院对文化的长期垄断，提高文化的价值，神化人的存在，在思维的乐趣中发现和欣赏人之存在的精华"[③]；比阿特丽斯·阿朗索认为《作品集》的卷首献辞是"一个女性主义宣言，它清楚地宣扬男性与女性在追求知识与写作上的平等"[④]；马德莱娜·拉扎尔也将路易丝的卷首献辞视为"真正的文化与女性主义宣言……自由的赞歌和对精神价值的称颂"[⑤]。

[①]　Enzo Giudici, *Louise Labé. Essai.*, Paris, Librairie A. G. Nizet, 1981, p. 59.

[②]　Ibid..

[③]　Ibid..

[④]　Béatrice Alonso, Eliane Viennot, *Louise Labé* 2005, France, Publications de l'Université de Saint-étienne, 2004, p. 16.

[⑤]　Madeleine Lazard, «Protestations et revendications féminines dans la littérature française du xvie siècle», in *Revue d'Histoire littéraire de la France*, 91ᵉ Année, N°6, 1991, p. 861.

　　上述评论家们都将卷首献辞看作女性主义宣言，却仅强调了其女性主义的一面，并没有分析献辞所表现出的作为宣言的特征。

　　（1）宣言，在费尔南·德绍莱（Fernand Desonay）看来，是"一种立场的选择"①，文学宣言是一种"在文学争论氛围下的站位"②，作者通过宣言表明自己的立场，"所有宣言的关键就是选择立场"③。16世纪流行的"女性之争"和里昂的"女性爱人之争"表现为文学论战的形式，路易丝的卷首献辞也是该论战的一部分，路易丝通过献辞表明了自己女性主义立场，与当时社会上存在的厌女主义针锋相对。

　　（2）宣言的第二大特征是"分裂"。宣言起到了"分裂的功能"④，是一种"分裂与建立的文本"⑤，即"新事物的来临打翻了旧事物。这一翻转要求彻底的改变。'新时代来临'，我们不能再像以前一样。宣言告诉大家历史转折点的到来"⑥。正如路易丝在献辞第一句话中所点明的，"既然男性严苛的法律不再阻止女性投身于知识和教育的时刻来临"⑦，宣言宣布了一个美好时代的来临，在知识和教育方面，女性不再受到男性的约束，这是一个

---

　　① Fernand Desonay, «Les manifestes littéraires du XVIe siècle en France», in *Bibliothèque d'Humanisme et Renaissance*, T. 14, N°1, 1952, p. 255.

　　② Ibid. .

　　③ Pascal Durand, «Pour une lecture institutionnelle du manifeste du surréalisme», in *études françaises*, Vol. 16, N°3 - 4, 1980, p. 177.

　　④ Regis Debray, Qu'est-ce qu'un manifeste littéraire? http：regisdebray. com/pages/dlp-df. php? pdfid = manifeste_ litteraire.

　　⑤ Claude Abastado, «Introduction à l'analyse des manifestes», in *Littérature*, N° 39, 1980, p. 6.

　　⑥ Ibid. .

　　⑦ Louise Labé, *Oeuvres*, in *Louise Labé, La Belle Rebelle et le François nouveau*, édité par Karine Berriot, Paris, Editions du Seuil, 1985, p. 281.

历史转折点，从此女性应该"利用我们曾无比渴望的宝贵自由来进行学习"①，并将"思想提升到纺锤和锭子之上"②，摆脱纺锤所象征的传统女性角色，去追求原本属于男性的、知识带来的荣誉，并向男性证明"他们剥夺了知识有可能给我们带来的好处与荣誉，这对我们是多么不公平"③。路易丝在宣言中为女性描绘了一个非常美好的愿景，但是"宣言中的思想总是……从某种程度上来说，乌托邦式的"④。

（3）宣言常常表现为"身份存在的寻找"⑤，它承担了"身份的追求和被认可的欲望"⑥，"宣言总是包含构建身份和彰显身份的效果"⑦。通常来说，"宣言作者与主流意识形态和约定俗成的价值观决裂开来"⑧，也就是说，宣言作者处于一种被社会边缘化的地位，或处于社会主流价值形态的对立面，因为"宣言只有与体系对立才能生存"⑨。宣言作者所追求的新身份曾经或现在依然是不被社会所认可的，因此他才需要通过宣言的方式来显示和证明自己的"合法化"⑩和"征服权利"⑪。

---

① Louise Labé, *Oeuvres*, in *Louise Labé*, *La Belle Rebelle et le François nouveau*, édité par Karine Berriot, Paris, Editions du Seuil, 1985, p. 281.

② Ibid. , p. 282.

③ Ibid. , p. 281.

④ Claude Abastado, « Introduction à l'analyse des manifestes », in *Littérature*, N° 39, 1980, p. 6.

⑤ Jeanne Demers, « Entre l'art poétique et le poème: le manifeste poétique ou la mort du père », in *études françaises*, Vol. 16, N°3 - 4, 1980, p. 16.

⑥ Claude Abastado, « Introduction à l'analyse des manifestes », in *Littérature*, N° 39, 1980, p. 7.

⑦ Ibid. .

⑧ Ibid. .

⑨ Ibid. , p. 6.

⑩ Ibid. .

⑪ Ibid. .

以上特征在路易丝的献辞中也有所体现，路易丝在献辞中追寻的身份非常明显——作家身份，路易丝不仅明确号召女性追求写作带来的荣誉，而且在献辞中用一半篇幅来谈论写作的乐趣。但是在 16 世纪的男权社会中，作家身份与女性的自然角色以及男性为女性所规定的社会角色不相容，主流思想对女性的定位是一个好妻子和好母亲，因此追求女性作家身份被视为一种逾矩行为，这种行为不但有可能被男性批评，甚至有可能不为女性所容。

于是路易丝通过宣言来证明自己的合法化，她的论证有力且逻辑性强。恩佐·施迪奇在分析路易丝的卷首献辞时就强调了其"效力"，"事实上，这篇卷首献辞的力量就在于其效力，作者通过它成功地支撑了自己女性主义的论题"①。路易丝在论证女性作家身份合法性时，先抛出自己论题的先决条件——"男性严苛的法律不再阻止女性投身于知识和教育的时刻来临"②，随后抛出自己的观点之一，"我认为我们中那些有条件的人应该利用我们曾无比渴望的宝贵自由来进行学习"，为了证明这一观点，她采用了反例法，"并向男性证明，他们剥夺了知识有可能给我们带来的好处与荣誉，这对我们是多么不公平"③。接着她循序渐进，抛出自己的第二个观点，"如果我们中有人足够出类拔萃，能够用写作来表达自己的思想，那么她应该细心地去进行创作，接受写作带来的荣誉"④，为了证明该观点，她采用了对比法，"用这种

---

① Enzo Giudici, *Louise Labé. Essai.* , Paris, Librairie A. G. Nizet, 1981, p.59.

② Louise Labé, *Oeuvres*, in *Louise Labé*, *La Belle Rebelle et le François nouveau*, édité par Karine Berriot, Paris, Editions du Seuil, 1985, p.281.

③ Ibid. .

④ Ibid. .

荣誉而不是项链、戒指和锦衣华服来装扮自己：因为后者仅供我们使用，并非真正属于我们。知识给我们带来的荣誉才完全属于我们，无论是窃贼的花招、敌人的武力还是漫长的时光，没有人能将它从我们这里夺去"①。随后她又采取了举例法来支撑自己的观点，"我是如此受上天眷顾，足够聪明能够理解它的想法，我希望我能够成为一个榜样，而不是仅仅给出建议"②。接着，她对其他女性发出号召，"我谨请求女士们能够将思想提升到纺锤和锭子之上，并致力于向世界证明，哪怕我们生来不是为了领导，但作为男性家庭和公共事务的伙伴，我们也不应受到那些进行统治和要求女性臣服的男性的蔑视"③。最后，她将女性获得作家身份上升到利国利民的高度，"我们除了可以因此获得荣誉之外，我们还将对社会有利，因为这会促使男性在有价值的知识领域投入更多的学习和努力，因为他们害怕面对被女性超越的耻辱，他们自认为在几乎所有的事情上都高女性一筹"④。路易丝在论证自己的合法性时采用了多种论证方法，层层推进，最后的拔高尤为出色，女性取得作家身份不仅对女性有好处，更是对男性和整个社会有好处，通过男性与女性的良性竞争，社会将取得更大的进步。

（4）宣言作者会呼吁与他拥有同样社会地位、同样的思想或同样被边缘化的人以建立一个集体，该集体拥有"同样的信念和行动的欲望"⑤，这一集体"为它的每一位成员提供支持

---

①　Louise Labé, *Oeuvres*, in *Louise Labé, La Belle Rebelle et le François nouveau*, édité par Karine Berriot, Paris, Editions du Seuil, 1985, p. 281.

②　Ibid. .

③　Ibid. , p. 282.

④　Ibid. .

⑤　Claude Abastado, «Introduction à l'analyse des manifestes», in *Littérature*, N° 39, 1980, p. 7.

和安全保障"①。路易丝宣言表面上是献给与她同属里昂的贵族小姐克莱曼丝·德·布尔日，但读者不会错误地认为她仅呼吁克莱曼丝·德·布尔日一人。献辞中"我们"的使用将女性们团结在同一条战线上，正如克莱曼丝·德·布尔日成为路易丝荣誉的担保人一样，女性们互相支持，互相担保，为了女性共同的事业而奋斗。

卷首献辞的宣言特征使得其拥有了与《捍卫和发扬法兰西民族语言》同等重要的地位。如果说《捍卫和发扬法兰西民族语言》是法国历史上最早的文学宣言之一，那么路易丝·拉贝的卷首献辞就是最早的女性主义宣言之一。如果说《捍卫和发扬法兰西民族语言》是"为诗歌争取新的统治权，为诗人争取向既定的秩序宣战的权利"②，那么路易丝的卷首献辞就可以被视为为女性争取学习与写作的权利，为女性争取向既定的秩序宣战的权利。

总而言之，从功能上说，卷首献辞承担了前言的功能，起到了导读的作用；从形式上看，献辞体现为宣言的形式，路易丝通过该宣言加入了当时流行的以女性为主题的辩论，并清楚地表明了自己的立场。

---

① Jeanne Demers, «Entre l'art poétique et le poème: le manifeste poétique ou la mort du père», in *études françaises*, Vol. 16, N°3 – 4, 1980, p. 16.

② Micheline Tison-Braun, «Portrait-robot de l'auteur du manifeste», in *études françaises*, Vol. 16, N°3 – 4, 1980, p. 70.

第七章

爱情与写作

第一节 《作品集》所体现的爱情观

1555 年，雅克·佩尔蒂埃·杜·芒在他出版的《诗艺》（Art poétique）中，列举了对于诗人来说"最宽广、最出名"[①] 的主题，他将"爱情"放在第二位，仅次于"战争"，但这很可能仅仅出于对史诗的敬意，"事实上，爱情是 16 世纪诗人们最常使用的主题，爱情可以让他们更好地进入诗人这一行业，并能够让自己为大众所认识"[②]。梅拉热在《16 世纪文学生活导论》一书中也强调了爱情主题在 16 世纪的重要性，"爱情也许是 16 世纪文学最受欢迎的主题：它既是散文家，也是诗人的灵感来源。而当时的时代多样性、时代的矛盾在这里得到了最好的体现：时而纯洁，时而现实，时而柏拉图式的，时而现实主义的，爱情成为一个时代的写照，这个时代也许偏好柏拉图主义，但并没有因此

① Isabelle Pantin, *La poésie au* XⅥ*e siècle*, Clamecy, les Presses de la Nouvelle Imprimerie Laballery, 2014, p. 76.
② Ibid..

放弃不那么崇高的传统。在这方面，意大利的影响是巨大的，尤其是因为彼特拉克及其欣赏者们的声音。但是，作家们常常试图将爱情建立在一个更加现实的心理基础上，并不相信理想爱情所带来的爱情奇迹"①，梅拉热的总结既点名了爱情这一主题在16世纪的重要性，也揭示了当时爱情哲学的理论来源，不论是柏拉图主义，还是斯多葛主义，不论是伊壁鸠鲁学说，还是中世纪的风雅之爱，它们都在16世纪的文学大舞台上占据了一席之地。爱情可以说是路易丝作品唯一的主题，《辩论》以散文的形式讨论爱神与疯神谁更重要，"歌集"用诗歌来吟唱爱情的力量和爱情所带来的快乐与痛苦。对于路易丝来说，爱情究竟是什么？《作品集》展现了何种爱情观？爱情与写作有什么样的关系？爱情与写作如何交织在一起，成为《作品集》的主线之一？

1. 爱情与疯狂

爱情是路易丝作品唯一的主题，疯狂却与爱情如影随形。在《辩论》中爱神与疯神大打出手，在"歌集"中疯狂隐藏在诗歌的字里行间，隐藏在诗歌的布局中。正如朱庇特最后判决疯神担任爱神的引路人，带领爱神去任何她（他）想去的地方，在路易丝的作品集中，爱情与疯狂也是不可分离的。

《辩论》是我们理解路易丝笔下爱情与疯狂关系的一个起点。作为爱神发言人的阿波罗和担任疯神发言人的墨丘利，他们辩论的焦点就是爱神与疯神究竟谁的作用大。在为爱神辩护时，阿波罗首先赞美了爱神的伟大，爱神为世间带来了宁静与和谐。随后

---

① D. Ménager, *Introduction à la vie littéraire du* XVI *e siècle*, Paris, Bordas, 1968, p. 90.

他指出疯神是一切混乱的源头，并列举了疯神在爱神身边会带来的糟糕后果，最后得出结论，"疯神是世界上最危险的陪伴者"①。阿波罗请求朱庇特治好爱神的眼睛，并"禁止疯神靠近爱神一百步的范围"②。墨丘利在为疯神辩论时强调了爱神与疯神不可分离。他首先将爱神与疯神之间的纠纷定义为朋友间的小口角，"这个问题发生在两个朋友之间，他们对对方并非如此生气，也许某个早晨他们就会和好，并像以前一样快乐的生活在一起"③。墨丘利强调爱神与疯神长久以来的友谊，认为现在爱神只是一时之气，如果强行让疯神远离爱神，等爱神报复的渴望消逝后，爱神将是第一个对此后悔的人。墨丘利围绕着爱神与疯神先天统一性组织自己的辩护词，用各种方式重复说明爱神绝对无法离开疯神，疯神实际上是爱神力量的内在源泉。爱神与疯神一直以来就是"统一并结合在一起"④，理智的丧失是一切爱情能够实现的必要条件。他强调他的意图是证明"归根结底疯神在任何方面都不输于爱神，如果没有她，爱神就什么也不是：没有她的帮助，爱神将无法统治"⑤。他反复强调爱神与疯神的统一性，"爱神总是与青春女神的女儿相伴，别无他样"⑥，"爱神从未离开疯神的陪伴：也永不会离开"⑦。《辩论》的最后，朱庇特的判决也证明了爱神与疯神的不可分割性，他命令他们"和睦地生活在一起"⑧，

---

① Louise Labé, *Oeuvres*, in *Louise Labé*, *La Belle Rebelle et le François nouveau*, édité par Karine Berriot, Paris, Editions du Seuil, 1985, p. 323.

② Ibid., p. 330.

③ Ibid., p. 326.

④ Ibid..

⑤ Ibid., p. 330.

⑥ Ibid..

⑦ Ibid., p. 348.

⑧ Ibid., p. 350.

至少"3 乘 7 乘 9 个世纪"①。

　　墨丘利认为爱神与疯神密不可分主要有两个原因，一方面"爱情是一种享乐的愿望，爱人渴望与被爱的人结合在一起"②，这一结合的愿望是"世界上最疯狂的渴望"③。"万事万物如此不同，以至于它们如果不转变形态，它们就无法结合在一起"④，于是在疯神的推动下，人们改变自己来满足爱情的欲望。另一方面墨丘利认为真正的爱情"强烈且激情，超越所有理智"⑤。他尝试给予爱情一种科学上的解释，爱情来自"被爱的人眼睛的力量，从眼睛里释放出一种难以捉摸的挥发物或血，这种挥发物通过我们的眼睛来到我们心里：它们就好像我们心灵新的主人一样，我们需要将一切打乱才能为它们找到位置"⑥。爱情需要混乱，疯神造就混乱，疯神使得陷入爱情中的人"丧失判断力"⑦，产生一种精神上的分裂，这种分裂使得人忘却自身，让人"无法认清自我"⑧，而这种忘却自我的状态可以帮助爱人达到与被爱者结合的目的，就好像爱人放空了自己去迎接他人的入驻。

　　于是，爱情与疯狂紧密相连主要体现在以下两个方面：

　　（1）疯狂使得人们为爱情而改变。墨丘利认为陷入爱情的人需要做两件事情，第一，"他必须让人知道他已陷入情网"⑨；第

① Louise Labé, *Oeuvres*, in *Louise Labé, La Belle Rebelle et le François nouveau*, édité par Karine Berriot, Paris, Editions du Seuil, 1985, p. 350.
② Ibid. , p. 345.
③ Ibid. , p. 347.
④ Ibid. .
⑤ Ibid. .
⑥ Ibid. , p. 338.
⑦ Ibid. .
⑧ Ibid. .
⑨ Ibid. , p. 345.

二，"他要让对方爱上自己"①。为了证明自己的爱情，他不仅需要甜言蜜语，还需要长久的付出，同时"让对方爱上自己部分取决于第一件事情"②。此外，让对方爱上自己还需要"让自己变得可爱"③，"变成爱人所希望的那种可爱，你必须按照她的喜好去权衡和改变自己的所做的事情和所说的话。尽量做到文雅且持重。但如果你的爱人不喜欢你这样，你就必须改弦更张，否则你最好不要掺和情事"④。墨丘利以女性为例说明这种改变，她们为了取悦诗人朋友们，"不去纺纱、织布、刺绣"⑤，而是"拿起笔和竖琴，描写和歌唱她们的爱情"⑥，"放下了她们的针线筐和针线活，拿起了笔和书"⑦。阿波罗也不否认这种改变，认为情人"一直将自己所爱的人放在心里，这使得他渴望能够配得上她的青眼，为此他必须得改变自己的本性"⑧，于是"他让自己的双眼看上去温和而且富有同情心，让面部表情变得温柔，软言细语，即使他通常目光可怕、表情悲苦，语言愚蠢粗俗"⑨。在这一点上，墨丘利与阿波罗的观点并不相左，"既然爱情是欲望，或者不管爱情是什么，它都无法离开欲望而存在，我们必须承认，一旦这种激情将人捕获，它就会将他改变……以至于他变得面目全非"⑩。阿波罗将这种改变归因于爱神，但墨丘利挖掘得更深，认

---

① Louise Labé, *Oeuvres*, in *Louise Labé*, *La Belle Rebelle et le François nouveau*, édité par Karine Berriot, Paris, Editions du Seuil, 1985, p. 345.

② Ibid. , p. 346.

③ Ibid. .

④ Ibid. .

⑤ Ibid. , p. 343.

⑥ Ibid. .

⑦ Ibid. , p. 347.

⑧ Ibid. , p. 317.

⑨ Ibid. .

⑩ Ibid. , p. 345.

为这种改变来自疯神。"这些违背我们天性的改变难道不是真正的疯狂，或者充满了疯狂"①，激情带来转变是墨丘利证明爱情与疯狂不可分割的重要论据之一，"为了取悦爱人，激情让我们跳出我们自身，让我们'不可理喻'——这是与路易丝同时代的人喜欢的字眼，也就是说，让我们认不出自己……这是为了强调身份的丧失，甚至强调激情带来的一时错乱"②。由此可见，爱情肯定会带来爱人的转变，而这种转变正是疯神力量的体现。在"歌集"中，爱情的转变也不鲜见。巴比伦城的女工，因为爱情而放下武器，被爱情征服的她被打下凡尘，

就这样，爱情让你面目全非
人们会说你变成了另外一个人③

从骁勇的女战士到只能"在长榻上感伤"④ 的普通女子，路易丝将这样的转变视为一种"堕落"⑤。再比如十四行诗20，

我同情他悲伤的经历
我强行扭转自己的本性
为了同他一样爱的热心⑥

---

① Louise Labé, *Oeuvres*, in *Louise Labé*, *La Belle Rebelle et le François nouveau*, édité par Karine Berriot, Paris, Editions du Seuil, 1985, p. 347.

② Ibid..

③ Ibid., p. 356.

④ Ibid..

⑤ Ibid..

⑥ Ibid., p. 388.

为了迎合爱人，诗人改变自己冷漠的心，用爱情之火燃烧自己的心灵。可诗人的改变并没有为她带来爱情的甜蜜，因为她的爱人也在转变，

> 从前我在你忧伤时给你安慰
>
> 你指责我感情不够热烈
>
> 而现在你将我拥入怀中
>
> 我达到了你要求的温度
>
> 你却用水将自己的爱火熄灭
>
> 你比从前的我还要冷酷①

诗人乞求微风，让变心的情人回到自己的身边，

> 请你让我的太阳回到我的身边
>
> 你将会看到我更美的转变②

不论这种转变结局如何，转变本身意味着否定自己的本性，甚至放弃自己的身份，这一举动本身就是一种疯狂。

（2）疯狂导致人们理智全无。"疯神剥夺了理智，理智与激情无法共处"③，没有疯神将一切既定的次序打乱，爱情就无法诞生。混乱让我们失去心灵的平静，让我们意识到自身的不完整，渴望从他人那里得到完整性。于是，我们与自身割裂开来，与他

---

① Louise Labé, *Oeuvres*, in *Louise Labé*, *La Belle Rebelle et le François nouveau*, édité par Karine Berriot, Paris, Editions du Seuil, 1985, p. 384.

② Ibid. , p. 383.

③ Ibid. , p. 339.

人结合为一体，"疯神通过爱情—激情将陷入爱情的主体与自身割裂开来，但是，矛盾的是，这一内在的断裂与对自身的遗忘、对自身的否定相重合，使与他人结合成为可能。只有通过离开自身和改变形式，爱人才能实现完整的情感统一"①，以至于在某些情况下，真正伟大的爱情成为对自我完整性的威胁。《辩论》中描写陷入爱情的女性"关上理智的大门。从前让她们畏惧的东西现在已不能让她们恐惧"②，这种从一个极端到另一个极端的转向既是一种理智的丧失，也表现了与自身的割裂和对自身的遗忘，激情让我不再是我。十四行诗 7 也描写了陷入爱情之人这种不可思议的、与自身撕裂的状态，

> 当轻盈的灵魂离开身体而去
> 所有生物在我们眼前死去
> 我是身体，你是它最美好的那部分
> 你究竟在哪里，哦，我深爱的灵魂
> 不要让我昏迷这么长时间
> 我会来不及拯救自己
> 唉！不要让你的身体发生危险
> 还给它深爱的那一半③

诗人自身处于一种不完整的状态，只拥有身体，她让爱人成为

---

① Béatrice Alonso, Eliane Viennot, *Louise Labé* 2005, France, Publications de l'Université de Saint-étienne, 2004, p. 73.

② Louise Labé, *Oeuvres*, in *Louise Labé, La Belle Rebelle et le François nouveau*, édité par Karine Berriot, Paris, Editions du Seuil, 1985, p. 342.

③ Ibid., p. 375.

自己心灵的主人，通过这种方式达到了与爱人合二为一的目的。但灵魂的离去让诗人重新陷入混乱之中，一种混沌的昏迷状态，诗人呼唤灵魂的回归，以重新获得那种和谐与完整性。十四行诗 17，

> 如果我想从你的牢笼里将自己解放
> 我必须活在自己身体外面①

十四行诗 18，

> 爱神，请让我设想某种疯狂
> 我总是痛苦，因为我被封闭在自己的身体里
> 我无法得到满足
> 除非我冲出自己的身体②

这两首诗歌都描写了我渴望冲出自己身体的愿望，诗人也很清楚这样的愿望是一种疯狂。爱情让人渴望与自己所爱的对象结合，但这种结合需要打破和谐和自身的完整性，不论是自己进驻到爱人心中，还是爱人在自己的心中扎根，自己都不再是一个完整的个体，或者说自己仅是一半，不断呼唤着另一半。诗人希望冲出自己的身体，进入爱人的心中，使得，

> 我和你都有了双重生命

---

① Louise Labé, *Oeuvres*, in *Louise Labé*, *La Belle Rebelle et le François nouveau*, édité par Karine Berriot, Paris, Editions du Seuil, 1985, p. 385.

② Ibid. , p. 386.

在自己和对方身体里生活①

如果说爱情是疯狂，是冒险，是勇气，它让人理智不明、判断不清、不顾一切，但又何尝不是因为人的天性在与理智的斗争中，理智被激情和欲望所左右，最终导致了爱情的产生，因此疯神与爱神密不可分。

2. 爱情与平等

与其女性主义立场相一致的是路易丝爱情观中所体现的平等性。16 世纪流行的爱情观，不论是风雅之爱还是柏拉图式的爱情，它们所体现的爱情关系都是以女性被客体化为前提，前者中女性成为男性的镜子，折射出男性的伟大，后者中女性成为男性通往理念世界的扶梯。男女两性在爱情的天平中并不等价。但在路易丝的作品中，爱情与平等结合起来。

一方面，爱情面前，众生平等，没有人能逃脱爱情的魔力。"看看上天的众神，你可以自问他们中谁能从我的掌心中逃脱。从老农神到朱庇特、玛尔斯、阿波罗，再到半神，森林之神、农牧神和树精，没有人能逃落我的魔力。甚至仙女们，她们也会毫无羞愧的承认这一点……至于凡间，告诉我你能否找到任何杰出之士，不曾受到我的支配。看看波涛汹涌的大海，尼普顿和他的侍从们臣服于我。你是否认为地狱众神会例外？我让他们走出深渊吓唬人类，让他们从母亲身边夺走她们的女儿们，哪怕他们应该是审判这些罪行的法官。"② 《辩论》中爱神对疯神夸耀自己的

---

① Louise Labé, *Oeuvres*, in *Louise Labé, La Belle Rebelle et le François nouveau*, édité par Karine Berriot, Paris, Editions du Seuil, 1985, p. 386.

② Ibid. , p. 290.

力量，这何尝不是一段爱情面前众生平等的宣言，无论是神仙还是凡人，他们在面对爱情时都一样无助，哪怕众神拥有翻山倒海之神力，却依然逃不开丘比特之箭。路易丝在哀歌 1 中重复了同样的思想，

　　　　即使那些位高权重之人

　　　　也得忍受爱情的粗暴

　　　　他们高傲的心、美丽的外表、高贵的门第

　　　　也无法保护他们

　　　　不成为冷酷爱神的奴隶：最高贵的灵魂

　　　　他们的爱情往往更加激烈，更加没有道理可寻①

　　面对爱神的攻击，身份、地位、美貌、金钱，没有任何东西能够保护我们。声名显赫的巴比伦女王塞弥拉弥斯，集美貌与勇毅于一身，却也在爱情面前低下了高傲的头。哀歌 3 中爱神夸耀自己的魔力，所使用的言辞与《辩论》非常接近，

　　　　我征服了众神

　　　　不论他们身处地域、大海还是上天

　　　　你是否以为我无力支配人类

　　　　无法向他们证明

　　　　任何人都无法逃离我的掌心②

---

　　① Louise Labé, *Oeuvres*, in *Louise Labé, La Belle Rebelle et le François nouveau*, édité par Karine Berriot, Paris, Editions du Seuil, 1985, p. 355.
　　② Ibid., p. 363.

爱神对诗人发起进攻，诗人发现自己根本无法抵抗爱神的攻击，爱神借此证明没有人能够逃离他的掌心。

另一方面，爱情需要平等，因为"爱情喜欢平等的东西。就像拉扯牛轭需要两头相似的牛，否则牛车无法笔直前进"[①]。爱神告诉朱庇特，如果他想被爱，他需要"降入凡尘，放下王冠和权杖，不要告诉别人你是谁。假如你好好爱一位女士，为她鞍前马后，你将会看到她真正爱上你，而不是因为你的财富和力量"[②]。爱情喜欢平等的东西，爱情中不存在居高临下，也不要将自己贬入尘埃。凡是在尘埃里仰望爱人的，获得的也许是同情，但绝对不是爱情。凡是在云端俯视对方的，也别指望看见真心。这就是爱神给朱庇特上的一堂爱情课。

爱情喜欢平等的东西，也包括男女两性的平等，在路易丝的笔下，男女两性都是爱情的主体，男女两性都会为了取悦对方而改变自己。男性"情人会打扮自己，调整自己的行为以期取悦自己的爱人，他希望她从他身上看到的所有东西，要么让她高兴，要么至少不会让她生气"[③]。女性的她们为了取悦诗人朋友们，"放下了她们的针线筐和针线活，拿起了笔和书"[④]。女性为爱而转变象征着女性也取得了爱情主体地位，女性不再冷漠地等待男性的宠爱，而是自己积极地去爱。

对于路易丝来说，主动去爱与被爱同样重要，这是一种双重乐趣。爱神在《辩论》中说道，"你将得到双重乐趣而不是一种

---

① Louise Labé, *Oeuvres*, in *Louise Labé, La Belle Rebelle et le François nouveau*, édité par Karine Berriot, Paris, Editions du Seuil, 1985, p. 306.

② Ibid. .

③ Ibid. , p. 317.

④ Ibid. , p. 347.

简单的快乐。因为主动去爱和亲吻别人能带来与被爱和被亲吻同等的快乐"①。墨丘利也表达了同样的意思，"最大的喜悦，是被爱，也是主动去爱"②。秉承了《辩论》中的这一思想，歌集中的"我"对于女性主动去爱也保持了肯定的态度。在哀歌 3 中，诗人赞美俄诺涅和美狄亚，"她们值得尊敬，她们被爱是因为她们付出了爱情"③，在诗人看来，女性主动去爱没有过错，因为如果爱是一种错误，"这世上又有谁能吹嘘自己从无过错"④。主动去爱的女性是勇敢的女性，是值得尊敬的女性，她们勇于付出自己的爱情，为自己赢得爱人的心。与风雅之爱单方面的爱情不同，路易丝的爱情观强调爱情双方的平等与爱的相互性。十四行诗 6，

> 亲吻花神最美的礼物
>
> 曙光所见过最芬芳的玫瑰
>
> 那是他双唇的气
>
> 那是我应得的福利
>
> 我付出了如此多的泪水与光阴⑤

我得到情人的吻，是因为我付出了真心，我付出爱情，才能收获爱情，主动去爱才能被爱。"路易丝要求得到爱情，但她更要求付出爱情。当她发现自己被抛弃、孤身一人时，尽管她非常

---

① Louise Labé, *Oeuvres*, in *Louise Labé*, *La Belle Rebelle et le François nouveau*, édité par Karine Berriot, Paris, Editions du Seuil, 1985, p. 306.

② Ibid., p. 346.

③ Ibid., p. 365.

④ Ibid., p. 362.

⑤ Ibid., p. 374.

悲伤，但她从未丧失她的个性：她的痛苦只能更清楚地揭露她意志的强烈、坚定和必要性。因此她诗歌所体现的激情是一种有阳刚之气的爱情，一种与文艺复兴相符的、强烈的爱情：是征服而不是投降，是意志而不是软弱。"① 这样的爱情观也是路易丝女性主义立场的体现。

爱情中众生平等，两性平等，爱与被爱同样重要，这就是路易丝想通过作品向我们传达的爱情观之一。

3. 爱情与其他主题

西方的文学作品，尤其是诗歌作品中，爱情与痛苦密不可分，"痛苦一直以来是爱情最有诗意的一面"②。古希腊罗马神话中的爱神为了让人相爱，用弓箭将两颗心穿在一起，较之于中国的月老牵红线，此举无疑更加暴力。心脏作为人最重要的脏器之一，被爱神用箭打开一个伤口，爱情又如何能与痛苦分离。爱情与痛苦很早就成为一对文学主题，奥维德《情伤良方》的灵感正来源于此。中世纪的骑士文学中，它们是最基本与最重要的主题之一。到了 16 世纪，"在法国，柏拉图主义继续它的演变并与传统的骑士爱情结合起来"③，当时作为模板的这两种爱情范式，其所宣扬的均不是幸福的爱情。路易丝的爱情观中，痛苦也是一个非常重要的主题。

如果说路易丝用《辩论》来讨论爱情与疯狂的关系，那么她用"歌集"展示了爱情与痛苦的紧密联系。初读她的"歌集"，给我们留下深刻印象的是两个字——哀痛，她的诗歌中充满了诸

---

① Enzo Giudici, *Louise Labé*, *Essai*, Paris, Librairie A. G. Nizet, 1981, p. 57.

② Béatrice Alonso, Eliane VIENNOT, *Louise Labé* 2005, France, Publications de l'Université de Saint-étienne, 2004, p. 194.

③ René De Planhol, *Les utopistes de l'amour*, Paris, Librairie Garnier Frères, 1921, p. 14.

如"悲伤""痛苦""哀叹""折磨""残忍""泪水""创伤"等
与悲哀痛苦相关的字眼。

哀歌 1 中，诗人揭露爱神的残暴，

爱神，人类与神的征服者
当它用它的火焰将我的心点燃
用它残忍的怒火
将我的血肉、我的灵魂与勇气吞噬①

诗人哀叹，

那时的我是如此软弱无力
未能为我的疼痛与苦楚大声哭泣②

在这里，爱神以一种仿佛暴徒般的面貌出现，爱神不是可爱
的长着双翅的小天使，而是一个残忍的征服者，他用爱情的火焰
将一切毁灭。这几句诗歌中所构建的爱神形象与《辩论》中爱神
赋予自己的征服者形象具有一致性，《辩论》中的爱神就十分强
调自己能够征服众神与人类的巨大力量。面对爱神的残暴，诗人
毫无抵抗之力，只能任其肆虐，甚至连发出痛苦呼喊都无能为
力。从歌集的开篇，爱情就与痛苦结合在一起，仿佛向我们预示
了诗人爱情悲伤的结局。十四行诗 1—3 构成了一段描写爱情痛苦

---

① Louise Labé, *Oeuvres*, in *Louise Labé, La Belle Rebelle et le François nouveau*, édité
par Karine Berriot, Paris, Editions du Seuil, 1985, p. 353.

② Ibid..

的三部曲，

> 即便拥有胜过俄底修斯的远见
>
> 可曾想到，这般容颜
>
> 如此优雅，值得尊敬
>
> 竟会成为我可怕痛苦的来源①

　　情人给"我"带来的"可怕痛苦"让我们联想起《辩论》中也用了"可怕"一词来修饰爱神，"是她（指疯神）让爱神变得伟大而可怕"②，爱神的可怕之处就在于他会给落入情网的人带来可怕的痛苦，以及与痛苦相伴的泪水和哀叹。十四行诗 2 中"哦温热的叹息，哦飘洒的泪水"③，十四行诗 3 中，

> 悲伤的叹息和习以为常的泪光
>
> 如河水流淌
>
> 我的双眼就是它们的源头，将它们蓄满④

　　仿佛让人看到了为情而苦、盈满泪水的美丽双眼。爱情痛苦表达最为激烈的是十四行诗 24，

> 请不要责怪我，女士们，假如我陷入爱河

---

① Louise Labé, *Oeuvres*, in *Louise Labé, La Belle Rebelle et le François nouveau*, édité par Karine Berriot, Paris, Editions du Seuil, 1985, p. 369.

② Ibid. , p. 345.

③ Ibid. , p. 370.

④ Ibid. , p. 371.

　　假如我感到千把炙热的火炬将我燃烧

　　千般苦恼，千种痛苦将我撕咬

　　假如在哭泣中，我将时间耗尽

　　唉！请不要玷污我的声誉

　　假如我犯下错误，痛苦就在那里

　　请不要让痛苦的刀更加尖利①

　　在短短几句诗中，"痛苦""苦恼""哭泣"等词密集出现，而造成这一切痛苦的原因，就是因为"我陷入爱河"。将爱情比作火焰，一方面是因为这种感情的强烈与炙热，另一方面也是因为人们潜意识中认为爱情是一种危险的东西，如同火焰一样，爱情可以让人觉得温暖，但过于炙热的爱情也会将人灼伤，让人痛苦。诗人请求里昂的女士们不要火上浇油，不要再对她进行人身攻击，因为爱情带给她的痛苦就已经是对她所犯下错误的惩罚了。

　　路易·阿拉贡（Louis Aragon）曾说过"幸福的爱情不存在"②。德尼·德·鲁日蒙（Denis de Rougemont）也认为"西方文学中没有幸福的爱情"③。初读路易丝歌集，受此思维范式影响，读者很容易倾向于为她的歌集定下悲伤痛苦的基调。但如果我们对她的《作品集》进行细致的分析，就会发现她的爱情观并非只有痛苦，而是悲喜参半，快乐也是她爱情观的主题之一。

　　在《辩论》中，阿波罗希望证明爱情是快乐的源泉："谁人

---

　　① Louise Labé, *Oeuvres*, in *Louise Labé, La Belle Rebelle et le François nouveau*, édité par Karine Berriot, Paris, Editions du Seuil, 1985, p. 392.

　　② Louis Aragon, *il n'y a pas d'Amour heureux*, in *la Diane française*, Paris, Seghers, 1980, p. 29.

　　③ Denis De Rougemont, *L'Amour et l'Occident*, Paris, Plon, 1972, p. 55.

未曾从爱与被爱中获得快乐?"① 然后似乎嫌弃这句反问不足以说明问题，阿波罗再次表明自己的观点，"在我看来，无法否认的是，爱神是人类荣誉、利益和快乐的原因，以至于没有了爱神，人生将再无乐趣。因此他受到人们的尊敬，人们敬他爱他，人们所有的快乐与所有美好的事情都来自他"②。关于婚姻，阿波罗认为夫妻之爱的美妙快乐同样来自爱情，"男人（无论他品德如何高尚）离开女人亲切的陪伴，将独自在家憔悴不堪，女人对男人可以一心一意温柔以待，女人可以让男人更加快乐，她温柔地驾驭男人，以防他过度劳累影响身体健康，她为他排忧解难，有时甚至阻止忧愁产生，她让他平静，让百炼刚化为绕指柔，不论他身体健康还是疾病缠身，她都与他相伴，她让他拥有了两个身体，四个手臂，两个灵魂，比柏拉图《会饮篇》中最初的人类还要完美，他难道还能否认夫妻之爱值得推荐？这一极乐不是来自婚姻，而是来自维持婚姻的爱情"③。婚姻本身不一定会带来快乐，无爱的婚姻是两个人的地狱，维系婚姻的爱情才是快乐的源泉，与爱情结合的婚姻才让人向往。从这段话中，我们也能大致了解路易丝的爱情观。鉴于16世纪的婚姻是建立在金钱而不是爱情的基础之上④，路易丝对女性在婚姻中重要作用的肯定和对夫妻之爱的颂扬也体现了女性对和谐平等夫妻关系的向往。

---

① Louise Labé, *Oeuvres*, in *Louise Labé, La Belle Rebelle et le François nouveau*, édité par Karine Berriot, Paris, Editions du Seuil, 1985, p. 315.

② Ibid. , p. 322.

③ Ibid. , p. 313.

④ 文艺复兴时期，在大多数婚姻安排中，无论美德还是血统标准都不重要：在现实中，金钱是首要的考虑。婚姻就是一种商品交易，这些商品在一份合同中被逐条列出，并注定在交易完成后被交给丈夫保管。由于钱的问题如此迫切，在婚姻契约中扮演着不可或缺的角色的，妇女的需求、渴望和性情成为次要考虑的因素。（［美］玛格丽特·金：《文艺复兴时期的妇女》，刘耀春等译，东方出版社2008年版，第42页。）

《辩论》中，与阿波罗针锋相对的墨丘利也不曾否定爱情可以带来快乐，只不过"爱神带来的快乐往往是一个人，或者至多是两个人的快乐"①，而疯神带来的快乐则无此限制；"爱神带来的快乐是隐秘的，疯神带来的快乐则可以众人分享"②。由此可见，哪怕站在爱神对立面、为疯神辩护的墨丘利也无法割断爱情与快乐的联系。

至于路易丝的"歌集"，正如我们在上文中所分析的，它展现出一种痛苦与快乐交织的状态，"整个十四行诗组给人一种明暗相间的阅读感受"，"歌集"中也有不少体现爱情幸福快乐的诗句。哀歌 2 中，诗人期待情人的回归，她充满希望地说，

　　我的痛苦将会结束
　　在我与你重逢的幸福时刻③

十四行诗 6 中，

　　明亮星辰回归让人喜悦
　　但让人更加幸福的
　　是他的深情凝望
　　这会让她度过美好的一天④

---

① Louise Labé, *Oeuvres*, in *Louise Labé*, *La Belle Rebelle et le François nouveau*, édité par Karine Berriot, Paris, Editions du Seuil, 1985, p. 334.

② Ibid. .

③ Ibid. , p. 358.

④ Ibid. , p. 374.

十四行诗 12，

> 如果我将他搂在自己的怀抱
>
> 就像常春藤将大树缠绕
>
> 死神来到，羡慕我的幸福①

虽然这些诗句中并没有"快乐"一词，但诗句中所描写的爱情的幸福与美好体现了满满的快乐情绪。"歌集"中最让人感到轻松宁静的诗是十四行诗 15，

> 为了向太阳的回归致意
>
> 微风为它准备了晴朗的天气
>
> 它将海洋和大地从沉睡中唤起
>
> 在沉睡中，海洋低声私语
>
> 缓缓流淌，大地装扮自己
>
> 遍地花朵颜色各异
>
> 林间的鸟儿歌声优美之极
>
> 使得路人的痛苦平息
>
> 仙女用千种游戏嬉戏
>
> 在皎洁的月光中，她们脚踏青草跳舞②

太阳的回归象征着情人的归来，仿佛为诗人暗无天日的痛苦

---

① Louise Labé, *Oeuvres*, in *Louise Labé*, *La Belle Rebelle et le François nouveau*, édité par Karine Berriot, Paris, Editions du Seuil, 1985, p. 380.

② Ibid. , p. 383.

生活带来了光明。"微风"和"晴朗的天气"与十四行诗 20 中"冷酷无情的风"和"狂风暴雨"形成了鲜明对比。风动使得画面无法静止,但"微风"却给人一种和煦的感受,这是一种静静的动、慢慢的动,与下面诗句中海洋"缓缓流淌"形成呼应。海洋与大地从沉睡中苏醒,那慵懒的形象跃入眼前。遍地鲜花、鸟儿歌唱,甚至仙女也放下了十四行诗 19 中的弓箭,在草地上翩翩起舞,如此美景如何不让人感到愉悦,让"路人的痛苦平息"。

在路易丝的爱情观中,快乐与痛苦并存,它们的纠缠在十四行诗 8 中体现得最为明显,

> 生活对我来说既甜蜜又痛苦
>
> 相互纠缠的是我的快乐与忧郁
>
> 我又哭又笑
>
> 我承受着欢乐中的无数苦恼
>
> ……
>
> 当我认为悲苦之极
>
> 突然我逃到了痛苦的外面
>
> 随后当我以为快乐就在眼前
>
> 我渴望的幸福顶点
>
> 它又将我带回先前不幸的深渊①

在这首诗中,快乐与痛苦如同一枚硬币的两面,品尝爱情快乐与甜蜜的同时也要面对爱情的痛苦。悲苦之极快乐现,幸福的

---

① Louise Labé, *Oeuvres*, in *Louise Labé, La Belle Rebelle et le François nouveau*, édité par Karine Berriot, Paris, Editions du Seuil, 1985, p. 376.

顶点亦可是痛苦的深渊，这是不是体现了一种物极必反的思想？在路易丝心目中，爱情正是快乐与痛苦的综合体。

路易丝的诗歌以情动人，她笔下的痛苦与快乐如此真实，让读者仿佛看到一颗为爱情而跳动炽热的心。究竟什么样的男子，能够让这样一个才女时而欢欣，时而发出如此令人痛惜的爱情悲鸣。但是，诗歌中所歌唱的男性爱人面貌如此模糊，毫无个性，让我们不禁自问，路易丝所歌唱的爱人真的存在吗？

第二节　爱情还是写作

作为整个《作品集》导读的卷首献辞，为读者留下两把阅读的钥匙——女性主义和写作。在文本中寻找写作，答案却并不一目了然，至少从表面上看，不论是《辩论》还是"歌集"，路易丝谈论的都是爱情。我们只有牢牢把握导读的钥匙，进行细致的文本分析，才能发现《作品集》中爱情与写作之间隐秘的联系。

1. 路易丝歌唱的是爱人还是爱情

如同彼特拉克的《歌集》一样，路易丝的 3 首哀歌和 24 首十四行诗也组成了一个小小的"歌集"，诗人在"歌集"中吟唱自己的爱人与爱情。但路易丝的爱情之歌较之于作为文艺复兴时期爱情歌集蓝本的彼特拉克《歌集》，在爱情和爱人的描写上有其特殊之处，发人深思。

首先，路易丝"歌集"中的爱人没有名字。就爱情歌集的创作原则而言，并无规定必须对"爱人"进行命名。但实际上，从但丁的比阿特丽斯，到彼特拉克的劳拉，从与路易丝同属里昂流派的莫里斯·赛弗笔下的黛丽，到与路易丝同时代龙沙的献诗对象珈桑德拉（Cassandre）、玛丽（Marie）和埃莱娜（Hélène），无论这些姓名是否真实，至少这些男性诗人为了增加诗歌中爱情的真实性，愿意为他们诗中的女神命名。路易丝"歌集"中的情人是无名氏，这难道是因为女性诗人耻于大声呼唤爱人的姓名？与路易丝同属里昂流派的另外一位女诗人，贝尔奈特·德·基约在《韵词》中虽然没有明确给出爱人的名字，却采用字谜的形式向读者揭示了爱人是何人。但在路易丝的《歌集》中，我们无法找到任何与爱人身份有关的线索，爱人的名字、年龄、出生、职业，没有任何相关的信息。

其次，对爱人的描写过少。虽然在彼特拉克式的爱情诗歌中，诗人所歌颂的那个美好的女子仅仅是一面镜子，诗人所关心的对象是自己，爱情沉思的对象是主体而不是客体。但至少诗人会表现对象的美好，用各种形容词来描绘对象的美貌。劳拉"金发、俏脸、皓齿、红唇"[1]，她拥有"金色的秀发"[2]"如同女王一般的容颜"[3]"美丽的眼睛"[4]，劳拉身穿"绿色、红色、紫色的衣裳"[5]，劳拉"娇艳、秀丽"[6]，劳拉"肤色比雪还白"[7]，她的手"白皙纤细"[8]，她的举止"傲慢而又恬静"[9]，她的面庞"温和而又谦恭"[10]……通过诗人细致的描绘，读者仿佛看到了一

---

[1]　［意］彼特拉克：《歌集》，李国庆、王行人译，花城出版社 2001 年版，第 66 页。
[2]　同上书，第 11 页。
[3]　同上书，第 5 页。
[4]　同上书，第 3 页。
[5]　同上书，第 41 页。
[6]　同上。
[7]　同上书，第 44 页。
[8]　同上书，第 56 页。
[9]　同上。
[10]　同上。

个鲜活的美丽女子透过纸面走了出来。彼氏对劳拉的描写也成为其他爱情诗歌诗人参考的对象，黛丽们、珈桑德拉们身上或多或少都带有劳拉的影子。但路易丝在作品中几乎没有提到爱人的魅力，与她同时代的男性诗人龙沙和巴伊夫面对女性身体美好曲线、如波浪般垂下的秀发和女子鲜活身体时的那种激越的心情，在路易丝的诗作中没有任何体现。路易丝很少对情人的身体进行描述，十四行诗 2 中 "哦笑声，哦额头，发丝手臂双手与指头"① 也仅仅是一份清单，路易丝没有使用任何形容词来描绘情人身体各部位的美好。我们除了知道情人有一双 "美丽的棕色双眼" 和 "金发" 之外，对情人的其他体貌特征几乎一无所知。D. B. 维尔松 （D. B. Wilson） 认为路易丝没有对情人进行细致的描述是因为语境的原因。在当时的语境下，女性诗人在人体描写上会 "遇到困难，这些困难来自身体构造的不同和习俗的不同"②，男女两性身体构造上存在的差异，对两者身体描写的习俗也存在差异，因此，"相对于男性诗人来说，女性诗人在身体方面的词汇上存在某种程度的空白"③。D. B. 维尔松言下之意是爱情诗歌从传统上来说是一种男性的诗歌，男性长久以来在诗歌中描绘女性的魅力使得一些相对固定的范式得以成形，比如彼特拉克笔下劳拉的形象；16 世纪中期风行一时的布拉松体颂诗也几乎都是细致描写女性的某个身体部位。因此较之于男性诗人，女性诗人缺少对男性身体进行描绘的参考对象。D. B. 维尔松的说法有一定的道理，

---

① Louise Labé, *Oeuvres*, in *Louise Labé*, *La Belle Rebelle et le François nouveau*, édité par Karine Berriot, Paris, Editions du Seuil, 1985, p. 370.

② Guy Demerson, *Louise Labé*, *les voix du lyrisme*, Saint-Etienne, Editions du CNRS, 1990, p. 28.

③ Ibid. , p. 29.

的确，在 16 世纪的语境下，文学中对人类身体美的赞颂大部分针对女性身体。但是对男性身体美的描绘虽然少见，却并非空白。希腊神话中那喀索斯（Narcissus）俊美的容颜、《圣经·雅歌》第四篇描绘佳偶的魅力，16 世纪三四十年代在里昂出版作品的另外两位女性作家让娜·弗洛赫和艾莉赛娜·德·克海勒（Helisenne de Crenne）在描写男性身体美上所做出的努力，这些本应该成为路易丝的参照，使得她在描绘自己爱人时不至于完全没有依凭。但通观路易丝的诗歌，我们发现路易丝无意于为读者勾勒出一个美好爱人形象。马德莱娜·拉扎尔认为路易丝《歌集》中爱人的"人格如此模糊，以至于我们可以将其看作一种普通的抽象，象征分离和不忠"[1]。爱人形象的模糊恰恰衬托出热恋中女子形象的清晰，整个歌集聚焦于"热恋中的女子"，作者借此形象来研究激情所带来的折磨与痛苦。

最后，路易丝的《歌集》更多的是在歌唱爱情。《作品集》中的哀歌目的在于论证爱神伟大这一命题。从歌集开篇哀歌 1 的第一句诗——"爱神，人类与神的征服者"[2]——我们就能看出爱神或爱情在歌集中的重要地位。十四行诗中，爱情的重要性也相当突出。不论是开篇的十四行诗 1，还是起小结作用的十四行诗 8，以及对整个歌集起总结作用的十四行诗 24，它们都只讲述爱情，爱情的对象"你"在这三首关键性的十四行诗中缺席。诗人仿佛通过这样的设定告诉读者，"我"的诗歌吟唱的是爱情，无关我爱的那个"你"。

---

① Madeleine Lazard, *Louise Labé*, France, Fayard, 2004, p.176.

② Louise Labé, *Oeuvres*, in *Louise Labé*, *La Belle Rebelle et le François nouveau*, édité par Karine Berriot, Paris, Editions du Seuil, 1985, p.353.

2. 以 "爱情" 为名隐 "写作" 之实

路易丝在作品中歌唱爱情，她的爱情与写作紧密联系在一起，因此她歌唱爱情的同时也是在歌唱写作。数位研究路易丝的专家都指出，对于路易丝来说，爱情与写作是同一件事情。弗朗索瓦·勒塞尔克勒认为路易丝《作品集》中 "爱与写作之间存在对等关系"①。马德莱娜·拉扎尔写道，"写作与爱对她来说是同一件事情"②；弗朗索瓦兹·夏尔邦缇耶认为 "在路易斯·拉贝情感和诗歌的世界中，写作的能力，爱的能力和'德行'是唯一而且相同的事情"③，"唯一能让她活下去的事情"④。玛丽—罗丝·罗岗（Marie-Rose Logan）认为 "爱神是文学创作的能指"⑤，爱情真正的所指是写作。路易丝在文本中不断告诉我们，在她看来，爱情就是写作，爱情的乐趣与写作的乐趣合二为一。

首先，《辩论》中，阿波罗在自问自答中揭示了爱情或爱神在文本中充当写作提喻的功能，"是谁让这世间出现如此之多操持各种语言的诗人？难道不是爱神吗？爱神是所有诗人都愿意谈论的主题。我为什么要将诗歌归因于爱神，或者说，诗歌至少从爱神中得到助力与滋养？这是因为人一旦陷入爱情，他就会开始写诗"⑥。爱神为写作提供了主题，爱情是诗人最喜爱的话题，

---

① Guy Demerson, *Louise Labé*, *les voix du lyrisme*, Saint-Etienne, Editions du CNRS, 1990, p. 220.

② Madeleine Lazard, *Louise Labé*, France, Fayard, 2004, p. 199.

③ Louise LABé, *œuvres poétiques précédées des Rymes de Pernette du Guillet*, France, Gallimard, 1983, p. 25.

④ Ibid. , p. 27.

⑤ Béatrice Alonso, Eliane VIENNOT, *Louise Labé* 2005, France, Publications de l'Université de Saint-étienne, 2004, p. 252.

⑥ Louise LABé, *œuvres poétiques précédées des Rymes de Pernette du Guillet*, France, Gallimard, 1983, p. 321.

"曾经那些伟大的诗人，要么他们的书中讲述的都是爱情，要么即使他们谈论其他主题，他们也不敢对爱情只字不提"①，写作从来离不开爱情。更重要的是，爱神是写作的动力。我们甚至可以说，爱神就是艺术本身，音乐、诗歌、戏剧都是爱神的发明，进入爱神的国度就是进入艺术的领域。人在陷入爱情后会变得多愁善感，他需要借助艺术来释放自己心中充溢的激情，因此路易丝说，"人一旦陷入爱情，他就会开始写诗"②，柏拉图也曾说过每个恋爱中的人都是诗人。此外，爱情的乐趣也与写作的乐趣结合在一起。如同我们在上文中所提到的，16世纪流行的爱情观，无论是风雅之爱还是柏拉图式的爱情，它们的爱情法则都是在爱情的主体与客体之间设置一条不可逾越的鸿沟，将主体与客体分开，对爱人的极度渴求与爱人的不可接近形成了剧烈的冲突，因此这两种爱情观主导下的爱情往往与痛苦联系在一起。情伤与对这种冲突的描述结合起来，爱人在冲突中寻找精神与文学上的满足，"他试图在他的欲求不满中寻求满足，他知道任何满足都将是渴望的终结和爱情的死亡，因为渴望是爱情存在的根本……他爱这种爱情的痛苦，并在言说这种痛苦的快感中找到乐趣。因爱而痛苦，却又爱上这种痛苦，他最爱的是诉说他的痛苦：这是他无上的乐趣"③。无论爱情带给诗人何种酸甜苦辣，最终诗人在文学创作中实现了爱情的升华，从写作中得到满足与乐趣，"他实现了从爱之情感向文学的转向：他所讲述的，并非他的爱情（他

---

① Louise LABé, *œuvres poétiques précédées des Rymes de Pernette du Guillet*, France, Gallimard, 1983, p. 321.

② Ibid. .

③ Claude-Gilbert Dubois, *La poésie du XVIe siècle*, Bordeaux, Presses universitaires de Bordeaux, 1999, p. 69.

的爱情有可能是虚构的），而是对言说爱情的热爱。爱情的快乐，爱情的痛苦，言说这些快乐与痛苦的乐趣"①。由此可见，在爱情快乐与痛苦的面纱下，隐藏的是诗人对写作的热爱，对言说爱情欢乐痛苦的喜爱。爱情的乐趣正是写作的乐趣，因此路易丝才会告诉读者，"仅次于爱情最大的乐趣，就是谈论爱情"②。

在"歌集"中，路易丝也展现了同样的观点，尤其是十四行诗 14，

> 只要我的眼睛还能流泪
>
> 为我们逝去的幸福追悔
>
> 只要我不会无语凝噎
>
> 我的声音依然能让人听见
>
> 只要我的手还能拨动优美的诗琴
>
> 来歌唱你的恩典
>
> 只要我的灵魂别无所求
>
> 它只要将你拥有
>
> 我还不想将生命结束
>
> 但当我感到眼睛干枯
>
> 当我嗓音破碎，双手虚弱
>
> 这乏味的人生旅途
>
> 当我的灵魂再不能表现爱的信号
>
> 我请求死神为我最明亮的白昼拉上黑幕③

---

① Louise Labé, *Oeuvres*, in *Louise Labé*, *La Belle Rebelle et le François nouveau*, édité par Karine Berriot, Paris, Editions du Seuil, 1985, p. 321.

② Ibid. , p. 320.

③ Ibid. , p. 382.

这首十四行诗非常明显地将写作与爱情相提并论，并突出了写作的重要性。诗琴，诗人和诗歌的象征，它是路易丝叙述自己痛苦的工具。只要"我"仍然能够歌唱爱情，心中依然留有拥有情人的希望，"我"就有活下去的勇气。但是，当"我"嗓音破碎，双手再不能弹奏诗琴，当"我"的笔下再也无法记下爱的信号，"我"宁可走向死亡。对路易丝来说最重要、生死攸关的事情，与其说是爱情，不如说是写作。

将写作看作爱情真正的所指，我们会发现路易丝的"歌集"会有另外一番意境。十四行诗 1，

> 残酷的命运！蝎子将我蜇伤
> 蝎毒的解药
> 只能在毒伤我的蝎子身上找
> 爱神，请你停下对我的烦扰
> 但莫要熄灭我宝贵的欲望
> 欲望消失而我必将死亡①

从该诗的上下文，我们可以看出蝎子的真实所指是爱情。爱情让我受伤，但"我"却依然要从爱情中寻找解药，而这一解药会是什么呢？也许是写作，写作让我苦中作乐。不论路易丝笔下的爱情是否是女诗人的一段真实经历，不论这段爱情带给女诗人的是快乐还是痛苦，但言说爱情所带来的乐趣是真实存在的，因此写作成为"我"缓解爱情之痛的解药。"我"请求爱神莫要将

---

① Louise Labé, *Oeuvres*, in *Louise Labé, La Belle Rebelle et le François nouveau*, édité par Karine Berriot, Paris, Editions du Seuil, 1985, p. 369.

我扰，但却要保留我"宝贵的欲望"，脱离了爱情却依然宝贵的欲望，是否就是创作的欲望？结合十四行诗14，当我无法写作时，我请求死神的降临，此句中"欲望消失而我必将死亡"似乎也有了明确的答案。

十四行诗13也是一首暗指写作的诗，

> 诗琴，我不幸的同伴
>
> 我怨言无可非议的见证
>
> 你忠实地记录了我的悲伤
>
> 你常常和我一起哀叹
>
> 我可悲的泪水将你弄伤
>
> 开始愉快的歌唱
>
> 你突然让歌变得凄凉
>
> 将大调往小调转换
>
> 如果你想做相反的事情
>
> 你就会走音让我陷入安静
>
> 但你看着我因为爱情而叹息
>
> 你就会流淌出我悲伤的呻吟
>
> 我不得不在痛苦中寻找乐趣
>
> 希望在甜蜜的痛苦中得到一个愉快的结局①

如同上文中所说的，诗琴象征诗歌，古时诗歌都是用来歌唱的，而伴奏的乐器就是诗琴。诗琴或诗歌是我爱情的同伴，

---

① Louise Labé, *Oeuvres*, in *Louise Labé, La Belle Rebelle et le François nouveau*, édité par Karine Berriot, Paris, Editions du Seuil, 1985, p. 381.

意味着爱情与写作相伴；它见证并记录了"我"的悲伤，强调了写作"记忆"的功能。在卷首献辞中，路易丝也曾对此进行强调，"但如果我们将自己的想法落在笔头——即使此后我们不停地经历无数让我们分心的事情——很久之后我们回顾我们所写下的东西，我们依然能重温彼时的心绪"①。写作可以让人们超越时空的限制，重温彼时彼地的情绪。随后，"我"让诗琴发出悲伤的声音，用诗歌记录下"我"的痛苦，这是诗人将爱情升华为文学创作的过程，描述痛苦成为诗人无上的乐趣，这才有了路易丝，

> 在痛苦中寻找乐趣
> 希望在甜蜜的痛苦中得到一个愉快的结局②

这一愉快的结局就是将爱情的痛苦转化为文字，通过写作获得她在卷首献辞中所提及的写作带来的"双重的享受"③。

十四行诗 18 中写作这一主题也比较隐晦，

> 吻我，吻我再吻我
> 给我一个你最甜蜜的吻
> 给我一个你最多情的吻
> 我会还给你四个比燃烧中的火炭还要炙热的吻
> 你抱怨说自己累？来吧，我帮你缓解这痛苦

---

① Louise Labé, *Oeuvres*, in Louise Labé, *La Belle Rebelle et le François nouveau*, édité par Karine Berriot, Paris, Editions du Seuil, 1985, p. 283.

② Ibid., p. 381.

③ Ibid., p. 383.

再给你十个更加温柔的吻

就这样我们幸福地唇齿相交

让我们舒适地拥有彼此①

马德莱娜·拉扎尔认为这首诗体现了"爱情的迷狂和从前者中诞生的诗的迷狂，爱情与言说爱情并驾齐驱"②，因为"我"献给情人吻的总数——四个加十个——与十四行诗诗句数量一致。她认为这是"十四行诗组中爱情与爱情写作含混的最具说服力的例子"③。我们十分赞同她的这一论述，路易丝亲吻个数的选择应该有其特殊含义，否则为了表示感情的炙热，她为何不模仿卡图卢斯用千、百来为吻计数。但她却选用了十四个吻表达爱情，如同她选择十四行诗来记录自己的爱情。

对于路易丝来说，爱情也许只是一个借口，她在《作品集》中通过阿波罗对读者进行了提示，"一些诗人和哲学家，他们如同有智者称号的柏拉图一样，以情爱的方式记录下他们的最高理念。还有一些想要描写其他发现的作家，也将他们的发现隐藏在同样的言辞下"④。那么，我们是否可以认为，路易丝也将自己视为这些诗人和作家中的一员，将自己对写作的称颂隐藏在爱情的言辞下呢？就这样，从卷首献辞中路易丝盛赞写作带来的荣誉和乐趣，邀请女士们"将思想提升到纺锤和锭子之上"⑤，到《辩

---

① Louise Labé, *Oeuvres*, in *Louise Labé, La Belle Rebelle et le François nouveau*, édité par Karine Berriot, Paris, Editions du Seuil, 1985, p. 386.

② Madeleine Lazard, *Louise Labé*, France, Fayard, 2004, p. 194.

③ Ibid. .

④ Louise Labé, *Oeuvres*, in *Louise Labé, La Belle Rebelle et le François nouveau*, édité par Karine Berriot, Paris, Editions du Seuil, 1985, p. 321.

⑤ Ibid. , p. 282.

论》中明确提出"仅次于爱情最大的乐趣，就是谈论爱情"①，及至"歌集"中"爱的信号"②，在路易丝的《作品集》中，写作也成为贯穿文本的线条之一。

---

① Louise Labé, *Oeuvres*, in *Louise Labé, La Belle Rebelle et le François nouveau*, édité par Karine Berriot, Paris, Editions du Seuil, 1985, p. 320.

② Ibid., p. 382.

第八章

自由解放的女性榜样

关于文艺复兴时期是否存在女性主义，学者们意见不一。有些学者在回溯女性主义的历史时，倾向于以 18 世纪末为起点，并将"女性主义"一词的诞生归功于法国空想社会主义者夏尔·傅立叶，他们否定之前的历史时期存在女性主义。但事实上，文艺复兴在女性主义发展史上具有非常重要的意义，它是第一次女性地位和形象有所改观、女性作家身份得以建构的一段历史时期，是女性意识觉醒的时期。当时女性用来对抗菲勒斯中心主义的武器——女性写作——依然是当今女性主义者们挥舞的旗帜。路易丝通过自己的《作品集》，加入了一场跨越近 4 个世纪的"女性之争"，她对当时女性通过知识和写作提升自己的社会地位的建议，正是 16 世纪几乎所有女性作家共同的追求。

第一节　从欲望的客体到欲望的主体
——路易丝作品中的角色反转

1. 女性沉默客体地位的由来

从古代到 16 世纪，世界的秩序建立在一系列二元对立之上，正反，上下，左右，天地，阴阳，主动与被动等，这一二元对立的体系适合天地万物，包括人类。男性与女性被看作两极，如同天父地母，女性在这个世界秩序中的位置低于男性。"男性并非诞生于女性的身体中，女性是从男性的身体中抽出；上帝创造男性不是为了女性，相反上帝创造女性是为了男性。因此女性应当臣服于男性，依赖男性"①。《创世纪》中夏娃的形象深入人心，作为男人骨中的骨、肉中的肉的夏娃受蛇的引诱铸下大错，被神惩罚，神规定她要爱恋自己的丈夫，要接受丈夫的管辖，女性低人一等的地位可以从圣经中找到论据。中世纪对女性噤声的要求也起源于此，作为所有女性祖先的夏娃，她的话充满了诱惑，会将人类带入歧途，因此最好的做法就是禁止女性开口。圣·保罗对女性的要求也非常暴力，"她们必须穿着合体，她们要贞洁而且谦逊……她们必须保持缄默，完全顺从"②。圣经从而成为宗教人士剥夺女性话语权的理论来源。

无独有偶，古希腊社会对女性也有着一个心照不宣的禁令，那就是禁止女性在公共场合发言。女性应当是被动而且沉默的。她只可以在私人场合说话。虽然柏拉图在他的《会饮篇》中为女性保留了一席之地，苏格拉底提出第俄提玛（Diotime）的观点，并赞美她在"对爱情问题，对许多其他问题，都有真知灼见"③，然后才开始谈论爱情，但这仅是例外中的例外。从亚里士多德开始，人们对女性的观感就开始走向负面，"亚里士多德似乎倾向于认为女性在某些方面并不完整。在他眼中，女性是'未完成的

---

① Béatrice Alonso, *Louise Labé ou la lyre humaniste*: *écriture feminine*, *écriture féministe*, Lyon, Université Lumière Lyon 2, 2005, p. 32.

② Y. Rédalié, *Les épîtres pastorales*, Genève, Labor et Fides, 2008, p. 336.

③ ［古希腊］柏拉图：《文艺对话集》，朱光潜译，人民文学出版社 1963 年版，第 236 页。

男人'。在生育方面，女性是被动的，只能接受，而男性则是主动且多产的"①。吸收和借鉴了古希腊文明的古罗马文明，在女性问题上并未取得很大的进步，女性依然是男性的附属物。

科学，尤其是生物学和医学，常常为人们的世界观，甚至一些最坏的偏见提供一些所谓的自然基础。从现代医学发源处，甚至追溯到希波克拉底，女性就不得不忍受男性中心主义。希波克拉底就认为医学要以不同的方式来处理男性和女性的疾病，因为女性从本性和身体构造上来说是他者。盖伦（Galien）是柏拉图和亚里士多德的继承者，他认为女性的身体带有证明她比男性低等的印记，"与所有的动物一样，男性是最完美的，人类也如此，男人要比女人完美"②。塞尔维·斯坦伯格（Sylvie Steinberg）研究了 16 世纪的学者们对女性和男性身体的区分：女性身体与男性身体不同，因为女性身体"肉感、柔软、纤细、潮湿、丰满、小、狭窄"③，与此相反，男性的身体"高大、强壮、有力、干燥、结实、骨架大、宽……这些都是男性的优势……不言而喻，两性身体上的这种区别也体现在品行上：男性勇敢、无畏、正直、简单，渴望从他的事业中获得胜利和荣誉，女性则胆小、易怒，而且尤其善于欺骗"④。医学和生物学为男女两性社会角色的划分提供了理论依据。因为男性主动且积极进取，所以男性"从高、从右、从外"⑤，他的社会角色在家庭之外；而女性因为被动，"从低、

---

①　［挪威］乔斯坦·贾德：《苏菲的世界》，萧宝森译，作家出版社 2000 年版，第 127 页。

②　Béatrice Alonso, *Louise Labé ou la lyre humaniste: écriture feminine, écriture féministe*, Lyon, Université Lumière Lyon 2, 2005, p. 45.

③　Ibid. .

④　Ibid. .

⑤　Gisèle Mathieu-Castellani, *La quenouille et la lyre*, Paris, Librairie José Corti, 1998, p. 26.

从左、从内"①，因此女性适合被关在家中，成为游离在社会之外缄默的群体。

在文学领域如同在社会领域一样，女性被工具化，甚至被客体化。古代的社会传统是父权制的，文学也摆脱不了这种模式，男性对女性暴力统治的象征在大部分古代文本中都能找到，比如对后代影响广泛的《荷马史诗》，尤利西斯与佩涅洛佩的关系模式就是明证。到了中世纪，骑士文学中的女性成为诗人的偶像，但她依然未能摆脱客体的位置，与之相反，女性的被动客体角色在诗歌传统中反而得到了加强。骑士文学所展现的爱情观基本上是一种男性的爱情观，风雅的情人称他效忠的女性为"夫人"，他的"君主"，他屈服于她所有的任性，他唯一的目的就是能够配得上她的宠信，表面上她有权给予或拒绝给予对他的恩典，但这种自由仅是一种表象：因为她们是被动的客体，她们有义务取悦于她们的情人，按照社会对女性的规定极力展现她们的女性特征，美貌、温柔、性感或者冷漠、残忍、铁石心肠。抒情诗歌所歌颂的风雅之爱并没有提升女性的地位，这仅是诗歌所建立起的一种海市蜃楼，这种诗歌本身只是为男性的统治掩盖上了一层遮羞布。正如乔治·杜比（Georges Duby）所揭示的，"从主观意图上来说，风雅之爱并非柏拉图式的。它只是一个游戏，在这个游戏中，男性才是真正的主宰"②。文艺复兴时期成为法国诗人竞相模仿对象的彼特拉克，他的歌集也未能跳出这一模式，诗人将自己的诗歌献给劳拉，他更多的是颂扬自己的诗歌而不是那位理想

---

① Gisèle Mathieu-Castellani, *La quenouille et la lyre*, Paris, Librairie José Corti, 1998, p. 26.

② Béatrice Alonso, *Louise Labé ou la lyre humaniste: écriture feminine, écriture féministe*, Lyon, Université Lumière Lyon 2, 2005, p. 67.

化的女性，"彼特拉克的歌集构建了劳拉虚拟的存在，很明显她只是诗人和他荣耀的代名词"①。诗人是诗歌唯一的主体和受益者，女性只不过是欲望和抒情的客体，是诗人借以升华自己的工具。女性在这种漫长的文学传统中被物化，她们变成了沉默的雕塑，诗歌没有她们不成诗歌，但她们仅仅是宝贵的借口而已。

2. 征服话语权——路易丝作品集中的角色反转

与男性诗人笔下沉默的女性不同，路易丝要求的是女性发出声音的权利，她不仅要开口说话，而且她还要进入从前专属男性的公共领域说话，《作品集》的出版本身就见证了女性在社会中发声。路易丝在卷首献辞中号召女性追求写作的荣誉，其实也是在号召女性追求作家身份，即文学中主体的地位，而这意味着首先要打破文学历史传统下的女性缄默。

《辩论》中疯神这一角色的女性设定意味深长。《辩论》开篇剧情简介中，修饰疯神的形容词和指代疯神的代词均采用了阴性形式，使得我们在辩论开始前就意识到疯神是一个女神。随后，《辩论》中多处强调了疯神的女性身份：叙述1中爱神初见疯神，称呼其为"女疯子"，"这个女疯子是谁，这么粗暴的推我？"②疯神对自己女性身份也有清醒的认识，"让我过去，别碍我的事：你不觉得你和一个女人吵架很丢脸吗"③。路易丝将疯神设定为女性，一方面方便她揭露男性对女性的歧视，另一方面通过疯神这一角色体现女性对话语权的要求。对于16世纪的男性来说，女性

---

① Gisela Febel, «La construction poétique d'un sujet passionnel féminin», in *Dispositifs du sujet à la Renaissance*, N°27, 2000, p.120.

② Louise Labé, *Oeuvres*, in *Louise Labé, La Belle Rebelle et le François nouveau*, édité par Karine Berriot, Paris, Editions du Seuil, 1985, p.289.

③ Ibid..

意味着无能，她无时无刻不需要男性的监督和统治。爱神直言不
讳地表达了对第二性的蔑视，"你这个陌生的女人，你怎敢认为
你比我伟大？你的年轻、你的性别和你行事方式就已经证明了你
是错的"①，同年龄一样，性别也成为人们取信于人的标准之一，
女性这一身份本身就意味着不可信。阿波罗在叙述 5 中批评疯神
出言污秽，"爱神想知道她是谁，对她说话。她脏话连篇，一个
好女子怎可如此开言"②，一个好女子不仅不能口吐脏话，最好保
持缄默，莫要开言。但疯神打破了好女子的缄默，在叙述 1 中与
爱神据理相争，希望证明自己与爱神拥有同样的地位，"我是女
神，如同你是男神：我的名字叫疯神"③。疯神不但在与爱神的私
人纠纷中开口说话，她还出现在朱庇特为了解决爱神与疯神此次
冲突所召开的众神大会上。疯神担心众神因为与爱神的私交而偏
帮，在审判大会上要求朱庇特为她和爱神各指定一位辩护人，使
得众神大会带上了法庭实录的色彩：法官是朱庇特，疯神是被
告，爱神成为原告，墨丘利和阿波罗分别为疯神和爱神的辩护律
师。疯神在类似法庭的众神大会上开口说话具有非常重要的意
义，象征着女性不但在公共场合，而且在女性一直几乎被禁足的
法律领域发言。"在当时法律中，妇女的重要性低于男人，她们
通常只是在被要求（代替男人）纳税或履行义务时才会进入公共
法律领域"④。女性在法律领域没有独立的法人地位，她们必须依

---

①   Louise Labé, *Oeuvres*, in *Louise Labé, La Belle Rebelle et le François nouveau*, édité par Karine Berriot, Paris, Editions du Seuil, 1985, p. 290.

②   Ibid. , p. 308.

③   Ibid. , p. 293.

④   Evelyne Berriot-Salvadore, *Les femmes dans la société française de la Renaissance*, Genève, Librairie Droz, 1990, p. 66.

附于男性而存在，因此她的要求和诉说通常是不被重视的。但在
《辩论》中，朱庇特却对疯神的自我辩解非常重视，尽管他自己
有办法得知事情真相，但他坚持要听听疯神口中的冲突版本，
"不论如何，我们需要听听她（疯神）的说法，免得她日后抱怨"①。
以女性身份出现的疯神不仅得到了说话的机会，在众神的法庭上
公开提出自己的要求，而且她的要求也得到了朱庇特的重视与支
持。朱庇特甚至在未征求爱神意见的情况下，同意为疯神指定辩
护人，同时也剥夺了爱神为自己辩护的权利，要求爱神也指定一
位辩护人。从这里，我们可以看出路易丝对于女性在公共领域拥
有与男性同等地位、同样发言权的女性主义诉求，正如她在卷首
献辞中要求女性成为 "男性家庭和公共事务的伙伴"②，在《辩
论》中她通过疯神这一形象，打破了文学史上女性缄默的形象。
疯神与爱神辩论时所展现的自信，在众神大会上提出要求时的勇
敢，侧面说明了 16 世纪女性不再满足于自己在官方文件中只是
一行行数字、在文学作品中默默无声的生存状态，她们渴望开
口说话。

　　在 "歌集" 中，女性对话语权的征服则更加明显。以女性的
"我" 为主体赋诗抒怀，将男性的 "你" 转化为客体，这是对文
学传统中女性消极、软弱、被动角色的根本性颠覆。路易丝的哀
歌和十四行诗中使用最多的人称就是 "我"，"我" 常常是表达和
行动的主体，这一 "我" 的特点就是它拥有非常明显的阴性定
位：它第一次出现在哀歌 1 的第 40 句，整个哀歌中 "我" 出现

---

① Louise Labé, *Oeuvres*, in *Louise Labé*, *La Belle Rebelle et le François nouveau*, édité par Karine Berriot, Paris, Editions du Seuil, 1985, p. 301.

② Ibid. , p. 282.

了 20 次。在十四行诗中，主语"我"有 10 次从语法上可以被定位为阴性。另外有一次，读者可以从上下文中看出说话的"我"是阴性。有一些十四行诗比较强调"我"的性别，比如十四行诗 2 使用了"女子"一词，或者十四行诗 15 在最后三行中用了一个阴性的"我"。路易丝歌集中"我"的形象与传统女性形象差异很大，在当时的社会历史语境下，一个好的女性应该待在修道院或家中，纺纱织布，绣花做衣服……她们整日操劳，无暇思考，"理想女性的形象，是一个勤劳、忙碌的女性形象，她不会让自己陷入无所事事中，她用针、线、剪刀、羊毛和亚麻来武装自己，不论是教育性的，还是田园牧歌式的文学作品，不论是讲道者的说教，还是灵感来自亚里士多德的伦理专著，甚至世俗教育的教材，都采用了这一女性形象"①。但路易丝"歌集"中的"我"放下了象征女性的纺锤，拿起了竖琴，"只要我的手还能拨动优美的诗琴／来歌唱你的恩典"②。竖琴作为诗歌的象征，一直以来基本上都掌握在男性手中，给人印象最深的是它在俄耳甫斯（Orphee）的手中演绎出让木石生悲、猛兽驯服乐曲，它曾短暂被萨福拨弄，歌唱萨福对莱斯波斯岛（lesbos）上那些美好女子的爱慕和对法翁（Phaon）的爱而不得。现在另一位女性继承了萨福手中的竖琴，继续以女性为主体的爱情悲歌，描写自己在爱情中经历的痛苦和那转瞬即逝的快乐，"考虑到女性在以她为灵感来源的诗歌作品中习惯性的沉默，痛苦的呼喊也可以说是自由的呼唤。美丽制绳女的竖琴给予欲望、痛苦和失望以女性的声音。爱

---

① Béatrice Alonso, *Louise Labé ou la lyre humaniste*: *écriture feminine*, *écriture féministe*, Lyon, Université Lumière Lyon 2, 2005, p. 67.

② Louise Labé, *Oeuvres*, in *Louise Labé*, *La Belle Rebelle et le François nouveau*, édité par Karine Berriot, Paris, Editions du Seuil, 1985, p. 382.

情不再为男性爱人所垄断"①。

　　仔细考量路易丝歌集中"我"的形象，我们会发现这是一个非常复杂的女子形象，她时而扮演成一位传统意义上的闺秀，时而又像男性一样充满了阳刚之气，我们从中可以看到路易丝为了将诗歌的男性范式与诗人女子身份结合起来所做的努力。哀歌 2 中，路易丝将自己定位为消极等待爱人回归的痴情女子，如同贞节女子的典范佩涅洛佩，尽管"许多大人物希望得到我的垂青/他们试图取悦我为我效劳"，"但我对此几乎毫不上心"②；哀歌 3 中，她努力"学会针线刺绣"③，因为这才是一个好女子的活计。但更多时候，"我"表现出一种积极、主动，"我"站在了猎人，而不是猎物的位置，显示出对既定规则的一种颠覆，

> 我身穿盔甲
> 手持长枪，弯弓射箭
> 我保持战斗的热情
> 策马飞奔④

　　路易丝在哀歌 3 中赋予"我"女战士的形象，一个与寻常女子大相径庭的形象，可以说是为下文中"我"对"你"发起爱情的攻击进行铺垫。十四行诗 10 中我们可以读到整个"歌集"中

---

① Madeleine Lazard, *Louise Labé*, France, Fayard, 2004, p. 196.
② Louise Labé, *Oeuvres*, in *Louise Labé*, *La Belle Rebelle et le François nouveau*, édité par Karine Berriot, Paris, Editions du Seuil, 1985, p. 361.
③ Ibid. , p. 363.
④ Ibid. .

为数不多对"你"的描写,"当我看见你的金发和桂冠"①,"当我看见你的各种美德"②,"如此之多的美德让人爱上了你"③,美丽的容颜、金色的秀发、美德,这是否会让我们回想起风雅之爱中那让英勇的骑士为之不顾一切的贵妇人,只不过在路易丝的笔下,贵妇人成为男性。与之相呼应的是路易丝在十四行诗 6 中无比自信的写道,我要,

> 运用我双眼的魔力
> 赢得他的信任
> 用最短的时间征服他的心④

爱情的征服者是女性的"我",处于主动的地位,男性的他是被征服者,处于被动的地位。十四行诗 19 更是体现出"我"和情人之间主动性的不断变化,

> 我告诉它,我攻击了一个路人
> 我向他射出我所有的弓箭却毫无作用
> 他将弓箭集中在一起还击
> 在我的身上出现成百上千的伤口⑤

---

① Louise Labé, *Oeuvres*, in *Louise Labé, La Belle Rebelle et le François nouveau*, édité par Karine Berriot, Paris, Editions du Seuil, 1985, p. 378.
② Ibid. .
③ Ibid. .
④ Ibid. , p. 374.
⑤ Ibid. , p. 387.

在这首诗歌中，男性路人和抒情的女性（前面诗句中"受惊的仙女"点明了"我"是女性）都处于一种主客体位置变动的状态中，女性的"我"一开始是行为的主体，"我"对他发起攻击，去狩猎男性。但随后他变被动为主动，对"我"进行了报复。最终，"我"成为那个因爱情而受伤的人。因爱情而受伤，因受伤而感到痛苦，因痛苦而写诗，"我"将自己放在了诗人的位置上。

女性进行写作活动、征服话语权带来的角色反转，会使得诗歌具有更大的冲击力。"同一句话由男性的声音和女性的声音说出具有不同的效果；从男人或女人口中说出'我想要你'会有不同反响"①，路易丝充分利用了这一逻辑，采用了男性的叙述，使得她的爱情叙述产生了某种颠覆性的效果。比如她在十四行诗 2 中表达自己对情人身体的渴望，

> 哦笑声，哦额头，发丝手臂双手与指头
> 哦幽怨的诗琴，提琴，琴弓与嗓音
> 如此之多的火炬，足以将一个女子燃尽②

如果这段诗出自男性诗人的手笔，也许会让人发笑，如此简单的身体部位列举，毫无美感。但这段诗歌出自女性诗人的笔下，却只让人看到其中的郑重，一种渴望表达自己热切的欲望，却又受到女性身份束缚的写作方式，没有花哨的形容词修饰，每

---

① Louise Labé, *œuvres poétiques précédées des Rymes de Pernette du Guillet*, France, Gallimard, 1983, p. 29.

② Louise Labé, *Oeuvres*, in *Louise Labé, La Belle Rebelle et le François nouveau*, édité par Karine Berriot, Paris, Editions du Seuil, 1985, p. 370.

个能够表情达意的身体部位都赤裸裸地出现在读者面前，但谁能说它们不是一个个火炬，能够让一个陷入爱情的女子燃烧殆尽。

　　总之，不论是《疯神与爱神的辩论》，还是"歌集"中女子讲述自己的爱情遭遇和痛苦，《作品集》体现了女性对话语权的征服，她们摆脱了社会和历史强加给她们的缄默形象和客体的地位，以一种全新的、平等的面貌出现在《作品集》中。

第二节　女性榜样

——《作品集》中自由解放的女性形象

　　路易丝不仅通过作品集要求女性说话的权利，颠覆了传统缄默而被动的女性形象，而且她在作品集中提到了许多自由解放的女性，希望她们"能够成为一个榜样"①。路易丝选取的女性代表大多都有男性化的一面，与传统女性形象差异很大。不论这些女性人物是神话人物，还是现实中的女性，她们最大的共同点就是摆脱了传统上对女性角色的定义，表现出一种独立、自由，甚至暴力、阳刚的特征。

　　1. 疯神——"女性代言人"

　　疯神是《作品集》中最重要的女性形象。她不但象征着女性对话语权的征服，还承载了男女两性平等的渴望，我们甚至可以说她是路易丝女性主义诉求的代言人。

　　（1）路易丝通过疯神这一形象揭露了社会对女性的歧视与不公。疯神与爱神不可分，疯神也与女性不可分，女性的感性和不

---

　　① Louise Labé, *Oeuvres*, in *Louise Labé, La Belle Rebelle et le François nouveau*, édité par Karine Berriot, Paris, Editions du Seuil, 1985, p. 281.

理智在当时有来自医学上的"科学"证明。阿波罗与爱神称呼疯神为"疯婆子"，维纳斯将她视为"该死的睿智的敌人"①，这正是当时人们对女性无理智一面的观感，"疯神成为女性的同延……两者是一体的，是同一件事情"②。疯神在《辩论》中争取话语权，这更是女性疯狂的体现，"敢于表达自己的女性在男性社会中构成了一种威胁，因为她拒绝压抑，而且从不异化自己，使自己符合男性价值观。因此她将被视为疯子"③，于是，路易丝选择了疯神作为自己和女性的代言人。除了其疯狂的一面，阿波罗与爱神都指责了疯神的无知，阿波罗认为疯神只能带来"无所事事与无知"④，爱神也说道，"你这个陌生的女人，你怎敢认为你比我伟大？你的年轻、你的性别和你行事方式就已经证明了你是错的。还有你的无知，让你看不清我高贵的地位"⑤。路易丝在卷首献辞中号召女性投身学习，正是为了改变女性这种无知的形象，而且她还暗示了造成女性无知的罪魁祸首是男性，是男性严苛的法律阻止女性投身于知识和教育。男性一方面阻止女性学习，另一方面指责女性无知，这对女性何其不公。此外，疯神和爱神对于宴会迟到不同的态度也揭示了社会对女性更严厉的要求。朱庇特举办盛大的宴会，疯神与爱神都迟到了，疯神对她的迟到感到惴惴不安，"我看，我可能最后一个到达朱庇特的宴会，大家可

① Louise Labé, *Oeuvres*, in *Louise Labé, La Belle Rebelle et le François nouveau*, édité par Karine Berriot, Paris, Editions du Seuil, 1985, p. 298.

② Anne R. Larsen, «Louise Labé's Débat de Folie et d'Amour: Feminism and the Defense of learning», in *Tulsa Studies in Women's Literature*, 2, 1, *Printemps*, 1983, p. 47.

③ Claudine Hermann, *Les Voleuses de langue*, Paris, Editions des Femmes, 1976, p. 86.

④ Louise Labé, *Oeuvres*, in *Louise Labé, La Belle Rebelle et le François nouveau*, édité par Karine Berriot, Paris, Editions du Seuil, 1985, p. 323.

⑤ Ibid., p. 290.

能都在等我。但我仔细一瞧,那边的莫不是维纳斯的儿子,他和我来得一样迟。我得超过他:这样大家就不会叫我拖拉鬼和懒惰鬼了"①。相比疯神,爱神则显得不慌不忙,他甚至对疯神的慌张表示诧异,"她究竟为何事匆匆忙忙"②。同样的错误,社会对于男性更加宽容,女性为了维护自己的声誉需要更加小心谨慎,不可逾雷池半步。如此双重标准,也是对女性不公。

(2)路易丝通过疯神证明男性的无知。首先,路易丝借阿波罗和爱神之口揭示了男性对女性无知的指责,其目的并非自怨自艾,而是给予男性迎头痛击,男性认为女性无知,这正是因为男性自身的无知。《辩论》伊始,爱神甫一登场就被疯神认了出来,"那边的莫不是维纳斯的儿子"③。爱神却不认识同殿为神的疯神,"这个粗鲁地推我的疯婆子是谁"④。从辩论的一开始,爱神就落入下风,他根本不了解他的对手,疯神是谁,疯神有什么样的能力,他一无所知,直到疯神挖下了他的眼睛,他依然称呼疯神为"一个陌生的女人"⑤。疯神则很清楚自己的对手,在爱神问她"你知道我是谁"⑥ 时,她很清楚地回答"你是爱神,维纳斯的儿子"⑦。在辨认对手身份这一回合,男性要比女性更加无知。其次,关于自身能力的认知上,女性也要胜过男性。爱神认为疯神胆敢冒犯他,是因为疯神的无知,"还有你的无知,让你看不清我高贵的地位"⑧。疯

---

① Louise Labé, *Oeuvres*, in *Louise Labé, La Belle Rebelle et le François nouveau*, édité par Karine Berriot, Paris, Editions du Seuil, 1985, p. 289.

② Ibid. .

③ Ibid. .

④ Ibid. .

⑤ Ibid. , p. 294.

⑥ Ibid. , p. 289.

⑦ Ibid. , p. 290.

⑧ Ibid. .

神认为爱神只会嘴上逞能，让他讲讲自己的丰功伟绩。爱神吹嘘
天上地下，无人能抵抗他的攻击。疯神认为爱神能取得成功的前
提是自己给予爱神的帮助。爱神辩论不过疯神，希望用武力证明
自己的能力，用箭射疯神，结果疯神隐形让爱神的弓箭失去目
标，用事实证明失去疯神的帮助，爱神将一事无成。爱神与疯神
的这场辩论一方面强调爱情需要爱神与疯神携手、共同出力，另
一方面路易丝也在影射男性对自己和女性的无知。首先男性对自
己的能力没有清楚的认识，夸大了自己的能力，爱神的自我褒扬
就是例证。女性对此持什么样的态度呢？疯神认为爱神是"世界
上最自以为是的疯子"①，卷首献辞中路易丝批评男性，"他们自
认为在几乎所有的事情上都高女性一筹"②，路易丝很清楚地表现
出自己否定的态度，男性在批评女性是疯婆子的时候，是否意识
到自己也是自大的疯子？其次，男性对女性没有清楚的认识。疯
神说爱神"你是如此不了解我"③，她挖出爱神的眼睛后告诫爱
神，"下次，你要想到，你不认识的人也许比你要强大"④。路易
丝也许想通过这一情节暗示，男性认为女性低人一等，认为女性
无知、无能，只是因为男性不了解女性，因为男性自身的无知。
路易丝对女性的才能从不怀疑，因此她才会在卷首献辞中希望
"女性能够不仅在美貌，而且在知识和德行上能够与男性媲美，
甚至超越男性"⑤，因此《辩论》中的疯神才能在口头辩论和实际

---

① Louise Labé, *Oeuvres*, in *Louise Labé*, *La Belle Rebelle et le François nouveau*, édité par Karine Berriot, Paris, Editions du Seuil, 1985, p. 291.

② Ibid., p. 282.

③ Ibid., p. 291.

④ Ibid., p. 294.

⑤ Ibid., p. 282.

行动中击败爱神。最后，女性帮助男性认清了自己。疯神挖出爱神眼睛，目的是让爱神更清楚地认识自己。爱神一直以来对自身能力没有清楚的认识，他不知道自己的成功来自疯神的帮助，他"直到现在都完全没有意识到"① 他与疯神亘古以来的紧密联系，墨丘利认为疯神向爱神"揭示了眼睛以前对你来说毫无用处"②，帮助爱神更好地认识自己。

（3）路易丝通过疯神为女性争取与男性平等的地位。首先是身份上的平等，叙述 1 中疯神说了一句非常重要的话，一句非常具有女性主义特征的话，"我是女神，正如你是男神"，"正如"一词充分体现了两者身份之间没有任何差异，无论男神、女神，都是万神殿的成员，无论男人、女人，都是人类的一员。男性与女性在身份上没有高低贵贱。其次是能力上的平等。疯神强调自己在爱情中所起到的作用，疯神告诉爱神，"假如你让人陷入爱情，我常常是人陷入爱情的原因"③，"没有我的加入，你的弓箭将毫无效果"④，爱神需要疯神的帮助才能取得成功，这意味着男性的成功需要女性的参与，这与卷首献辞中路易丝鼓励女性成为"男性家庭和公共事务的伙伴"⑤ 的想法一致。最后是女性与男性拥有同样的展露才能的机会。16 世纪知识女性的形象并不被所有人接受，在男权制社会中，女子有才往往是对男性领域的僭越，因此并非所有女子都敢于像路易丝这样展现自己的才华。

---

① Louise Labé, *Oeuvres*, in *Louise Labé*, *La Belle Rebelle et le François nouveau*, édité par Karine Berriot, Paris, Editions du Seuil, 1985, p. 349.

② Ibid..

③ Ibid., p. 294.

④ Ibid., p. 292.

⑤ Ibid., p. 282.

路易丝塑造的疯神形象毫无顾虑地展现自己的能力，甚至与代表男性的爱神争功。疯神先展现了自己的口才，从语言上击败了爱神。爱神恼羞成怒诉诸暴力，朝疯神射箭，疯神丝毫不惧，隐身让爱神找不到瞄准的目标，从行动上再次击败爱神，展现了自己的神力。为了让爱神吸取教训，她挖出了爱神的眼睛，体现了女性暴力、阳刚的一面。虽然疯神似乎有些血腥暴力，但路易丝并不认为爱神的遭遇值得同情，她借疯神之口说出了原因，"这就是像你这样年轻气盛的小家伙必须付出了代价。你这个小家伙怎可如此鲁莽，冲撞一位女士，用语言攻击凌辱她，然后你还试图谋杀她"①。爱神被惩罚，不仅因为他试图谋杀疯神，还在于他言辞间表现出对疯神的凌辱和蔑视，"女疯子""女巫"②，这是爱神对疯神的称呼。在路易丝笔下，爱神对疯神的蔑视象征着男性对女性的蔑视，男性仅仅因为性别就蔑视女性的态度是秉持女性主义立场的作者所痛恨的，因此路易丝安排了疯神教训爱神这一情节。同时借疯神这一形象，鼓励其他女性也能勇敢展现自己的才能，"致力于向世界证明，哪怕我们生来不是为了领导，但作为男性家庭和公共事务的伙伴，我们也不应受到那些进行统治和要求女性臣服的男性的蔑视"③。女性争取平等地位需要女性勇于展现自己的才能，向男性和世界证明自己的才能。

（4）疯神的妙计——男性阵营的分化。面对爱神，疯神据理相争，一步不曾退让，甚至最后采用暴力手段来维护自己的名誉

---

① Louise Labé, *Oeuvres*, in *Louise Labé, La Belle Rebelle et le François nouveau*, édité par Karine Berriot, Paris, Editions du Seuil, 1985, p. 294.

② Ibid. , p. 292.

③ Ibid. , p. 282.

和权利：叙述 1 中的疯神是一个自信、自强、有口才、有手段的女性形象。但在叙述 3 中，面对众神之父朱庇特，疯神一反常态，不再自己冲锋陷阵，而是谦逊地请求朱庇特为其指派一位代言人，其理由是众神中有许多都是爱神的朋友，如果她与爱神直接辩论，众神可能为她喝倒彩、为爱神欢呼，她请求朱庇特不但为她，也为爱神指定代言人，这样"人们才会更多地关注事实而不是双方地位高低"①。于是，应疯神的这一要求，墨丘利成为疯神的代言人，阿波罗担任为爱神辩护的任务。叙述 3 中的疯神形象似乎有倒退表现，她是否又回归了传统上在公共场合保持缄默的女性形象？我们认为答案是否定的，否则叙述 1 和叙述 3 中疯神形象将南辕北辙，无法统一。我们不妨将叙述 3 中的疯神看作一个理性、智慧、有些狡黠的女子形象。如果说叙述 1 中的疯神有勇，那么叙述 3 中的疯神就是有谋。疯神谋求什么？男女两性平等、男性对女性的了解。这些并不是靠女性振臂一呼就能得到，还需要男性的承认与接受。疯神的谋略表现在何处？首先，疯神要求代言人，这很明显是疯神以退为进的一种策略。疯神知道自己作为女神，而且是代表疯狂的神，自己的辩词很可能无法让众神信服。因此放弃在公众前发言的机会，让别人为自己代言，这样才能尽可能地避免自身人格（ethos）所带来的不利影响。其次，代言人的选择也需要技巧。疯神选择墨丘利作为代言人是她深思熟虑的结果，墨丘利自身的品质完全弥补了疯神身份上的缺陷。回顾叙述 1 中爱神判定疯神犯错时所采用的评判标准，"你这个陌生的女人，你怎敢认为你比我伟大？你的年轻、你的性别和你行事方式就已经证明了你是错

① Louise Labé, *Oeuvres*, in *Louise Labé, La Belle Rebelle et le François nouveau*, édité par Karine Berriot, Paris, Editions du Seuil, 1985, p. 301.

的。还有你的无知，让你看不清我高贵的地位"①，陌生、年轻、性别、行事方式和无知，这就是疯神不可信的原因。墨丘利完全没有这些缺陷，墨丘利出身高贵，他是朱庇特的儿子，众神的信使，他为众神所熟知。在神话中，他总是以中年人严肃而庄重的形象出现，作为众神的使者，他的职责是传递和解释众神的信息，他的年龄、性别和他所担负的职责使得他很容易取信于人。此外，他才思敏捷，能言善辩，还是演说艺术的保护神，疯神选择他作为自己的辩护人使得她几乎立于不败之地。

最后，疯神体现出狡黠的特点。疯神在对朱庇特提出代言人要求时采用了循序渐进的方式。她并没有在一开始就请求让墨丘利做自己的辩护人，虽然墨丘利是她心目中的最佳人选。她在建议使用辩护人时，借口担心没有神愿意为她辩护，没有神愿意被人叫作疯子或疯神的朋友，请求朱庇特为她指定一位辩护人。疯神将自己的地位放得很低，完全是一幅被众神鄙弃的可怜样，以此来博取朱庇特的同情。她的计策取得了成功，朱庇特称她为"可怜的女子"②，非常大度地让她选择自己的辩护人，"你想选谁就选谁，我会命令他为你辩护"③，疯神这才提出了自己早已考虑好的人选——墨丘利。随后，疯神暗中奉承墨丘利是一位大公无私的神，"尽管他（指墨丘利）是维纳斯最好的朋友之一，但我确信，如果他接受为我辩护，他就不会忽视任何对我有利的事实"④。朱庇特随即也表示让墨丘利为疯神辩护"不仅是我的希

---

① Louise Labé, *Oeuvres*, in *Louise Labé*, *La Belle Rebelle et le François nouveau*, édité par Karine Berriot, Paris, Editions du Seuil, 1985, p. 290.

② Ibid., p. 302.

③ Ibid., p. 301.

④ Ibid., p. 302.

望，也是我的命令"①。面对疯神的哀求和奉承、朱庇特的希望和命令，墨丘利无奈接受了这一辩护任务，"对于我墨丘利来说，让维纳斯不高兴真是让我为难的事情。但是，既然你要求我这么做，我将圆满完成我的任务，让疯神满意"②。墨丘利在辩论前就立下如此军令状，结合他的身份，我们似乎隐约能看到辩论的最后结局。果然，在叙述 5 中，作为被告疯神辩护人的墨丘利与作为原告爱神辩护人的阿波罗展开了舌战。为了维护疯神，墨丘利不惜将爱神描绘成一个淘气、爱捣乱的孩子，"你们不相信爱神是攻击者，你们可以问问他。你们看到他一定会承认这一点。他搞出这些纠纷并非一件让人觉得无法置信的事情。今天不是他第一次惹麻烦了，他就爱捣蛋"③。墨丘利认为爱神被疯神挖出双眼是他咎由自取，爱神侮辱疯神并试图谋杀疯神，疯神有权进行反击和报复。墨丘利还对疯神的重要性进行了歌颂，最后得出结论，爱神与疯神不可分，他们之间存在"亘古不断的联系"④。

男神墨丘利为女神疯神辩护还象征着男性对女性身份、地位、才能的承认。选择墨丘利作为自己的辩护人是疯神的计中计，疯神有意识地在对众神的阵营进行分化，《辩论》中对墨丘利发言效果的描绘证实了这一点，"当墨丘利结束为疯神的辩论，朱庇特发现众神的情感和意见发生了分歧，他们中有一些依然支持丘比特，另一些则转而支持疯神的利益"⑤。疯神首先获得墨丘

---

① Louise Labé, *Oeuvres*, in *Louise Labé, La Belle Rebelle et le François nouveau*, édité par Karine Berriot, Paris, Editions du Seuil, 1985, p. 302.

② Ibid. .

③ Ibid. , p. 328.

④ Ibid. , p. 349.

⑤ Ibid. , p. 350.

利的承认，再借由墨丘利进一步获得其他神的支持，就这样一步步地，众神的阵营产生分化。这一情节也影射了 16 世纪女性所面对的社会现实，当时男性面对女性的态度已经产生分歧，上文中所提及的"女性之争"和"女性爱人之争"就是这一分歧的明显表现。一部分有才华的女性首先得到了她们男性朋友或男性被保护人的承认与颂扬，比如为路易丝写赞诗的男性诗人们。疯神在《辩论》中通过一系列妙计，成功分化了众神的阵营，在自己人格（ethos）先天不利的情况下，通过墨丘利的代言成功改变了自己的形象，赢得了一部分神的支持，并促使朱庇特做出了有利于自己的判决。朱庇特虽然将判决推迟到"3 乘 7 乘 9 个世纪后"[①]，但他命令在此期间，爱神与疯神要"和睦地生活在一起，不许互相侮辱。疯神为瞎了眼睛的爱神引路，带他去任何他（她）想去的地方"[②]。爱神与疯神相依相伴，这正是疯神所要求的事情，也是爱神所反对的事情，从这点上看，朱庇特的判决满足了疯神的要求。

《辩论》中疯神的形象是一个个性非常鲜明的女性形象，她自信而不自大，她充满激情却又能保持理智，她有勇有谋，她为女性争取权益时进退有度，有取有舍。这一形象与卷首献辞中"我"的形象重合在一起，疯神是路易丝的代言人，也是所有女性的代言人。

2. 塞弥拉弥斯（Sémiramis）

除了上文中所分析的作为女性代言人的疯神外，《作品集》

---

① Louise Labé, *Oeuvres*, in *Louise Labé, La Belle Rebelle et le François nouveau*, édité par Karine Berriot, Paris, Editions du Seuil, 1985, p. 350.

② Ibid. .

中另外一个重要的女性人物就是塞弥拉弥斯，她在《辩论》和
"歌集"中都出场了，她是哀歌1的中心人物。塞弥拉弥斯是传
说中的巴比伦城（Babylone）女王，关于她的故事主要记录于尼
多斯的克特西亚斯（Ctésias de Cnide）和西西里的狄奥多罗斯
（Diodore de Sicile）的作品中。在狄奥多罗斯公元前1世纪用希腊
文创作的《历史丛书》（Bibliothèque historique）中，我们可以找
到关于她一生主要事件最长而且最详细的记录。传说中的塞弥拉
弥斯是神之后裔，她的母亲弑夫弃女，她自幼由鸽子抚养长大，
她的名字塞弥拉弥斯在亚述人使用的闪语中指鸽子。她长大后成
为一位非常美丽的女子，嫁给奥奈斯（Onnès）为妻。她的丈夫
是尼尼夫（Ninive）国王尼诺斯（Ninos）的大臣。她非常聪慧，
给了丈夫许多建议，使得他成功地完成了国王交给他的各项任
务。在一次远征中，奥奈斯错误地将塞弥拉弥斯带上了战场，让
国王尼诺斯发现了她的美貌与才智。尼诺斯爱上了塞弥拉弥斯，
逼死了奥奈斯，娶了塞弥拉弥斯为妻。塞弥拉弥斯为他生下了儿
子尼倪阿斯（Ninyas）。不久之后，尼诺斯去世，塞弥拉弥斯继承
了他的王位，统治王国达42年之久。塞弥拉弥斯在位期间完成了
许多丰功伟绩，传说她建造了伟大的巴比伦城，并在城中修建了
久负盛名的空中花园。她战功赫赫，据说她领导了一支由300万
步兵和50万骑兵组成的大军，攻占了亚美尼亚（Arménie）、米堤
亚（la Médie）、埃及，征服了几乎整个亚洲一直到印度河（In-
dus）。从印度回来后，她得知她的儿子与太监密谋推翻她的统治，
灰心失望的她将政权交还给儿子后消失了，传说她变成鸽子飞上
了天堂。塞弥拉弥斯的传说可能来自亚述的两位王后，史实与神
话相结合，共同织就了塞弥拉弥斯的传奇，狄奥多罗斯称其为

"我们有记载以来所有女性中最杰出的一位"①。与狄奥多罗斯神化塞弥拉弥斯的结局不同，罗马历史学家加斯廷（Justin）给出了塞弥拉弥斯另外一个结局，"在统治王国 42 年之后，她因为对自己儿子的不伦之爱被儿子杀死"②。

路易丝笔下的塞弥拉弥斯首先出现在《辩论》叙述 5 中，阿波罗批评疯神只会给爱神添乱，"尽管爱神是如此美好与无辜，但疯神总打扰他，并把自己的本性强加给他，以至于那些陷入爱情的人总是会做傻事。只要疯神掺和进来，关系越紧密，秩序就越混乱。我们中将会出现不止一个塞弥拉弥斯、碧布丽（Byblis）、米拉（Mirrha）、卡娜丝（Canace）和菲德拉（Phaedra）"③，如同塞弥拉弥斯，阿波罗列举的这些女性都因为她们畸形的爱情声名在外：寡居的女王、巴比伦城勇敢的领袖，放下武器，纵容自己陷入对自己亲生儿子的不伦之恋；仙女碧布丽爱上了自己的孪生兄弟卡乌诺斯（Caunus）；米拉爱上了自己的父亲，塞浦路斯王卡尼拉斯（Cyniras），并为他诞下一子；卡娜丝在为自己的哥哥生下孩子后，遵从父命自杀；最后，菲德拉是国王米诺斯（Minos）的女儿，忒修斯（Theseus）在杀死了人身牛头怪物弥诺陶洛斯（Minotaur）之后娶她为妻，她却爱上了她的继子希波吕托斯（Hippolytus），她因嫉妒借海王尼普顿（Neptune）之手杀死了希波吕托斯后因悔恨而自杀。这些女性的爱情都是悲剧，阿波

---

① Diodore De Sicile, *Naissance des dieux et des hommes: Bibliothèque Historique*, *Livres II*, *chapitre 4*, Paris, Les Belles Lettres, 1991, p. 1.

② Alain Moreau, «l'héroïsme au féminin: la figure ambigüe de Sémiramis», in Φιλολογια. *Mélanges offerts à Michel Casevitz*, Lyon, Maison de l'Orient et de la Méditerranée Jean Pouilloux, 2006, p. 202.

③ Louise Labé, *Oeuvres*, in *Louise Labé*, *La Belle Rebelle et le François nouveau*, édité par Karine Berriot, Paris, Editions du Seuil, 1985, p. 322.

罗认为这是疯神捣乱的结果，如果没有疯神，爱神给世界带来的
是和谐与美好，而不是混乱与无序。在这里，路易丝并没有突出
塞弥拉弥斯，她与其他悲剧女性一样，作为疯神恶行的证明出
现。但在哀歌 1 中，塞弥拉弥斯占据了非常重要的地位。诗人以
塞弥拉弥斯和一个"可怜老妇人"① 为例，想要证明无人能抗拒
爱情的力量。整个哀歌 1 共 118 句，塞弥拉弥斯的故事就占了 30
句，约 1/4 的内容。诗人首先描述了塞弥拉弥斯的丰功伟绩，尤
其强调了她女战士的一面，

> 塞弥拉弥斯，名声显赫的王后
>
> 她带领她的大军
>
> 将埃塞俄比亚黑人军队击溃
>
> 她是军队的楷模
>
> 她愤怒的宝剑
>
> 喝的是最勇敢敌人的鲜血
>
> 她依然想征服
>
> 她所有的邻国，对它们开战②

随后，诗人笔锋一转，

> 但她找到了爱情，在爱情的逼迫下
>
> 被征服的她放下了武器，将法律置之脑后③

---

① Louise Labé, *Oeuvres*, in *Louise Labé, La Belle Rebelle et le François nouveau*, édité
par Karine Berriot, Paris, Editions du Seuil, 1985, p. 356.

② Ibid., p. 355.

③ Ibid..

伟大的女战士被爱情征服。塞弥拉弥斯的爱情是一种不幸，因为"她居然爱上了她的儿子"①，从此她放下手中的武器，勇猛的骏马、胜利的马车都不见踪影。骄傲的巴比伦城女王"现在只能在长榻上伤感"②，爱情让她面目全非。诗歌中塞弥拉弥斯早期的意气风发、英勇睿智的形象与她被爱情征服后的颓丧、毫无理智形成了鲜明的对比，以此来证明爱情的力量。路易丝认为没有人能够与爱神为敌，而且越是那些位高权重的人，越是容易沦落为爱神的奴隶。

> 最高贵的灵魂
>
> 他们的爱情往往更加激烈，更加没有道理可寻③

在这句诗的下文，诗人列举了塞弥拉弥斯的例子，可见在诗人心中，塞弥拉弥斯拥有最高贵的灵魂，这与文艺复兴时期塞弥拉弥斯放荡淫乱的形象似乎有很大差异。

让－克劳德·莫瓦桑（Jean-Claude Moisan）的文章揭示了文艺复兴时期塞弥拉弥斯约定俗成的形象与路易丝笔下塞弥拉弥斯形象之间的差距，"路易丝·拉贝……无视塞弥拉弥斯传说的重要性，构建了这种对照式的叙述。事实上，许多作家参与创造和传播这一传说，但就我们所知，他们中没有任何一个人像路易斯·路易丝一样将一个荣耀的过往和堕落的当下进行对比……在对塞弥拉弥斯的战绩进行影射时，路易丝从传统中获取灵感［除了塞弥拉弥斯

---

① Louise Labé, *Oeuvres*, in *Louise Labé, La Belle Rebelle et le François nouveau*, édité par Karine Berriot, Paris, Editions du Seuil, 1985, p. 355.

② Ibid. , p. 356.

③ Ibid. , p. 355.

放下武器这一主题，该主题存在于赫拉克勒斯（Hercule）的传说中，塞弥拉弥斯的传说中并未出现过这一情节]。但关于塞弥拉弥斯的爱情，她就完全改变了历史或注疏者所提供的传统资料。因此为了构建一个爱情牺牲品的塞弥拉弥斯形象，路易丝与漫长而根深蒂固的传统背道而驰，无视传统中塞弥拉弥斯淫荡、可耻的母亲形象和她因勾引自己的儿子被儿子杀死"[1]。确切地说，文艺复兴时期，塞弥拉弥斯并非一个正面形象，传统阅读中塞弥拉弥斯的堕落是双重的。她的第一重逾矩是拿起武器，化身为女战士，事实上，女战士是反自然的。她们是一些有着男人之心的女人，如同圣女贞德，这样的女人只会让大部分男性恐惧而不是心生爱慕。因此在男性声音占主流地位的社会、文化中，女战士形象并不美好。她的第二重逾矩就是她对自己亲生儿子的畸恋，无论是在对女子礼教禁锢严厉的古代，还是在风气相对开放的现代，这种乱伦的恋情都为世人所不齿。

　　我们很容易就可以看出路易丝在哀歌中为塞弥拉弥斯平反所做的努力。一方面，在她的笔下，塞弥拉弥斯拥有"最高贵的灵魂"[2]，她地位崇高，她英勇善战。路易丝并不认为女战士的形象是一种耻辱，因为她在"歌集"中也将自己塑造为女战士的形象，哀歌3中路易丝刻画了"身穿盔甲/手持长枪/弯弓射箭"的自我形象。传统所认为的塞弥拉弥斯畸形女战士形象在路易丝的笔下是值得歌颂的，与之相反，塞弥拉弥斯因为爱情放下武器、

　　① Jean-Claude Moisan, «La codification de la passion: Louise labé-Ronsard», in *La peinture de la passion de la Renaissance à l'Age classique*, Saint étienne, Publication de l'université de Saint étienne, 1995, p. 117.

　　② Louise Labé, *Oeuvres*, in *Louise Labé, La Belle Rebelle et le François nouveau*, édité par Karine Berriot, Paris, Editions du Seuil, 1985, p. 355.

回归一个整天在长榻上悲泣的普通女人才是一种堕落，

　　　　你刚强的心为何如此快地堕落
　　　　战斗的乐趣无法再让你心动
　　　　你现在只在长榻上感伤①

　　塞弥拉弥斯丧失了如男人般刚强的心，从男性角度来说是一种回归自然和正常，但对秉持女性主义的路易丝来说，这是一种堕落。另外，她不认为塞弥拉弥斯爱上自己的儿子是她本人的错，路易丝为她开脱，并将这一错误归咎于爱神。她明确指出，

　　　　不要认为人们应该指责
　　　　被丘比特点燃的女性②

　　爱神是无法抵抗的，身份高贵如巴比伦城的女王在他面前也只能俯首称臣；爱神是顽皮的，他为了显示自己的力量，很可能让人爱上不该爱的人，人们对此无能为力，

　　　　不论你们的心是多么坚硬
　　　　终有一天爱神会将它攻克
　　　　你越是与爱神为敌
　　　　他就越将你戏，让你在他面前奴颜婢膝③

　　① Louise Labé, *Oeuvres*, in *Louise Labé, La Belle Rebelle et le François nouveau*, édité par Karine Berriot, Paris, Editions du Seuil, 1985, p. 356.
　　② Ibid. .
　　③ Ibid. .

诗人认为爱情不是错，因为

假如这是错误

这世上又有谁能吹嘘自己从无过错①

塞弥拉弥斯本身并无过错，只能说造化弄人，她不幸成为爱神为了证明自己力量的牺牲品。不论是塞弥拉弥斯还是哀歌 1 中的老妇人，我们可以看出诗人对她们持有深刻的同情，同情她们的遭遇，同情她们所受到的爱情伤害，这也体现出诗人愿意与其他女性休戚与共的意愿。

3. 阿拉克涅（Arachné）

奥维德的《变形记》中详细地记叙了密涅瓦（minerve）和阿拉克涅的故事：迈俄尼亚的姑娘阿拉克涅有一手精湛的纺织手艺，虽然出身低微，但她因为手巧在迈俄尼亚非常有名。人们夸赞她是密涅瓦的学生，她对此不屑一顾，甚至要求与密涅瓦一较高下。密涅瓦听说此事后装扮成老婆婆，试图点醒她，让她在女神前要保持谦逊。她非但没有听老婆婆的劝告，反而出言不逊，质问女神为何不敢亲自来与她比赛。女神脱下老婆婆的伪装，现出女神真身与阿拉克涅比赛。女神的织锦正中描绘了众神坐在宝座上庄严肃穆的场景，四角织了四幅比赛图，以里面的故事警告阿拉克涅亵渎天神会得到什么后果。阿拉克涅描绘了朱庇特，海神尼普顿和日神变成不同化身追求女性的风流艳事。阿拉克涅的手艺如此之好，以至于女战神，甚至嫉妒女神都挑不出毛病。愤

---

① Louise Labé, *Oeuvres*, in *Louise Labé, La Belle Rebelle et le François nouveau*, édité par Karine Berriot, Paris, Editions du Seuil, 1985, p. 362.

怒的女战神将这块织锦连同上面描绘的天神丑事撕碎，并用手中的梭子在阿拉克涅的头上打了几下。羞愤的阿拉克涅上吊自杀了。密涅瓦见她可怜，救活了她，但将她变成了蜘蛛。阿拉克涅从此悬在空中，永生永世不停地织网①。

《作品集》中多处以明示或影射的方式提到这一神话，《辩论》、哀歌甚至《赞诗》中都有提及，"就好像我们的作者（指路易丝）希望用帕拉斯的这一神话来组织她的作品，而且她的第一批读者意识到她的意图，在他们的集体颂歌中也考虑了她的这一意图"②。弗朗索瓦·里戈洛认为作者路易丝·拉贝与阿拉克涅非常相似：她们都出身平凡，都因自己的才华而出名，她们都幼年丧母，父亲都是手工艺者，因此"不排除里昂制绳女在利底亚（Lydie）纺纱女身上看到了自己的影子"③。不论作者路易丝与阿拉克涅是否有相似的人生，作品中的阿拉克涅的确是路易丝为自己选定的众多面具人物之一。哀歌 3 中，

> 为了学会用针线绘画
>
> 我试图消除她的声望
>
> 她用功却不够明智
>
> 居然想用自己的作品与帕拉斯一较高下④

---

　　① ［古罗马］奥维德：《变形记》，杨周翰译，人民文学出版社 1984 年版，第 69—73 页。

　　② François Rigolot, «les "sutils ouvrages" de Louise Labé, ou: quand Pallas devient Arachné», in *Etudes littéraires*, N°2, 1987, p. 44.

　　③ Ibid. , p. 53.

　　④ Louise Labé, *Oeuvres*, in *Louise Labé, La Belle Rebelle et le François nouveau*, édité par Karine Berriot, Paris, Editions du Seuil, 1985, p. 363.

　　诗中的"她"很显然是与帕拉斯（或罗马名密涅瓦）进行纺织比赛的阿拉克涅。路易丝将阿拉克涅作为自己的化身同样也是出于女性主义的目的，阿拉克涅是她为女性读者选取的争取女性自由解放的众多榜样之一，"阿拉克涅是反对男性神权专制的女性诉求的代言人"[①]。

　　从女性主义角度阅读该神话，我们会明白路易丝看中这一神话人物身上的何种品质：

　　（1）阿拉克涅的自信

　　阿拉克涅对自己的纺织技能非常自信，她因为手巧而声名远播。被人们视为女神密涅瓦的徒弟不但没有让她感到荣幸，反而让她非常生气。这种对自己才能的自信正是路易丝希望女性们所能拥有的品质之一。卷首献辞中，路易丝鼓励女性"能够不仅在美貌，而且在知识和德行上能够与男性媲美，甚至超越男性"[②]，《辩论》中疯神直言没有自己的帮助，爱神将一事无成。"歌集"中的"我"也展现了同样的自信，

　　　　　她不可能拥有我的盛名

　　　　　集美貌、德行、优雅与口才为一身

　　　　　尽管我觉得受之有愧

　　　　　但仍有许多博学之士在全世界宣扬我的美名

　　　　　但谁能让名声长盛不衰

　　　　　不仅在法国，人们对我赞誉有加

　　① Cécile Voisset-Veysseyre, « Arachné: Le féminin à l'oeuvre », in *Amaltea*, N° 2, 2010, p. 162.

　　② Louise Labé, *Oeuvres*, in *Louise Labé*, *La Belle Rebelle et le François nouveau*, édité par Karine Berriot, Paris, Editions du Seuil, 1985, p. 282.

　　　他处我也受到颂扬，尽管我无意于此

　　　在大海环绕

　　　卡尔佩和比利牛斯山拱卫的那片大地

　　　被河水冲刷的莱茵河两岸

　　　你流浪的那个美丽国家

　　　它们都听说（你让我相信这一点）

　　　一些有思想的人对我的赞誉①

　　"我"自认为是一个才貌兼备、美名远扬的女子，赞誉"我"的人中有"博学之士"和"有思想的人"，这说明"我"并非浪得虚名。尽管这段诗中也出现了一些谦辞，比如"我"感觉"受之有愧"等，但这仅是作者作为女性必须表明的一种谦虚的态度，这段文字流露出的依然是作者的自信。这种自信自尊的精神是16世纪大部分女性所缺乏的，中世纪以来长期处于男性统治和压迫下的女性将自己看作男性的附属物，她们以男性意志为尊，早已忘记了自己作为独立个体的存在。路易丝希望用阿拉克涅这一人物唤醒女性对自己才华的自信，让她们敢于与男性一较高下。

　　（2）阿拉克涅的反叛

　　阿拉克涅是一个具有反叛精神的女性。作为一个凡人，她敢于挑战女神，而且在女神真的出现在她面前时，"女仙们和附近来看的人都拜她，只有阿拉克涅不怕"②。阿拉克涅逾越了人与神

---

① Louise Labé, *Oeuvres*, in *Louise Labé*, *La Belle Rebelle et le François nouveau*, édité par Karine Berriot, Paris, Editions du Seuil, 1985, p. 360.

② ［古罗马］奥维德：《变形记》，杨周翰译，人民文学出版社1984年版，第70页。

的界限，她与女神的竞赛是她的僭越，对于女神来说，与凡人竞争也是一种纡尊降贵。在这样的情况下，阿拉克涅不但没有表现出对神的感激，反而通过织锦上的花纹充分展现了自己不敬神的一面：她将众神的风流韵事描绘在织锦上。阿拉克涅的反叛象征着女性对男性赋予自己的社会地位和社会角色的反抗。卷首献辞中的"我"和《辩论》中的疯神都拥有这一精神。卷首献辞中，"我"鼓励女性与男性竞争，言明这一竞争对社会有利。《辩论》中疯神作为一个不为众神所认识、地位低下的小神，向为众神所爱、被誉为"宇宙真正灵魂"[1] 的爱神发起挑战。这种无视自己实际地位低下，敢于以下犯上的反叛精神，也是路易丝希望通过文本，通过阿拉克涅传达给女性的信息。路易丝的文本还体现出与阿拉克涅相似的特点，那就是不敬神。观察《辩论》中 6 位重要人物，我们会发现在他们身上，人性似乎战胜了神性，如同奥维德一样，路易丝将"'神格'降到了凡人的水平"[2]。爱神是一个目中无人、辩论不过别人就随便动手、胡搅蛮缠的小屁孩儿。维纳斯是一个视自己的美貌为一切、歇斯底里的母亲形象。对于爱神的遭遇，最让她气愤的是"疯神夺走了维纳斯在这个世界上最大的乐趣：被她的儿子爱神注视的乐趣"[3]，从此"维纳斯的美丽成空"[4]。维纳斯作为一个母亲，在儿子受到身体伤害时最先考虑的不是孩子的痛苦，而是她的儿子再也看不到自己的美丽，这

---

[1]   Louise Labé, *Oeuvres*, in *Louise Labé, La Belle Rebelle et le François nouveau*, édité par Karine Berriot, Paris, Editions du Seuil, 1985, p. 307.

[2]   〔古罗古〕奥维德：《变形记》，杨周翰译，人民文学出版社 1984 年版，第 6 页。

[3]   Louise Labé, *Oeuvres*, in *Louise Labé, La Belle Rebelle et le François nouveau*, édité par Karine Berriot, Paris, Editions du Seuil, 1985, p. 299.

[4]   Ibid. .

种母亲的自恋让人诧异。有学者提出疑问，路易丝这里是否想描述爱神与他母亲之间的不伦之恋，被挖出双眼的爱神与俄狄浦斯受到了同样的惩罚①。如果该假设成立，这将为路易丝笔下维纳斯的形象涂抹上浓艳的一笔。众神之父朱庇特试图保持自己公正的形象，希望听到疯神的声音，允许疯神挑选自己的辩护人，他以秉公执法的封建大家长形象面对众神。但在叙述 1 中疯神强调自己在爱情中的作用时，描绘了自己让陷入爱情的朱庇特变成天鹅、公牛、雄鹰、金雨等。叙述 4 中，朱庇特私下询问爱神如何让别人爱上自己时，承认了自己通过强取豪夺让女性臣服于自己。这些描述让人们看到了阿拉克涅的织锦，朱庇特表面上公正无私的形象早已被私下追情逐爱的花花公子形象所破坏。至于阿波罗和墨丘利，叙述 1 中阿波罗就被爱神列入他牺牲品的名单，十四行诗 22 中也提及了墨丘利的众多爱情冒险。辩论时的阿波罗和墨丘利一改高高在上，庄重肃穆的形象，他们卖弄口才、颠倒黑白，爱神与疯神争执的情节经过他们的转述成了两个截然不同的故事版本。他们两人完全是称职的律师，巧舌如簧，辩论中基本看不出他们的"神性"。甚至当维纳斯请求阿波罗为爱神辩护时，阿波罗表现出一副色令智昏的模样，"你无须祈求我，美之女神。你无须烦恼，我将所有美好祝愿献给你，这是你作为最美丽的女神应得的祝福"②。最后是以正面形象出现、被作者刻画为女性代表的疯神，如果说爱慕虚荣、性格粗暴是她的缺点，那么狡黠圆滑、独立自强又无疑是她的优点，作者将其塑造成了一个个性

---

① Louise Labé, *Oeuvres*, in *Louise Labé*, *La Belle Rebelle et le François nouveau*, édité par Karine Berriot, Paris, Editions du Seuil, 1985, p. 299.

② Ibid. , p. 303.

鲜明、生动饱满的女性形象，突出了其人性的一面。总之，路易丝笔下的这六大神话人物并没有站在高高的神坛上，俯视天下众生，作者在处理这些神灵的形象时也没有抱着顶礼膜拜的态度，而是赋予他们凡人般的七情六欲，有时甚至对他们进行隐晦的嘲讽。这种不敬神的态度来自反叛的精神。反叛意味着忤逆正常的规则，打破现有的社会秩序，要求重建新的秩序。无论是阿拉克涅的对帕拉斯的挑战，还是疯神对爱神的挑战，她们都象征着女性对既定社会秩序的挑战，对女性缄默顺从社会形象的反抗。

（3）阿拉克涅的织锦与文本

作为《作品集》导读的卷首献辞给读者留下了两条线索，女性主义与写作。从阿拉克涅身上，人们不仅可以看到女性的反抗，还能找到女性的写作。"织锦"或"文本"一词（texte）来自拉丁语 textum，它的动词形式 texere 的意思是"编织"，文本指代纺织中使用纤维编织而成的织物。在奥维德生活的时代，文本表示"有组织编排的语言"的引申义已经得到使用。与此同时，织女们在织布的时候，为了打发时间，她们还会讲述一些有趣的故事，因此纺织活动与故事创作相伴。弗朗索瓦·里戈洛认为奥维德一定是通过阿拉克涅的故事暗示"帕拉斯女仆们的工作与诗人工作的相似性：它们两者，织锦与文本，都来自智慧女神而且被打上了神圣的烙印"[1]。路易丝在《作品集》中突出阿拉克涅这一形象，一方面是因为阿拉克涅身上拥有女性不屈的精神，另一方面可能是因为她的织锦与文本之间的象征性关系。织锦与文本将阿拉克涅与诗人路易丝的命运交织在一起。阿拉克涅的织锦精

---

[1]　François Rigolot, «les "sutils ouvrages" de Louise Labé, ou: quand Pallas devient Arachné», in *Etudes littéraires*, N°2, 1987, p. 46.

美，让她美名远扬，受人称颂。路易丝也在卷首献辞中告诉我们她的诗歌得到了诗人朋友们的称颂。阿拉克涅用织锦与帕拉斯比高低，路易丝用写作向男性证明女性在"知识和德行上能够与男性媲美，甚至超越男性"①。阿拉克涅用织锦描绘"天神的丑事"②，路易丝用文本将众神拉下凡尘。

阿拉克涅的结局也与路易丝的结局相似。弗朗索瓦·里戈洛说"里昂制绳女在利底亚纺纱女身上看到了自己的影子"③，他仅对比了她们的出身，却忘了她们的结局。路易丝有着惊人准确的预感，她仿佛借阿拉克涅影射了自己消亡于沉默中的结局。阿拉克涅因为她的僭越受到了惩罚，女战神将她变成了蜘蛛。对于16世纪的女性来说，写作与出版作品也是一种僭越，路易丝也已经预感到她将要面对的惩罚。在她出版作品之前，就已经有了她是交际花的传言，因此她才会在卷首献辞中要求那些请她出版作品的朋友们"承担此举将给我带来的一半耻辱"④。奥维德不惜笔墨描写了阿拉克涅变形的过程，"姑娘的头发一沾毒汁就脱落了，耳朵鼻子也脱落了，头部缩小了，整个身体也收缩了，纤长的手指变成了腿，其余都变成了肚子"⑤。奥维德细致的描述让人读之恶心，阿拉克涅被丑化、妖魔化的一幕栩栩如生。路易丝也许想借这一幕，让读者联想起她被丑化的过程。帕拉斯将阿拉克涅变成蜘蛛的惩罚具有双重意义，一方面，她剥夺了阿拉克涅的话语

---

① Louise Labé, *Oeuvres*, in *Louise Labé*, *La Belle Rebelle et le François nouveau*, édité par Karine Berriot, Paris, Editions du Seuil, 1985, p. 282.
② ［古罗马］奥维德：《变形记》，杨周翰译，人民文学出版社1984年版，第73页。
③ 同上书，第53页。
④ Louise Labé, *Oeuvres*, in *Louise Labé*, *La Belle Rebelle et le François nouveau*, édité par Karine Berriot, Paris, Editions du Seuil, 1985, p. 283.
⑤ ［古罗马］奥维德：《变形记》，杨周翰译，人民文学出版社1984年版，第73页。

权，蜘蛛是缄默的、无声的；另一方面，她剥夺了阿拉克涅的创造力，阿拉克涅可以用五彩的丝线纺织出精美的图案，蜘蛛却只有一根无色透明的丝线，只编织出一成不变的图案。帕拉斯对阿拉克涅的惩罚象征了男性对具有反抗精神女性的无情镇压，女性文本中也常常用这一故事来象征女性命运。路易丝面对来自社会的压力，最后的结局也如同阿拉克涅变成的蜘蛛那样，在 1555 年出版《作品集》、1556 年对其进行修改再版后就陷入了沉寂，此后再无作品流传出来。

尽管阿拉克涅和路易丝的结局让人唏嘘不已，但她们通过织锦和文本所体现出来的反抗精神却是一笔巨大的财富。阿拉克涅"在所有将其视为她们杰出代表的女性眼中是勇敢的。阿拉克涅的例子也因此成为女性典范……这一神话人物成为许多写作和为写作而斗争女性的参照"①，路易丝用阿拉克涅来表达她的女性主义态度和对女性写作权的捍卫，暗中呼应了她在卷首献辞中留下的两把解读《作品集》的钥匙，对阿拉克涅这一神话人物进行细致地解读，可以让我们更好地把握文本所体现的诉求。

4. 其他突出女性形象

除了疯神、塞弥拉弥斯和阿拉克涅，路易丝的作品中还存在一些比较突出的、给读者留下深刻印象的女性形象。

（1）萨福

我们已经在上文中分析了《作品集》后附录的《赞诗》和后世的一些评注者如何将路易丝描绘为现代的萨福。在这里，我们将分析路易丝作品中的萨福，路易丝在自己的作品中要求成为萨

---

① Cécile Voisset-Veysseyre, «Arachné: Le féminin à l'oeuvre», in *Amaltea*, N°2, 2010, p. 158.

福的继承人。"在路易丝·拉贝完成她作品集的时候，萨福好几段比较重要的诗篇已经被出版和评论，而且引发了强烈的人文主义活动……欧洲对这位希腊女诗人的重新发现激起了模仿、翻译的热潮和各种反响，该热潮一直延续到世纪末"①。对于路易丝来说，在自己的作品中重现萨福的形象不仅是当时流行的潮流，而且将自己与萨福联系起来具有十分重要的意义：它可以让女诗人将自己纳入女性写作的传统中，从而让自己女性抒情主体的角色变得不那么突兀，从古希腊女诗人到16世纪里昂新的女诗人，这是一种传承。在《辩论》中一张传说与史实混杂在一起的"杰出诗人和哲学家"清单中，"俄耳甫斯（Orphee）、缪塞（Musee）、荷马（Homere）、利勒（Line）、阿尔塞（Alcee）和萨福（Saphon）"②，路易丝借阿波罗之口将萨福与其他著名男性诗人和哲学家相提并论。仔细观察清单，我们会发现该清单以俄耳甫斯打头，以萨福结尾，俄耳甫斯象征男性诗人，萨福象征女性诗人，清单的首尾呼应。此外，有启发意义的是，在路易丝列举的这份名单中，俄耳甫斯、缪塞、荷马、利勒、阿尔塞，这些男性人名都是以"e"结尾，在法语中，词末的字母"e"具有阴性意义，在集体潜意识中，人们倾向于认为以"e"结尾的名词和形容词是阴性。但这些以"e"结尾的姓名却是男名，而名单中唯一不以"e"结尾的人名，恰恰是女名。路易丝是否想通过这一细节，突出萨福"男性"的一面，正如贺拉斯用"男性"一词来修饰萨福呢？随后，在"歌集"的第一首哀歌中，萨福又出现

---

① Madeleine Lazard, *Louise Labé*, France, Fayard, 2004, p. 112.

② Louise Labé, *Oeuvres*, in *Louise Labé*, *La Belle Rebelle et le François nouveau*, édité par Karine Berriot, Paris, Editions du Seuil, 1985, p. 321.

在开篇处，

> 他交付给我的竖琴
> 曾吟唱着莱斯波斯岛的爱情①

　　莱斯波斯岛是萨福的出生地，莱斯波斯岛的爱情是萨福诗句中火热的感情。路易丝作为萨福的继承者，从腓比斯（Phebus）手中接过了萨福传承下来的竖琴。"现如今，它又将为我的爱情而哭泣"②，曾吟唱着萨福爱情的竖琴在路易丝的手中发出新的声音。从文本中，我们可以看出诗人对萨福的推崇。弗朗索瓦·里戈洛认为"路易丝·拉贝与16世纪萨福文本重新发现这一文化现象紧密联系在一起"③，不但路易丝本人对萨福推崇备至，而且与她同时代的人也将她看作重生的萨福。在文艺复兴时期的诗人眼中，萨福不仅是人类最早的女诗人之一，为奥维德和卡图卢斯带来灵感的希腊前辈，而且也视她为具有男性特征的女子，因为她具有一些"人们认为只有男性才能拥有的"④ 品质。那么，让路易丝认为有必要将自己刻画为萨福继承人的原因是什么呢？我们认为原因可能包括如下几个方面：首先，诗人个人对萨福的喜爱。情感细腻丰富的诗人很难不被萨福火热、激情的诗句所征服，这种欣赏无关性别、年龄，路易斯·路易丝当然也不例外。借助自己的

---

① Louise Labé, *Oeuvres*, in *Louise Labé, La Belle Rebelle et le François nouveau*, édité par Karine Berriot, Paris, Editions du Seuil, 1985, p. 353.

② Ibid. .

③ François Rigolot, *Louise Labé lyonnaise ou la Renaissance au féminin*, Paris, Champion, 1997, p. 31.

④ Ibid. , p. 37.

作品赞颂自己所喜爱的诗人是当时很常见的做法。其次，萨福的男性特征鼓励了女诗人对男权社会中女性话语权和女性地位的思考，为路易丝所表达的女性主义诉求提供了先例。作为古代女性诗人的先驱，萨福的存在不仅证明了路易丝《作品集》存在的合法性，而且证明了路易丝荣誉的合法性——即路易丝在卷首献辞中所追求的知识和写作带来的荣誉。最后，萨福还让路易丝加入了这场"围绕萨福诗歌片断的重新发现所产生的人文主义运动"① 中。在以模仿为主要创作手段的文艺复兴时期，诗人们以知识渊博为骄傲，诗人在作品中提及这位希腊女诗人，也可显示自己的博学。总之，不论是出于对萨福的喜爱，还是将其作为保护伞，路易丝的《辩论》和"歌集"中都出现了萨福女诗人的形象，萨福这一形象也构成了链接《作品集》的一条明线。

（2）狄安娜（Diane）或阿耳忒弥斯（Artémis）

狄安娜或阿耳忒弥斯是希腊罗马神话中最重要的形象之一。她出身高贵，是众神之父朱庇特的女儿，太阳神阿波罗的孪生姐姐。她是狩猎女神、战争女神和月亮女神。在大部分的神话故事中，人们强调狄安娜童贞女和女猎人的身份。她是处女神，"在纳塔莱·孔蒂（Natale Conti）看来，狄安娜向父亲要求保持处子之身，是因为她害怕生产的痛苦，她在帮助母亲诞下孪生弟弟阿波罗时，亲眼看见了母亲所经历的痛苦，而且她逃避男性是为了免于被引诱"②。她女猎人的形象早早便出现在古希腊艺术中，她身穿猎服，携带弓

---

① François Rigolot, *Louise Labé lyonnaise ou la Renaissance au féminin*, Paris, Champion, 1997, p. 46.

② Wagner Magalie, *La triple Diane sous l'oeil des mythographes*, in *Mythes littéraires* 2006, http：//www2. lingue. unibo. it/dese/didactique/travaux/Wagner/Histoire% 20des% 20Id% E9es-La% 20Triple% 20Diane. doc.

箭，生活在茂密的森林中，陪伴她的是山林水泽的仙女们。长时间以来，狄安娜形象并没有很大的改变。16 世纪，狩猎女神狄安娜依然是身着短裙，常常手持弓箭，身边有猎犬相伴。16 世纪狄安娜的形象非常流行，可能是因为当时宫廷的贵妇们喜欢用狄安娜的造型为自己画像。亨利二世的情妇狄安娜·德·普瓦捷（Diane de poitiers），就经常让人将自己画成狩猎女神狄安娜。

狄安娜在路易丝的作品中也多次出现。路易丝首先在哀歌 2 中提到了菲贝——阿耳忒弥斯的别名，随后在十四行诗 15 中，更明确地提到了月亮和月光，

> 仙女用千种游戏嬉戏
> 在皎洁的月光中，她们脚踏青草跳舞①

皎洁月光下的仙女直接影射处女神狄安娜和陪伴她的仙女们。十四行诗 16 中也含有对狄安娜的影射，

> 阳光明媚，迎来了美好的一天
> 当腓比斯绕着大地跑了一圈
> 他快速来到海洋的上面
> 他的姐姐露出的脑袋尖尖②

太阳神腓比斯的姐姐，就是月亮女神狄安娜，当腓比斯消失

---

① Louise Labé, *Oeuvres*, in *Louise Labé, La Belle Rebelle et le François nouveau*, édité par Karine Berriot, Paris, Editions du Seuil, 1985, p. 383.

② Ibid. , p. 384.

时，狄安娜将取代他的位置出现在天穹。十四行诗 17 中，"我避开城市，教堂和所有地方"①，在这里，诗人向狄安娜看齐，因为根据狄安娜的神话，狩猎女神喜欢自然胜过城市。从上面对狄安娜的影射中，我们可以看出狄安娜的几个重要特征，她是月亮女神，她是腓比斯的姐姐，她生活在城市之外、森林中间，她拥有仙女们的陪伴。从这些描述中，我们可以看到一个无忧无虑的狄安娜形象，这一形象符合一个未被爱情所困扰的处女神形象。路易丝羡慕狄安娜的，正是狄安娜意志坚定，能够不被男性所诱惑，因而逃避了痛苦，不论是生产的痛苦还是她所经历的爱情的痛苦。因此路易丝才会为了熄火自己的爱火，将狄安娜作为自己的榜样，

> 为了熄灭这种欲望
> 为了让我的眼睛能看向别的地方
> 为了逃避这种爱情梦想
> 茂密而孤独的森林是我前行的方向②

去往森林，去往处女神所在的地方，逃脱爱情的束缚，成为陪伴狄安娜仙女中的一员，从此可以快乐生活，这就是路易丝的梦想。但是，在十四行诗 19 中，我们可以看到，诗人的这一梦想未能实现，

> 森林深处的狄安娜

---

① Louise Labé, *Oeuvres*, in *Louise Labé, La Belle Rebelle et le François nouveau*, édité par Karine Berriot, Paris, Editions du Seuil, 1985, p. 385.

② Ibid. .

在狩猎了许多动物后

正在纳凉，在仙女们的陪伴下

我边走边沉思，像往常一样

出乎意料，我听到一个声音

它把我呼唤，问道：受惊的仙女，

为什么你不去找狄安娜？

它看到我既没有弓，也没有箭袋

哦，伙伴，你路上遇到了谁

谁偷了你的弓和箭？

我告诉它，我攻击了一个路人

我向他射出我所有的弓箭却毫无作用；

他将弓箭集中在一起还击，

在我的身上出现成百上千的伤口①

　　这首诗可以被称为"狄安娜的十四行诗"，在这首诗中，女神狄安娜的名字明确出现，而且女神的名字被重复了两遍。这首诗将我们前面提到的所有与狄安娜相关的诗联系起来，仙女们和森林被重复提及。诗中描述了诗人在爱情的战争中遭遇滑铁卢，不知不觉就走向了森林深处，因为诗人潜意识中向往狄安娜不被爱情所扰的童贞状态，并将此作为自己的救赎。但诗人并没有去找狄安娜，因此才出现了如此的提问，"受惊的仙女，为什么你不去找狄安娜？"② 既然我如此向往狄安娜，"我"为何没有去找

---

① Louise Labé, *Oeuvres*, in *Louise Labé, La Belle Rebelle et le François nouveau*, édité par Karine Berriot, Paris, Editions du Seuil, 1985, p. 387.

② Ibid..

狄安娜？答案也许就在下文的诗句中。对我说话的人看到我既没有弓，也没有箭袋，弓箭是狄安娜形影不离的武器，也是狩猎女神的象征。失去了弓箭的"我"就失去了狩猎女神的象征，无法回到女神的身边。这里失去弓箭还有一层隐含的意义是"我"失去了初心：如同狄安娜那样不被爱情所惑、拒绝爱情引诱的童贞之心，因此我也无法回到狄安娜和她周围仙女们所代表的无忧无虑，每天唱歌跳舞、狩猎嬉戏的快乐生活状态。

（3）俄诺涅与美狄亚

路易丝在哀歌 3 中还提到了两位作为爱情受害者的女性，

> 帕里斯对俄诺涅的爱可谓激烈
>
> 但他的爱情却如同昙花一现
>
> 伊阿宋爱上了美狄亚
>
> 不久之后就将她驱逐出门
>
> 她们值得尊敬
>
> 她们被爱是因为她们付出了爱情①

路易丝将俄诺涅和美狄亚放在一起进行对比，是因为她们有共性。首先是她们都遇人不淑，她们的丈夫移情别恋，抛弃了她们。路易丝借她们来揭示爱情的不公，尤其对于女子而言。在《辩论》中也有相似的表述，"悲哀的是，她们常常遇人不淑：她们越爱对方，她们从对方那里得到的爱就越少……她们不像男人那样可以轻易与对方分手，因为离开一个人去开始新的爱情，用

---

① Louise Labé, *Oeuvres*, in *Louise Labé*, *La Belle Rebelle et le François nouveau*, édité par Karine Berriot, Paris, Editions du Seuil, 1985, p. 365.

新欢取代旧爱对于她们来说更难"①，俄诺涅和美狄亚的故事就是例证。帕里斯移情海伦，伊阿宋爱上了年轻美貌的公主格劳刻（Glaucé），于是俄诺涅和美狄亚被扫地出门。她们的遭遇引起了女诗人的共鸣，女诗人借她们来揭露男性的薄情寡性。其次，她们在爱情中具有积极主动的一面。她们不是风雅之爱或柏拉图爱情中消极的客体，她们主动付出爱情，因此她们值得尊敬。无论是俄诺涅与帕里斯相亲相爱，还是美狄亚为了伊阿宋不惜抛家弃国，她们都在用自己的方式表达爱情，如同路易丝用《作品集》来言情。最后，最重要的是，这两位女性身上承载了女性的复仇。俄诺涅有绝佳的医术和起死回生的灵药，却拒绝救治濒死的帕里斯，任其最终中毒死去。虽然她后来因后悔而殉情，但至少在她拒绝的那一刻，她报复了帕里斯的负心。美狄亚的复仇则更加血腥，为了报复伊阿宋，她不但杀死了伊阿宋移情的对象，还亲手杀死了她和伊阿宋所生下的两个孩子。俄诺涅和美狄亚的复仇使得她们摆脱了传统女性缄默臣服的形象，她们拥有了自己的意志，不惜用死亡来为自己错付的爱情复仇，用鲜血来洗刷自己所受到的侮辱。与路易丝同时代的让巴斯蒂安·德·拉佩卢斯（Jean Bastier de La Péruse）将美狄亚视为女性英雄，她用自己的罪行捍卫所有女性，她"教女性如何复仇"②。让巴斯蒂安·德·拉佩卢斯通过强调伊阿宋的负心和羞辱来消解美狄亚罪行无人性的特点。路易丝·拉贝将俄诺涅和美狄亚放在一起，通过她们揭示男性对女性的背叛，捍卫女性的尊严。

---

① Louise Labé, *Oeuvres*, in *Louise Labé, La Belle Rebelle et le François nouveau*, édité par Karine Berriot, Paris, Editions du Seuil, 1985, p. 343.

② Jean Bastier De La Péruse, *Médée*, Exeter, University of Exeter, 1985, p. 32.

（4）布莱德梦和玛菲莎

哀歌 3 中，路易丝还将自己塑造为女战士的形象，并将自己比作《疯狂奥兰多》中两位非常有名的女战士布莱德梦和玛菲莎，

你应该见过我身穿盔甲

手持长枪，弯弓射箭

我保持战斗的热情

策马飞奔

你也许会将我错认

布莱德梦或罗吉耶洛的妹妹玛菲莎①

与上文中的疯神、塞弥拉弥斯、阿拉克涅、狄安娜、俄诺涅与美狄亚不同，布莱德梦和玛菲莎并非古希腊罗马神话中的人物，她们仅仅是当时流行的传奇故事中的虚构人物。布莱德梦是查理曼阵营中最勇敢的女战士，她"武功和胆识不下于兄长瑞那多"②；玛菲莎也拥有"惊人的力气、矫捷的身手"③，她在"地中海沿岸以及叙利亚、巴勒斯坦一带是个无人不知、无人不晓，令人闻风丧胆的女勇士"④。她们俩都非常勇敢且武艺高强，具有正义感和荣誉感，对爱情忠贞不渝。尤其是布莱德梦，她为了营

---

① Louise Labé, *Oeuvres*, in *Louise Labé, La Belle Rebelle et le François nouveau*, édité par Karine Berriot, Paris, Editions du Seuil, 1985, p. 363.

② ［意］鲁多维奇·亚利欧斯多：《疯狂的奥兰多》，吴雪卿编译，吉林出版集团有限责任公司 2011 年版，第 11 页。

③ 同上书，第 125 页。

④ 同上。

救自己的爱人，不惜进行各种冒险。她们身上这些美好品质，通常是人们在骑士文学中赋予男性的品质，她们的男子气概使得她们不同于普通女子。将自己描绘成策马飞奔的女战士，通过布莱德梦和玛菲莎这两个当时流行的文学形象，路易丝赋予自己男性特征，"通过强调一些基本属于男性的完美品质，女战士的形象补全了热恋中女子的肖像"①。

路易丝究竟想要留下什么样的"热恋中女子的肖像"？通过她文本中这些女性形象，我们也许可以窥探一二。无论是希腊罗马神话中的人物疯神、塞弥拉弥斯、阿拉克涅、狄安娜、俄诺涅与美狄亚，还是文艺复兴时期文学作品中的虚构人物布莱德梦和玛菲莎，抑或是历史上的真实人物萨福，这些女性都跳出了寻常女性的范畴，摆脱了传统的女性缄默、臣服、消极被动的形象。她们身上或多或少体现出某些属于男性的品质或一种反抗的精神，有些甚至具有暴力性，不惜采用血腥手段来解决自己遇到的问题。路易丝突出这样一些特点相似的女性形象，用她们来构建自己在文章中的面具人物，无疑是出于女性主义的考虑。鉴于真实生活中女性的软弱和从属于男性的屈辱地位，路易丝所选取的自由解放的女性形象具有强大的号召性。

同时，这些女性也表达了女作家迫于社会习俗和社会压力无法明确宣之于口的诉求：女性与男性平等，男性尊重女性，男性承认女性的能力，女性有学习与写作的权利，女性有权报复伤害自己的男性等。通过这些形象，路易丝在自己身上实现了男性与女性、男子气与女人味的统一，热恋中的女子既是一个爱而不

---

① Daniel Martin, *Signe（s）d'Amante, l'agencement des Euvres de Louïze Labé Lionnoize*, Paris, Champion, 1999, p. 192.

得、满腹愁肠、悲春伤秋的小女子，也是一个自信、骄傲、具有男子气概的女战士，阴与阳矛盾地合二为一，热恋中的女子如同柏拉图笔下的阴阳人，回归了人类最初完美形态，这或许就是路易丝希望为我们刻画的完美女性形象。

第九章

作家的骄傲与女子的谦逊

第一节　法国文艺复兴时期的女性写作
——抗争与屈服的矛盾结合

文艺复兴时期，女性最为人褒扬的德行就是谦逊、缄默和顺从。关于文艺复兴时期女性的社会地位，学者们意见不一。乐观派如雅各布·布克哈特认为当时"女子和男子处于完全平等的地位……在上层阶级中间，对于妇女所进行的教育和对于男人所进行的教育基本上是相同的"[①]；悲观派如玛格丽特·金挖掘到"文艺复兴时期关于妇女的思考的一个坚硬土层：她们的角色是繁衍后代，家是她们的堡垒和监狱，她们的命运是无休止的针线活和纺线"[②]；中立派如大卫·赫尔利认为"虽然妇女的社会状况没有多大改变或改善，但在文艺复兴时期，妇女对自身的意识发生了

---

① ［瑞士］雅各布·布克哈特：《意大利文艺复兴时期的文化》，何新译，商务印书馆 2015 年版，第 428 页。
② ［美］玛格丽特·金：《文艺复兴时期的妇女》，刘耀春等译，东方出版社 2008 年版，第 3 页。

某种变化"①。以上论述根据视角的不同，都有其合理的一面。不可否认的是，欧洲的文艺复兴是女性地位得以提升的一段时期，一些特权阶级的女性——贵族和资产阶级女性——进入文化领域相比以往更容易一些。"16 世纪受教育的女性比以往任何一个世纪都多……很多证据都可以证明一些杰出女性可以接触文化"②。因此，一部分精英女性摆脱了传统女性角色，进入了原本只属于男性的公共文化领域——文艺复兴时期的女性主义萌芽正是诞生在这一领域。但我们无法就此认定两性获得了平等的教育权，"如果有人向我们描绘 16 世纪初一个男孩女孩接受同等教育的国度，那么这个国度一定只存在于想象中，它的名字就叫作'乌托邦'"③。文艺复兴给女性带来的最大改变正如大卫·赫尔利所说的"妇女对自身的意识发生了某种变化"，文艺复兴对于女性来说，是"一段意识觉醒的历史"④。

　　整个中世纪，女性没有个人的存在，她们的存在仅仅是作为家庭的一部分。家庭是她们活动的全部天地，她们存在的目的就是为了服务家庭和繁衍后代。人们要求她顺从，认为她们没有思考的能力，因而她们一生都被置于男性的监管之下，即所谓的"未嫁从父，既嫁从夫，夫死从子"。她们要保持贞洁，因为这关系到丈夫家族血缘的纯洁和继承人的合法性。她们被要求缄默，人们参照保罗在《新约》里对女性的要求来约束女性，"她们必

---

　　① ［美］玛格丽特·金：《文艺复兴时期的妇女》，刘耀春等译，东方出版社 2008 年版，第 3 页。

　　② Gisèle Mathieu-Castellani, *La quenouille et la lyre*, Paris, Librairie José Corti, 1998, p. 20.

　　③ Ibid. .

　　④ Evelyne Berriot-Salvadore, *Les femmes dans la société française de la Renaissance*, Genève, Librairie Droz, 1990, p. 479.

须穿着合体，她们要贞洁而且谦逊……她们必须保持缄默，完全顺从"①。到了文艺复兴时期，女性依然要面对以上这些三从四德式的要求，区别在于女性意识到了自己长时间以来被男性所剥夺的自由究竟让她们失去了什么。正如路易丝·拉贝在其作品集的卷首献辞中写道"既然男性严苛的法律不再阻止女性投身于知识和教育的时刻来临：我们女性曾无比渴望这可贵的自由，我认为我们中那些有条件的人应该利用这自由来进行学习：并向男性证明，他们剥夺了知识有可能给我们带来的好处与荣誉，这对我们是多么不公平"②。马德莱娜·德罗什（Madeleine des Roches）也揭露了男性和女性在社会分工上的不公平，她在给女儿的书信中抱怨道，"有违常理和公平"③ 的习俗总是赋予男性特权，使得他们将最好的东西——"思想的快乐"——保留给自己。"不公平"，这正是文艺复兴时期知识女性的觉悟。她们开始意识到，女性地位的低下是男性造成的，并非女性的自然缺陷。克里斯蒂娜·德·皮桑认为如果女性能够接受与男性同等的教育，她们也能做男性会做的所有事情，甚至比男性更加出色。她在《妇女城》中写道，"如果人们一直以来都把女儿像儿子一样送去上学，教她们自然知识，她们会和儿子学得一样透彻，一样出色地理解所有技艺和知识的奥秘。事实上，她们或许会比他们理解得更好……因为……正如女人的身体比男人的精致……因此她们的头脑也更自由和敏锐"④。

---

① Y. Rédalié, *Les épîtres pastorales*, Genève, Labor et Fides, 2008, p. 336.

② Louise Labé, *Oeuvres complètes*, Paris, GF Flammarion, 2004, p. 41.

③ Madeleine et Catherine des Roches, *Les oeuvres de MesDames Des Roches de Poetiers, mère et fille*, Paris, Albel l'Angelier, 1579, p. 7.

④ ［美］玛格丽特·金：《文艺复兴时期的妇女》，刘耀春等译，东方出版社 2008 年版，第 229 页。

在法国，这种女性意识的觉醒发生在文艺复兴时期并非一种巧合，而是有其深刻的历史背景。首先从政治上说，文艺复兴时期是法国历史上唯一一个女性掌权者集中的时期——伊莎博·德·巴威尔（Isabeau de Bavière）、安娜·德·法朗士（Anne de France）、安娜·德·布列塔尼（Anne de Bretagne）、路易丝·德·萨瓦（Louise de Savoie）、凯瑟琳·德·梅迪奇（Catherine de Médicis）、玛丽·德·梅迪奇（Marie de Médicis），她们无论是否拥有摄政的头衔，都独自或与当时的国王一起掌握政权。她们的出现有力地反驳了传统上认为女性没有思考能力，应被置于男性监管下的观点。其次，"女性之争"发展到 16 世纪，男性阵营出现了分裂，一部分男性文人为了拥护他们的女保护人，或为了帮助他们的女性朋友、亲人或爱人，采取了支持女性的立场。比如 1555 年弗朗索瓦·德·比翁（François de Billon）在巴黎出版了《女性荣誉坚不可摧》一书，他坚决站在支持女性的立场上，认为男性和女性拥有"同样的灵魂，以至于灵魂没有性别之分。女性拥有和男性相同的理解力、理智、语言形式，两者都同样地渴望幸福"[1]。再次，印刷术的发展降低了书籍的成本，促进了书籍的流通。"文艺复兴时期印刷术的发明和书籍的大量发行使得精英女性能够超越两性之间在教育方面的鸿沟，并促使她们在这几十年间以一种惊人的方式打破了男性在公众表达上由来以及的垄断"[2]。最后，女性作家出版物的增加使得她们的思想得以传播到社会各阶层，并得到其他女性的认同，她们也为其他女性树立起独立、自

---

[1]　François De Billon, *Le Fort inexpugnable de l'honneur du sexe feminine*, Paris, Jean d'Allyer, 1555, p. 12.

[2]　Eliane Viennot, «Ce que l'imprimerie changea pour les femmes?», in *Revue de la BNF*, N°3, 2011, p. 18.

由、解放的女性形象。这些女性作家，比如玛格丽特·昂古莱姆、路易丝·拉贝和德罗什母女——马德莱娜·德罗什和凯瑟琳·德罗什（Catherine des Roches），她们的诗歌"在某些方面都达到了那个伟大诗歌时代的最高水平，她们跻身于莎士比亚、斯宾塞、杜·贝莱和塔索之列"①。

在这样的历史背景下，从"蒙昧"的中世纪走出来的法国现代女性意识到两性分工的不公，意识到自己在社会中的边缘性地位，意识到自己的女性身份及其给自己带来的诸多不便，开始有意识地对此进行抗争，她们要推翻男权社会强加给她们的无知和缄默形象。

文艺复兴时期的法国女性非常清晰地表达了自己的要求：面对男性对知识的垄断，她们最迫切的要求就是学习的权利。凯瑟琳·德罗什在作品中通过"爱抱怨的塞维尔"证明了无知的妻子会给丈夫带来无尽的麻烦。在她看来，女性教育的障碍不在于自然性别，而是社会习俗的障碍。因此她非常狡黠地表明让女性受教育符合男性的利益，因为如果妻子是一个"愚妇"的话，她就无法"给丈夫带来荣耀"②。她们拥有一种可怕的直觉：当代法国著名的女性主义学者凯瑟琳·克莱芒（Catherine Clément）和埃莱娜·西苏（Hélène Cixous）认为女性走出传统角色的方法就是"女性进行写作"，并且"在写作中展现女性特征"③，文艺复兴时期的女性在 400 年前就提出了同样的建议——用写作来进行抗

---

① ［美］玛格丽特·金：《文艺复兴时期的妇女》，刘耀春等译，东方出版社 2008 年版，第 283 页。

② Madeleine et Catherine des Roches, *Les oeuvres de MesDames Des Roches de Poetiers*, *mère et fille*, Paris, Albel l'Angelier, 1579, p. 35.

③ H. Cixous, C. Clément, *La Jeune Née*, Paris, U. G. E. , 1975, p. 170.

争。路易丝·拉贝在她的女性主义宣言中除了建议女性应该学习，还建议女性进行写作，"如果我们中有人足够出类拔萃，能够用写作来表达自己的思想，那么她应该细心地去进行创作，接受写作带来的荣誉，用这种荣誉而不是项链、戒指和锦衣华服来装扮自己：因为后者并不是我们的，我们仅能使用它们。知识给我们带来的荣誉才完全属于我们，无论是窃贼的花招、敌人的武力还是漫长的时光，没有人能将它从我们这里夺去"[①]。

　　文艺复兴时期的女性写作具有特殊的意义。首先，写作这一行为本身就是一种抗争，女性要求写作的权利打破了既定社会分工。根据传统，写作和进行思考是男性的特权，"笔"和"竖琴"是男性的象征，"纺锤"和"线"才是女性应当操持的工具。当女性放下"纺锤"，拿起"笔"，这一行为本身就颠覆了传统的女性角色。其次，女性追求作家身份也是对传统女性身份的反抗。"思想家们按照男人的世俗活动定义男人，但他们却按照妇女的性角色来界定妇女"[②]，因此女性的身份除了修女外，"女儿、母亲和寡妇；少女、主妇和老妪，这就是包围着妇女的各种可能性"[③]。女性追求写作带来的荣誉，因为写作可以让"那些没有贵族头衔的女性能够拥有女作家的头衔"[④]，一种除了性别角色之外的作家身份。再次，女性写作也驳斥了女性在智力上低于男性的论断，证明了在知识和文化领域上，女性和男性有相同的能力。比如凯

---

① Louise Labé, *Oeuvres complètes*, Paris, GF Flammarion, 2004, p. 41.

② ［美］玛格丽特·金:《文艺复兴时期的妇女》，刘耀春等译，东方出版社 2008 年版，第 30 页。

③ 同上书，第 31 页。

④ Michèle Clément, «Nom d'auteur et identité littéraire: Louise Labé Lyonnaise. Sous quel nom être publiée en France au XVIe siècle?», in *Revue RHR-Réforme*, *Humanisme*, *Renaissance*, N°75, 2010, p. 75.

瑟琳·德罗什要求写下她的所思所想，而不是所见所闻，"也就是说她确认女性有进行文学创作的智力能力"①。最后，文艺复兴时期的女性不仅要求学习知识、进行写作的权利，她们还勇敢地出版以她们自己名字署名的作品。以出版为目的的女性写作打破了女性传统的缄默，在历史上留下了属于女性的足迹。2013 年出版的《女性创作者大辞典》中记录了法国 16 世纪 44 位进行文学活动的女性，她们的作品以印刷品或手稿的形式流传至今。

女性通过写作，在历史上留下属于女性的声音，揭露了男性对女性的压迫。比如凯瑟琳·德罗什就曾写道，"写作的男子不胜枚举，但从事写作的女子却屈指可数"②，而且人们并不"尊敬那些富有美德的知识女性，相反，男人对她们冷嘲热讽"③。马德莱娜·德罗什相信知识能够改变女性的命运，却只能辛酸地说，"我们的父母们有如此恶习/为了剥夺我们思考的权利/将我们关在家里/让我们拿着纺锤而不是笔"④。再比如玛格丽特·德·纳瓦尔在诗中写道，"当我想开口说话/落入我口中的，是那苦涩难咽的果实"⑤。作为女性，她已经预感到违背了男性对女性缄默的要求后，她所要面对的疾风暴雨。女性，即使是身份高贵的王后，也得默默吞下打破女性缄默形象后的苦果。

---

① Evelyne Berriot-Salvadore, *Les femmes dans la société française de la Renaissance*, Genève, Librairie Droz, 1990, p. 460.

② Madeleine et Catherine des Roches, *Les oeuvres de MesDames Des Roches de Poetiers, mère et fille*, Paris, Albel l'Angelier, 1579, p. 53.

③ Madeleine et Catherine des Roches, *Les secondes Oeuvres*, Poictiers：Nicolas Courtoys, 1583, p. 49.

④ Madeleine et Catherine des Roches, *Les oeuvres de MesDames Des Roches de Poetiers, mère et fille*, Paris, Albel l'Angelier, 1579, p. 2.

⑤ Marguerite de Navarre, *Miroir de l'ame pécheresse*, Alençon, Simon du bois, 1531, p. 4.

　　16 世纪的男性作家们对博学的女性赞誉有加，最著名的例证就是拉伯雷在《巨人传》中热情赞颂的新时代，"妇女和少女们渴望获得赞美和真知所带来的好处"①。男性作家们在名女目录和女性作品录中盛赞从古代到现代的杰出女性②。这些是否表明女性在文艺复兴时期取得了文化上的解放？答案是否定的。

　　第一，并非所有的女性都能接触知识和文化。公主和贵妇有权利接受教育，但让出生低微的女子去识文断字在当时是不被认同的，正如弗朗索瓦·德·比翁所揭露的，"出生低微的女性，当她们培育她们的知识花园时，她们只能偷偷摸摸，冒着触犯父亲禁令的危险"③。阿格里帕·多比涅（Agrippa d'Aubigné）的观点也具有代表性，他在给女儿们的一封信中说道"我不批评你们想和你们的兄弟一起学习的渴望；我对此既不反对也不鼓励，虽然从内心深处讲我更倾向于反对"④。他在介绍了一系列博学女性后，建议他的女儿们不要追求知识，因为知识"对于你们这种中等阶层的小姐来说几乎毫无用处"⑤，而且当她们成为母亲后，要知识何用？"当夜莺有了雏鸟，它的歌声也将停息。"⑥ 其次，女性所能学习的知识要经过男性的筛选。维夫斯（Vives）在其关于女性教育的论文中建议女性的教育和阅读应当限于圣经和神父们的作品。蒙田喜欢结交美丽的知识女性，但他也认为女性能够有所作为的领域仅限于诗歌和历史。最后，男性施舍女性学习机会

---

　　①　Rabelais, *OEuvres complètes*, Paris, Garnier, 1962, p. 260.

　　②　Perouse G. A. , *Nouvelles françaises du XVh siècle*, Genève, Droz, 1977, p. 415.

　　③　François De Billon, *Le Fort inexpugnable de l'honneur du sexe feminine*, Paris, Jean d'Allyer, 1555, p. 34.

　　④　Agrippa D'AUBIGNé, *Oeuvres*, Paris, Gallimard, 1969, p. 851.

　　⑤　Ibid. .

　　⑥　Ibid. , p. 854.

的目的也是从男性角度出发，为了男性的利益。维夫斯认为女性
学习知识不是为了获得知识本身，而是为了"赋予年轻女子美
德，让她能更好地履行她作为妻子和母亲的责任"①。这就是文艺
复兴时期女性教育的目标，知识女性也没有任何社会身份，她的
存在仅仅是作为其丈夫的"美丽装饰"②。

　　第二，女性接触文化已然是障碍重重，如果她们想提笔著
述，追求作家的身份就更加困难，"文学冒险对于女性来说充满
危险"③。女性的自然角色要求她缄默而不是发声，要求她隐藏自
己而不是展露自己，因此女性写作是对她自然角色的一种违背。
如果她们想让自己的作品面对读者，那她们就有可能被人视为
"公众人物"，这就是她们所处时代的社会期待视野。人们会对女
性作家形象进行丑化，认为她们侵犯了男性的领地，是不男不女
的怪物：如果女性超越了传统女性的角色，"她们就成了女人绝
不能成为的东西：她们变成了男人，并把男人变成女人"④，克里
斯蒂娜·德·皮桑自己也承认为了让人们听见她作为作家的声
音，她得"变身"⑤为男人；人们还会对她们进行有罪推论，认
为她们是妓女，不守妇道，因为她们跳出了男性给她们规定的活
动领域——家庭。"那些在理想或命运推动下采取亚马孙人角色，
擅自跨入男人的文化领域与社会领域的妇女，背负着淫乱或非法

---

　　①　Madeleine Lazard, «Protestations et revendications féminines dans la littérature française du xvie siècle», in *Revue d'Histoire littéraire de la France*, 91ᵉ Année, N°6, 1991, p. 861.

　　②　Ibid..

　　③　Béatrice Alonso, *Louise Labé ou la lyre humaniste: écriture feminine, écriture féministe*, Lyon, Université Lumière Lyon 2, 2005, p. 7.

　　④　[美] 玛格丽特·金：《文艺复兴时期的妇女》，刘耀春等译，东方出版社 2008 年版，第 245 页。

　　⑤　Evelyne Berriot-Salvadore, *Les femmes dans la société française de la Renaissance*, Genève, Librairie Droz, 1990, p. 476.

性交的恶名"①，许多女性作家因此被冠上了交际花的名头。比如被
历史学家帕拉登盛赞为如同"两颗光芒四射的星辰冉冉升起，两个
高贵而贞洁的灵魂如花般绽放"② 的里昂女性诗人路易丝·拉贝和
贝尔奈特·德·基约，前者在出版作品集不久之后，被编入一首淫
词小调《里昂美丽的制绳女新歌》，从此人们给路易丝·拉贝的别
名"美丽的制绳女"添上了色情的内涵。不堪侮辱的女诗人从此隐
居乡间，自唯一的《作品集》出版后再无只言片语流出。后者贝尔
奈特·德·基约的《诗集》是其身后由其丈夫整理出版，但即使如
此，她也未能逃脱恶名。在另一位著名历史学家克劳德·德·鲁比
笔下，德·基约成为"一个修道院院长和修道士们的胯下坑物"③。
甚至地位高贵的纳瓦尔王后，她的作品依然没有逃脱索邦大学学
者们严厉的指责，他们认为她秉持了一种异端邪说④。

第三，女性的家庭责任让她们没有安静的写作时间和空间。
"她们非常忙碌；日出而作，她们需要监督男仆和女佣，支付各种
费用，在教堂花费许多时间……"⑤ 她们没有完全属于自己的时间，
更勿论"自己的房间"⑥。玛丽·德·罗米厄（Marie de Romieu）
在给哥哥的信里说道，"我给您寄的信，乃是我匆忙之作，因为我

---

① ［美］玛格丽特·金：《文艺复兴时期的妇女》，刘耀春等译，东方出版社 2008 年版，第 246 页。

② Guillaume Paradin, *Memoire de l'Histoire de Lyon*, Lyon, Antoine Gryphius, 1573, p. 355.

③ Claude De Rubys, *Histoire veritable de la ville de Lyon*, Lyon, Bonaventure Hugo, 1604, p. 2.

④ P. G. CASTEX, *Manuel des études littéraires françaises*, *XVIe siècle*, Paris, Hachette, 1966, p. 6.

⑤ René Doumic, «La Femme au temps de la Renaissance», in *Revue des Deux Mondes*, 1898, p. 922.

⑥ ［英］玛丽·伊格尔顿：《女性主义文学理论》，胡敏等译，湖南文艺出版社 1989 年版，第 10 页。

忙于家务，没有时间（像您献身给缪斯一样）用来从事这美丽而神圣的事情——写作"①。男性可以光明正大地将时间献给缪斯，而女性的大部分时间都要忙于家务，写作只能匆匆忙忙。马德莱娜·德罗什有一种被撕裂感，她必须在她对写作的热爱和作为妻子的责任之间进行艰难的选择："我希望在书简中徜徉/我的痛苦渴望书页的舒缓/但总有琐事将我打断/提醒我需要将自己的职责承担。"② 家务是女性的职责，女性只能在完成家务之外的时间里去进行创作。

由此可见，女性写作的道路并非一条坦途。尽管如此，女性仍然无法放弃写作，因为"写作的欲望可以战胜一切软弱和犹豫"③。路易丝·拉贝在《疯神与爱神的辩论》中写道，"仅次于爱情最大的乐趣，就是描绘爱情"④，因为写作可以让她重温过去的美好时光，从而让她获得双倍的快乐。剥夺女性在文学上的野心，就是夺走了她们"心灵得以休憩的快乐"⑤。马德莱娜·德罗什也坦然承认，"我爱写作胜过纺纱织布"⑥。她们通过写作获得从前被男性剥夺了的乐趣，通过写作对她们的女性角色提出质疑，因为"知识的获取和应用可以让她们逃离用两个词语就可以总结的传统使命——服务与缄默"⑦。

---

① Marie De Romieu, *Premières Oeuvres Poétiques*, Paris, Lucas Breyer, 1581, p. 4.

② Madeleine et Catherine des Roches, *Les oeuvres de MesDames Des Roches de Poetiers, mère et fille*, Paris, Albel l'Angelier, 1579, p. 3.

③ Evelyne Berriot-Salvadore, «Les femmes et les pratiques de l'écriture de Christine de Pisan à Marie de Gournay», in *Bulletin de l'Association d'étude sur l'humanisme, la réforme et la renaissance*, N°16, 1983, p. 64.

④ Louise Labé, *Oeuvres complètes*, Paris, GF Flammarion, 2004, p. 76.

⑤ Madeleine et Catherine des Roches, *Les oeuvres de MesDames Des Roches de Poetiers, mère et fille*, Paris, Albel l'Angelier, 1579, p. 16.

⑥ Ibid., p. 30.

⑦ Evelyne Berriot-Salvadore, «Les femmes et les pratiques de l'écriture de Christine de Pisan à Marie de Gournay», in *Bulletin de l'Association d'étude sur l'humanisme, la réforme et la renaissance*, N°16, 1983, p. 65.

　　法国文艺复兴时期的女性通过写作，通过出版自己的作品、构建女性作家身份进行抗争。她们要求获得知识的权利，并且不再将这种权利看作男性的施舍，而是将其看作一种长期以来被男性剥夺了的权利。这是女性前进的一大步，说明她们开始真正意识到女性身份地位，并对由来已久的性别等级以及两性不平等的分工产生了质疑。

　　但是，面对社会的不公和人们对女性出版物的审查，女性作家被迫在道德审判台前为自己的创作进行辩护，用一系列的叙述和出版策略将自己武装起来。

　　第一，她们要展现出必要的谦虚，以符合男性对她们谦逊的要求。她们会采取一种自我贬低的态度，比如路易丝·拉贝称自己的作品为"微不足道的作品"①；让娜·弗洛赫（Jeanne Flore）在她作品的献辞中请求读者原谅她语言的粗陋，"这是女性的作品，出自女性的作品通常都未经很好的润色"②；玛格丽特·德·纳瓦尔提醒读者注意，"当您读到这一作品/请您留意它的内容/原谅它节奏和语言上的缺陷/因为它出自女性之手/科学和知识，她一概没有"③。在贝尔奈特·德·基约的笔下，她的爱人"拥有上天赐予的所有天赋"④，而她却几乎"胸无点墨"，因此她请求她的爱人"将你广博的知识借给我/这样我就能像你赞美我一样盛赞你"⑤。女性写作中所体现出来的这种谦逊，"这种自我贬低

---

①　Louise Labé, *Oeuvres complètes*, Paris, GF Flammarion, 2004, p. 115.

②　Jeanne Flore, *Contes amoureux*, Lyon, Presses universitaires, 1980, p. 97.

③　Marguerite de Navarre, *Miroir de l'ame pécheresse*, Alençon, Simon du bois, 1531, p. 1.

④　Pernette Du Guillet, *Rymes de gentile et vertueuse dame Pernette du Guillet*, Lyon, Jean de Tournes, 1545, p. 10.

⑤　Ibid. , p. 12.

部分是习惯性的——对男人和女人来说都是如此。但女性人文主义者尤其卑屈，她们采取的这种被动姿态，是她们在人文主义文化领域的不平等角色所要求的"①，这样可以降低她们将来受到口诛笔伐的风险。这一谦逊的态度也表现出她们在自己语言、知识方面的不自信，反映出女性现实中低人一等的社会地位。

第二，她们需要为自己的创作动机进行辩解。她们会表明她们写作的目的是避免无所事事，因为在男性看来，"无所事事——这一点对所有人都有害，但对女人尤甚"②。凯瑟琳·德罗什在诗中写道，"我从未因写作抛开我的毛线团……我仅仅想向您展示我是如何打发我的闲暇时光，谦逊地请求您接受我微不足道的作品"③。对于路易丝·拉贝来说，写作是她"规规矩矩打发时间、避免无所事事的方式"④。在《疯神与爱神的辩论》中，她将一些女性进行创作的动机归因于为了取悦男性，"有一些女士，为了取悦她们的诗人朋友，放下了她们的针线筐和针线活，拿起了笔和书"⑤。为了证明自己并非不务正业，凯瑟琳·德罗什甚至为后世树立了文艺复兴时期手中同时紧握着纺锤与笔杆的传统女性作家形象，"亲爱的纺锤/我承诺发誓我会永远爱你……有你在我身边，我会更加安心/胜过笔墨触手可及/因为只有你才能将别人对我的侮辱洗净/纺锤，我的朋友/我是如此尊重你爱你/但我有时却无法放下手中的笔/我会用它写下对你的赞美，我亲爱的纺锤/

① ［美］玛格丽特·金：《文艺复兴时期的妇女》，刘耀春等译，东方出版社 2008 年版，第 280 页。

② 同上书，第 216 页。

③ Madeleine et Catherine des Roches, *Les oeuvres de MesDames Des Roches de Poetiers, mère et fille*, Paris, Albel l'Angelier, 1579, p.54.

④ Louise Labé, *Oeuvres complètes*, Paris, GF Flammarion, 2004, p.43.

⑤ Ibid., p.100.

我的手中紧握着纺锤与笔"①。女性的文学天赋不仅不会让她蔑视"纺锤",而且可以让她更好地歌颂"纺锤"。从克里斯蒂娜·德·皮桑到玛丽·德·古尔奈,没有一个女性作家认为女作家的身份可以让她们免予履行家庭主妇的责任,因此她们都否认自己因为文学才华而忽视了她们的家庭义务。

第三,她们会在作品中提到自己思想或文学上的良师益友,这些人起到了监护人的作用。以路易丝·拉贝为例,她作品集的卷首献辞题目为《献给里昂的克莱曼丝·德·布尔日小姐》,在献辞中她以自己为例,号召克莱曼丝·德·布尔日(Clémence de Bourges)和里昂的女士们利用男性赋予女性难能可贵的自由来进行学习和写作。德罗什母女则采用了另外一种办法,她们通过将各自的作品混在一起出版来互相担保,即母亲为女儿的品行担保,女儿证明母亲的名誉。马德莱娜·德罗什在给女儿的信中写道,"我亲爱的女儿,我知道恭敬、爱情和贞洁不足以让你在没有我的陪伴下出现在印刷商的书页中……所以让我们像我们一直以来那样联合起来,一起前进,让我们祈求上天,希望它能关照我们俩人的作品、思想和语言,让我们能够免予那些流言蜚语"②。

第四,她们的署名体现出属于女性才有的特征。女性作者的署名会遇到双重阻力,"学术上的阻力和道德上的阻力"③,一方面是漫长的男性学术传统反对女性的介入,另一方面是写作和出

---

① Madeleine et Catherine des Roches, *Les oeuvres de MesDames Des Roches de Poetiers*, *mère et fille*, Paris, Albel l'Angelier, 1579, p. 122.

② Madeleine et Catherine des Roches, *Les secondes Oeuvres*, Poictiers, Nicolas Courtoys, 1583, p. 1.

③ Michèle Clément, «Nom d'auteur et identité littéraire: Louise Labé Lyonnaise. Sous quel nom être publiée en France au XVIe siècle?», in *Revue RHR-Réforme*, *Humanisme*, *Renaissance*, N°75, 2010, p. 76.

版作品使得一位女性成为公共人物，"公共女性"，女性作家要面对道德的审判和可能对她不贞洁的指责。对比当时男性和女性出版物的封面，我们可以发现，男性作家的署名通常由姓和名组成，很少会添加头衔或尊称。女性作家的署名则正好相反，她们署名的前后通常会围绕着一些修饰语，比如"里昂贞洁而优雅的女士贝尔奈特·德·基约"，"虔诚的基督徒，法国的公主玛格丽特，纳瓦尔王后"，"高贵而能干的夫人，玛丽·德·克雷福（Marie de Clèves）夫人"，或者至少有"夫人""小姐"等修饰语。如同"女子外出不戴头罩是为逾矩"① 一样，用修饰语对姓名加以包装是为了减轻女性姓名单独出现时的突兀感。少见的特例如路易丝·拉贝，她的署名是"里昂人路易丝·拉贝"，虽然她没有在署名上添加"夫人"这一称号，但她的署名也用"里昂人"加以包装，从而将作家与其所出生和生活的城市——里昂联系起来，城市的伟大和光辉成为女性作家的保护伞。

第五，她们在作品中表现出一种对男性的臣服。玛格丽特·德·纳瓦尔在作品《七日谈》中公开表现自己的女性主义立场，揭露了男性为了让女性顺从所采取的各种严厉手法和女性所承受的各种形式的暴力，但她并没有试图推翻这一切，甚至她通过作品的女主人公之一承认，"男性作为领导进行统治是有道理的"②。骄傲如路易丝·拉贝，在她作品集的卷首献辞中号召女性们能够"将思想提升到纺锤和锭子之上"③，表示希望看到女性们"在科

---

① Evelyne Berriot-Salvadore, «Les femmes et les pratiques de l'écriture de Christine de Pisan à Marie de Gournay», in *Bulletin de l'Association d'étude sur l'humanisme, la réforme et la renaissance*, N°16, 1983, p. 60.

② Pierre Jourda, *Conteurs français du XVIe siècle*, Paris, Gallimard, 1971, p. 960.

③ Louise Labé, *Oeuvres complètes*, Paris, GF Flammarion, 2004, p. 42.

学和美德上能够与男性争锋”，却也承认女性“生来不是为了领导的”。马德莱娜·德罗什承认，“我知道我粗糙的诗句体现了女性的本质，它们拒绝艺术，因为艺术是属于男性的”①，马德莱娜·德罗什拒绝将她的诗歌归于艺术，因为艺术是男性的领域，她的诗歌仅仅是她真实情感的宣泄，无法进入艺术的殿堂。

总而言之，女性在写作和出版时所采取的这一系列技巧和策略，充分说明女性已经意识到她们追求作家身份所面临的困难和男性对她们的责难。她们不得不表现出谦逊和顺从的一面，这是女性的一种自我保护。但她们的屈服是为了更好地进行斗争，事实上，当她们拿起笔的那一刻，她们斗争的号角就已经吹响。

第二节 《作品集》中的双重叙述

路易丝《作品集》的创作正是处于这样一个大的社会背景之下。她在文本的撰写中也使用了一些以自我保护为目的的女性叙述策略，她的作品体现出非常明显的双重叙述——女性身份“谦逊的陈述”与作家身份“骄傲的陈述”。这种双重叙述清晰地揭露了男权制社会中女性作家的困境。

路易丝《作品集》的卷首献辞就是一篇充满张力的女性主义宣言，首先它体现出路易丝对于自己作家身份的骄傲，她号召女性们“能够将思想提升到纺锤和锭子之上”②，去追求“知识有可

---

① Madeleine et Catherine des Roches, *Les oeuvres de MesDames Des Roches de Poetiers, mère et fille*, Paris, Albel l'Angelier, 1579, p. 29.

② Louise Labé, *Oeuvres*, in *Louise Labé, La Belle Rebelle et le François nouveau*, édité par Karine Berriot, Paris, Editions du Seuil, 1985, p. 282.

能给我们带来的好处与荣誉"①。她认为长期以来男性拒绝女性进
入知识的圣殿对女性来说非常不公平，希望出类拔萃的女性能够
用写作来表达自己的思想，"接受写作带来的荣誉"②。但同时，
路易丝也不得不展现出人们期待女性拥有的谦逊和腼腆，她将自
己的作品贬低为"粗糙而且结构混乱的作品"③。她鼓励女性去追
求写作带来的荣誉，却表明写作于自己仅是打发时间的方式而
已，"对于我来说，不论是我记录下我年轻的时光还是我最近将
它们重温，无他，我仅仅是想找一个有价值的打发时间、避免无
所事事的方式而已"④。她表明出版自己的作品也并非自愿，而是
一种无奈之举，"我本无意让别人看到这些作品。但我的几位朋
友在我不知情的情况下读到了它们（我们是多么容易相信那些称
颂我们的人啊），他们说服我应该将它们出版，我不敢拒绝他们，
但我威胁他们我会让他们承担此举将给我带来的一半耻辱"⑤。在
这里，路易丝构建了两种女性人格，一个是"我"所期望的、追
求写作带来荣誉的骄傲女性形象，另一个是"我"——实际进行
写作实践却自我贬低的女性形象。"我"与"我"所呼吁的"女
士们"处于对立面，似乎"我"并非"女士们"中的一员，因为
"我"已经不是单纯的女性，而是拥有作家身份的女性。这种作
家身份给"我"带来的不仅是荣誉，也有耻辱，所以"我"为了
降低被口诛笔伐的风险，不得不用谦逊的态度来伪装自己。

---

① Louise Labé, *Oeuvres*, in *Louise Labé, La Belle Rebelle et le François nouveau*, édité par Karine Berriot, Paris, Editions du Seuil, 1985, p. 282.

② Ibid. .

③ Ibid. , p. 284.

④ Ibid. , p. 283.

⑤ Ibid. .

《辩论》中路易丝一方面宣扬写作的乐趣，"仅次于爱情最大的乐趣，就是谈论爱情"①。她借墨丘利之口说出了写作对于女性的重要性，"她们越是抗拒爱情，她们就陷得越深。她们将理智拒之门外。所有她们曾经恐惧的东西都不再让她们害怕。她们放下女性的活计。纺纱、缝纫、刺绣都抛弃，她们要学习如何打扮自己，然后出席教堂活动、聚会和宴会，希望能偶遇她们所爱的人。她们拿起笔和诗琴：写下并歌唱她们的激情：她们乐此不疲，以至于有时她们抛开了父亲、母亲、丈夫、孩子，完全沉浸在自己的内心世界中。世界上没有什么比作为一个女人受到的限制还多：但如果她想表现自己的感情，她就什么也不顾"②。在路易丝看来，写作几乎是陷入爱恋中的女性必不可少的表达方式，是让女性能够为之抛弃一切、乐此不疲的事情。写作也是女性打破社会对女性束缚的一种方式，可以让女性不顾社会对她诸多的限制，写作承载着女性的自由。但这种骄傲的、自由的女性形象却被路易丝自己拉下了圣坛，"有一些女士，为了取悦她们的诗人朋友，放下了她们的针线筐和针线活，拿起了笔和书"③，路易丝如此解释女性进行写作的动机。路易丝不得不为女性作家的写作目的进行辩解，并将其归因于男性身上。女性违背男性的禁令进行创作的最终目的是取悦她们的男性朋友，正如她不得不出版自己的作品，其原因是不愿让自己的男性朋友们失望一样。

《歌集》中这种时而明确反抗，时而屈服的矛盾叙述也体现

---

① Louise Labé, *Oeuvres*, in *Louise Labé*, *La Belle Rebelle et le François nouveau*, édité par Karine Berriot, Paris, Editions du Seuil, 1985, p. 320.

② Ibid. , p. 343.

③ Ibid. , p. 346.

得非常明显。在哀歌 1 中，"我"告诉读者是太阳神和诗歌之神腓比斯让我写作，

> 腓比斯，诗歌的朋友
>
> 从前未曾许我作诗
>
> 但现在他神圣的迷狂
>
> 用炙热将我勇敢的心填满
>
> 他让我歌唱
>
> ……
>
> 他交付给我的诗琴
>
> 曾吟唱着莱斯波斯岛的爱情
>
> 现如今，它又将为我的爱情而哭泣①

不论是象征男性诗人的俄耳甫斯，还是象征女性诗人的萨福，他们一边弹奏诗琴，一边歌唱的形象已经深入人心，诗琴从而成为诗歌的象征。路易丝将其创作诗歌的天赋归因于诗歌之神腓比斯，她进行诗歌创作来自神灵的启示，这充分展现了她对自己作家天赋和诗人才华的自信。在十四行诗 13 中，诗琴更是成为"我"的同伴，

> 诗琴，我不幸的同伴
>
> 我怨言无可非议的见证
>
> 你忠实地记录了我的悲伤

---

① Louise Labé, *Oeuvres*, in *Louise Labé, La Belle Rebelle et le François nouveau*, édité par Karine Berriot, Paris, Editions du Seuil, 1985, p. 353.

你常常和我一起哀叹①

　　"我"与诗为伴，提笔将自己的怨言写下，笔尖下流淌的哀伤让诗琴与"我"一起悲叹。写作对于"我"来说如此重要，以至于，

当我的灵魂再不能表现爱的信号
我请求死神为我最明亮的白昼拉上黑幕②

　　写作变成与生命同等重要的事情，结合《辩论》中墨丘利的说辞，我们可以看出路易丝对作家身份的执着。在哀歌 3 中，"我"邀请里昂的女士们阅读"我的这些作品"，作者在名词"作品"前不但运用了指示形容词"这些"，还使用了主有形容词"我的"，强调作品的所属，体现了作者对自己作品的骄傲。不过路易丝也没有忘记自谦，在同一首哀歌中路易丝写道，

哦，里昂的女士们，当你们读到
我这些写满爱情琐事的作品时
当我用拙劣的曲调
吟唱我的悔恨、烦恼、怨恨和泪水
请不要指责我的天真③

---

　　① Louise Labé, *Oeuvres*, in *Louise Labé*, *La Belle Rebelle et le François nouveau*, édité par Karine Berriot, Paris, Editions du Seuil, 1985, p. 381.
　　② Ibid., p. 382.
　　③ Ibid., p. 362.

除了明显带有贬义的词"拙劣"和"天真"外，路易丝强调自己的作品写的都是"爱情琐事"也是一种谦辞。16 世纪，一些比较严肃的学科，哲学、科学、医学和法学等依然是男性的天下，女性即使能够接触文化、进行文学创作，也往往以歌唱爱情风花雪月的抒情诗歌创作为主。蒙田的观点就比较有代表性，"读诗写诗是最适合她们的消遣；因为诗是一种活泼调皮而又微妙精细的艺术，是语言和装饰的艺术，它充满了乐趣和自我的展现，如同女人本身"①。路易丝在这种适合女性消遣的艺术形式中谈论"爱情琐事"，意图在于剥夺自己作品的严肃性，以免因为触及男性给自己划分的艺术自留地而受到过多的指责。

"对于一个女性来说，反对无数世纪以来形成的传统并非一件容易的事情，因此她的作品集有时会体现出一种卑躬屈膝的叙述姿态"②，但这种谦逊的态度只是一种自我保护，它的背后隐藏的是路易丝作为女性作家的骄傲。因为如果路易丝真的自甘卑微的话，她就不会出版自己的作品集，或者匿名出版自己的作品集，这样才符合当时社会对女性谦逊、缄默和顺从的要求。但路易丝并没有这么做，她表面的退让仅仅是为了更好地争取自己写作的权利，揭开《作品集》女性身份"谦逊的陈述"的目的后，我们会更好地理解路易丝以作家身份所进行的"骄傲的陈述"。

① Evelyne Berriot-Salvadore, *Les femmes dans la société française de la Renaissance*, Genève, Librairie Droz, 1990, p. 377.

② Béatrice Alonso, *Louise Labé ou la lyre humaniste*: *écriture feminine*, *écriture féministe*, Lyon, Université Lumière Lyon 2, 2005, p. 59.

第十章

不朽的巾帼传奇

第一节　路易丝对前人的继承

　　路易丝·拉贝所生活的 16 世纪，正是法国文艺复兴发展到高峰的一段时期。16 世纪占主流地位的两大思潮——人文主义和宗教改革——影响了该世纪许多文学作品。这些文学作品的共同特征是回归源头，人文主义影响下的文学作品回归古代诗歌和哲学思想文本，体现宗教改革的文学作品追寻基督教的基本文本。其中人文主义的影响相当广泛，在思想上，它推崇柏拉图主义、伊壁鸠鲁主义、斯多葛主义和怀疑主义；在文学上，它将对古代作品形式和风格的模仿作为文学的基本手段。我们在阅读 16 世纪的文学作品时，可以看到作家们根据自己的创作需要从这些思想中选取合适的主题。与路易丝·拉贝同时代"七星社"的诗人们，尤其是杜·贝莱和龙沙，主张对古代作品和意大利文艺复兴时期的作品进行模仿，从而丰富本民族语言，并将它提升到古代语言和意大利语同样的高度。"模仿"（imitation）在 16 世纪并不是一个贬义词，而是作品文学性的保证。弗朗索瓦·里戈洛（弗朗索瓦·里戈洛）在其《诗歌与文艺复兴》中明确指出"模仿论（la théorie de l'imitation）是文艺复兴时期诗歌的试金石"①。路易丝的传记作者玛德莱娜·拉扎尔就曾指出，"路易丝·拉贝声名显赫的原因不仅在于她是一位执笔创作的女性，而且在于她创作时参照当时流行的各种范式，笔触自然，令人吃惊"②。通过分析《作品集》，我们可以发现路易丝灵活地对前人加以模仿，她的《作品集》集中体现了 16 世纪文艺复兴时期里昂流行的各种思潮。

1. 神话

"永恒的回归是一个神话，这是不言而喻的，但它也是神话的构成原则，神话表述总是被一再重申和无尽地使用"③。将模仿作为保证作品艺术性的手法、将古典作品视为模仿对象的 16 世纪，神话是当时读者们"期待视野的一部分"④。古老的神话从一个世纪流传到另一个世纪，承担着一种传承的功能，"通过博学的模仿游戏，它（指神话）在贺拉斯与龙沙之间建立了一种文学的延续……就这样，它消解了时间的流逝、历史的变迁，赋予即时的情感以永恒的特性"⑤。神话还承担了另外一种功能——譬喻的功能，神话是"16 世纪诗歌最美丽的源泉之一"⑥，诗人通过它玩弄"一种将众神世界与凡人世界对应起来的

---

① François Rigolot, *Poésie et renaissance*, Paris, Edition du Seuil, 2002, p. 19.

② Madeleine Lazard, *Louise Labé*, France, Fayard, 2004, p. 181.

③ ［法］蒂费纳·萨莫瓦约：《互文性研究》，邵炜译，天津人民出版社 2003 年版，第 105 页。

④ François Rigolot, *Poésie et renaissance*, Paris, Edition du Seuil, 2002, p. 153.

⑤ Henri Weber, *la Création poétique au XVIe siècle en France de Maurice Scève à Agrippa D'Aubigné*, Paris, Librairie Nizet, 1955, p. 135.

⑥ Françoise Joukovsky, *Poésie et Mythologie au XVIe siècle*, Paris, Librairie Nizet, 1969, p. 7.

游戏"①。在神话世界中，仙女、男女神仙们可以自由相爱，神话中不乏对肉体和肉欲的描写，对于现实世界中受基督教道德伦理约束的诗人来说，通过神话隐晦地表达某些包含异教色彩的观点就成为当时比较流行的选择。

路易丝的《作品集》中亦出现了许多神话人物，除了上文中已经分析过的爱神、疯神、塞弥拉弥斯、阿拉克涅、朱庇特、玛尔斯、尤利西斯、俄耳甫斯等都是贯穿整个《作品集》的重要神话人物，这些神话人物有机地融入路易丝的文本，他们同时承载了故事从前的意义和在《作品集》中的意义。大量的运用神话来丰富文本的意义也成为路易丝的写作风格，且不论将故事背景设定在万神殿的《辩论》，就算是抒发爱情悲欢离合的"歌集"中，具有譬喻性的神话这一"真实的谎言"② 也几乎出现在路易丝的每一首诗歌中。我们将在这里分析两个为《作品集》统一性做出贡献的神话人物，尤利西斯与俄耳甫斯，详细解释他们是如何将他们在历史长河中的意义带入《作品集》中，以及他们在路易丝文本中的形象。

尤利西斯是古希腊罗马神话中最著名的人物之一，他以智慧、狡黠和特洛伊战争中的诡计闻名。战争结束后，他踏上了长达 10 年的返乡之路，在历尽千辛万苦之后，终于回到了故乡伊萨卡岛，与忠贞的妻子佩涅洛佩相聚。尤利西斯是一个非常复杂的人物，诗人和作家们常常根据自己的需要重新刻画他的形象。在《荷马史诗》中，他是智勇双全的英雄，诗人用大量的修饰语以

---

① Françoise Joukovsky, *Poésie et Mythologie au* XⅥ *e siècle*, Paris, Librairie Nizet, 1969, p. 7.

② Isabelle Pantin, *La poésie au* XⅥ *e siècle*, Clamecy, les Presses de la Nouvelle Imprimerie Laballery, 2014, p. 57.

凸显他"坚毅和多智"①的形象。在但丁《神曲·地狱篇》中,他是"狡猾的骗子"②,并为他献出木马计这一罪行在地狱中被烈火灼烧。与路易丝同时代的杜·贝莱则将尤利西斯描绘成一个幸福的男人,"幸福如从美妙旅途归来的尤利西斯"③。尤利西斯的名字在路易丝的《作品集》中出现了两次:《辩论》中描写人们为爱而犯傻,如果自己所爱的贵妇能够对自己微笑地道声再见,"这就能让他比看见伊萨卡岛乡烟的尤利西斯更加高兴"④,此处路易丝采用了幸福的尤利西斯形象。尤利西斯在"歌集"中出现的位置非常关键,他出现在第一首十四行诗的第一行,是十四行诗组出现的第一位神话人物,

> 即便拥有胜过尤利西斯的远见
>
> 未曾想到,这般容颜
>
> 如此优雅,值得尊敬,
>
> 竟会成为我可怕痛苦的来源⑤

在这首诗中,尤利西斯以一个英明、有远见卓识的形象出现,路易丝突出了尤利西斯睿智的一面。此处的尤利西斯智慧形象与下句中"未曾料想"形成冲突,增加了诗歌的张力。

---

① 〔古希腊〕荷马:《荷马史诗·奥德赛》,王焕生译,人民文学出版社 2003 年版,第 3 页。

② Alighieri Dante, *La divine comédie de Dante*:*enfer*,*purgatoire*,*paradis*, traduite par J. -A. De Mongis, Paris, Librairie CH. Delagrave, 1876, p. 110.

③ Joachim Du Bellay, *Les regrets et autres oeuvres poétiques*, Paris, Imprimerie de Federic Morel, 1558, p. 8.

④ Louise Labé, *Oeuvres*, in *Louise Labé*, *La Belle Rebelle et le François nouveau*, édité par Karine Berriot, Paris, Editions du Seuil, 1985, p. 340.

⑤ Ibid. , p. 369.

　　弗朗索瓦·勒塞尔克勒认为尤利西斯出现在路易丝"歌集"如此重要的位置并非偶然。通过互文性阅读，我们知道尤利西斯除了智慧和幸福的形象，还有另外一个重要的特征——狡黠，尤利西斯是一个善谋之人。我们可以将计谋百出的尤利西斯形象与《辩论》中将爱神玩弄于股掌之间的疯神形象联系起来。疯神也是一个有勇有谋的形象，她的勇气体现在她敢于对抗爱神，为此不惜诉诸暴力，她进退有度则是她谋略的体现。弗朗索瓦·勒塞尔克勒认为尤利西斯这一神话人物所代表的谋略是他出现在如此重要地位的原因，"引用尤利西斯是为了象征隐含在他名字中的诡计，这一诡计渐渐在十四行诗组中显露出来。事实上，诡计出现了3次，出现的位置一次比一次精彩"①。正如弗朗索瓦·勒塞尔克勒所分析的那样，十四行诗16、20和23都是对男性爱情诡计的揭露，这三首诗都描绘了男性在征服女性后，爱情之火渐渐熄灭，徒留下被爱人点燃爱火的女性在火焰中迷失了自己。其实，对男性爱情诡计的揭露不仅出现在十四行诗中，《辩论》中也有，"悲哀的是，女人常常遇人不淑：她们付出的爱越多，得到的爱就越少……女人无法像男人一样轻易与爱人分手，因为她们无法远游去追寻另外一段爱情"②。面对男性的爱情陷阱，女性往往无力挣扎，路易丝的文本体现出对为爱所伤的女性一种感同身受的同情。

　　分析路易丝文本中尤利西斯的形象，幸福、睿智和狡黠，符

---

① François Lecercle, «l'Erreur d'Ulysse, quelques hypothèses sur l'organisation du Canzaoniere de Louise Labé», in *Louise Labé les voix du lyrisme*, Saint-Etienne, Editions du CNRS, 1990, p. 216.

② Louise Labé, *Oeuvres*, in *Louise Labé, La Belle Rebelle et le François nouveau*, édité par Karine Berriot, Paris, Editions du Seuil, 1985, p. 343.

合长时间以来人们赋予该形象的特性。但是路易丝使用尤利西斯，未尝不是想揭露女性一直以来所承受的不公。幸福如尤利西斯的男性，总能得到女性无怨无悔的等待。狡黠如尤利西斯的男性，用爱情诡计让女性沦陷。而女性呢？她们"无法远游去追寻另外一段爱情"①，被关在家中的女性只能承担被动等待的角色，在尤利西斯与佩涅洛佩这对角色中，她们被社会赋予了佩涅洛佩的角色。在爱情的角逐中，她们是男性诡计的对象，被男性征服而后被抛弃，她们"因为一个男人而责怪所有男人。她们将陷入爱情的女人称作疯子"②。于是，路易丝文本中的尤利西斯成为一个享有特权的、善于耍阴谋诡计的男性代表，路易丝用他来衬托女性的悲哀与无助，这也从侧面解释了为何很少出现在爱情诗歌中的尤利西斯能够在路易丝的爱情作品中占有如此重要的地位。

第二位重要的神话人物俄耳甫斯，在文艺复兴时期的文学中也非常常见，"当时的人文主义者们希望重新将音乐与诗歌联系起来，集诗人和音乐家为一身的俄耳甫斯的古老传说成为无数绘画作品和诗歌作品的主题"③。俄耳甫斯与欧律狄刻（Eurydice）的动人爱情故事在 16 世纪广为流传，是西方为数不多赞美夫妻之爱的作品。奥维德在《变形记》中详细地讲述了欧律狄刻被毒蛇咬了一口、中毒身亡后，痛苦不堪的俄耳甫斯来到阴间想要找回自己心爱的妻子。他用琴声感动了冥王和王后，他们同意他带回

---

① Louise Labé, *Oeuvres*, in Louise Labé, *La Belle Rebelle et le François nouveau*, édité par Karine Berriot, Paris, Editions du Seuil, 1985, p. 343.

② Ibid. , p. 344.

③ François Rigolot, «Orphée aux mains des femmes, l'exemple de Louise Labé à la Renaissance», in *Versants*, N°24, 1993, p. 17.

自己的妻子，但条件是俄耳甫斯在走出地府之前不许回头看她。
但就在他们即将离开地府时，俄耳甫斯忍不住回头看了一眼，结
果欧律狄刻再次滑下黑暗的深渊。俄耳甫斯在《作品集》中出现
的频率较多。他的名字在《辩论》中出现了4次。在"歌集"中，
他的名字虽然没有直接出现，但诗歌中多处对他进行了影射。在
《作品集》中，俄耳甫斯最先出现在阿波罗的辩词中。作为爱神
的律师，阿波罗想要证明世界的和谐需要人们将爱情视为整个世
界组织的基本原则，于是他从俄耳甫斯的神话中寻找能够支撑其
论点的材料。"为了让野蛮人抛弃他们习以为常的残忍，这对于
俄耳甫斯来说是多么困难"①，在阿波罗看来，俄耳甫斯为了让人
类变得更加文明既不是为了个人利益，也不是为了荣誉，而是因
为爱，"他对人类的热爱让他努力引导他们过上更好的生活"②。
随后，阿波罗在下文中点明了俄耳甫斯劝导人类的手段，"比我
们通常使用的更加温和优雅的方法，一种俄耳甫斯、安菲翁
（Amphion）和其他人使用过的方法"③——音乐和诗歌。俄耳甫
斯的音乐能够打动人们的心灵，能够"感动顽石、使野兽点头"④，
于是他的音乐被用于更高的目标，他成为阿波罗口中文明的使者
和杰出诗人，与"缪塞，荷马，利勒，阿尔塞和萨福"⑤等著名
诗人和哲学家并列。在阿波罗的辩词中，俄耳甫斯因爱而写诗，
通过描写爱情来表达思想。于是通过俄耳甫斯的神话，阿波罗将

① Louise Labé, *Oeuvres*, in Louise Labé, *La Belle Rebelle et le François nouveau*, édité par Karine Berriot, Paris, Editions du Seuil, 1985, p. 311.
② Ibid. .
③ Ibid. , p. 316.
④ ［古罗马］奥维德：《变形记》，杨周翰译，上海人民出版社2016年版，第290页。
⑤ Louise Labé, *Oeuvres*, in Louise Labé, *La Belle Rebelle et le François nouveau*, édité par Karine Berriot, Paris, Editions du Seuil, 1985, p. 321.

诗歌与爱情紧密结合在一起。从俄耳甫斯开始，所有的诗人都有理由将爱情作为他们最爱的主题，同时没有比音乐和诗歌更适合歌颂爱情、更"温和优雅的方法"①。

在阿波罗所提及的俄耳甫斯故事中，完全没有欧律狄刻的位置。阿波罗出于自己论点的需要，隐去了俄耳甫斯本人的爱情故事，因为他无法解释俄耳甫斯对自己妻子超越理智的爱情。在阿波罗看来，爱情如果与疯狂结合，世界就无法保持和谐，因此阿波罗在辩论中丝毫没有提及俄耳甫斯前往地府去寻找自己的妻子。阿波罗论据中的这一漏洞被墨丘利发现并加以利用。墨丘利辩论的目的在于证明爱神与疯神不可分，俄耳甫斯地府寻妻的故事和他对妻子疯狂的爱情正是墨丘利所需要的论据。不过，耐人寻味地是，墨丘利在使用这一神话时却是从女性的角度出发，"她们因为一个男人而责怪所有男人。她们将陷入爱情的女人称作疯子。她们诅咒自己陷入爱情的那一天。她们发誓永不再爱，但誓言却无法坚持很长时间。她们总是在眼前描绘自己所爱的那个人。如果她们手头有他的画像，她们会一遍遍地亲吻它，使得它浸满她们的泪水，她们会将它当作枕头——她们无法关注其他事情，一心沉浸在自己的绝望中。我见过无数女子，如果她们可以，她们也会像从前的俄耳甫斯一样，不惜前往地狱，去找回她们丧失的爱情"②。与俄耳甫斯的神话性别相反，这次是女性前往地狱寻找爱情。弗朗索瓦·里戈洛认为这是路易丝的新颖之处，她"颠覆了传说中传统的角色，让陷入爱情的女性扮演了俄耳甫斯的角色，前往地狱去营救她疯狂爱着的

---

① Louise Labé, *Oeuvres*, in *Louise Labé, La Belle Rebelle et le François nouveau*, édité par Karine Berriot, Paris, Editions du Seuil, 1985, p. 316.

② Ibid., p. 344.

男人……仿佛通过墨丘利这个人物，路易丝·拉贝为恋爱中的女性
争取化身为传说中伟大诗人形象的权利"[1]。的确，从性别上看，女
诗人通常应该将自己定位为欧律狄刻，如同尤利西斯与佩涅洛佩这
对关系中的佩涅洛佩。在哀歌 2 中，路易丝无疑将自己描绘成苦等
爱人回归的佩涅洛佩。但在俄耳甫斯和欧律狄刻这对关系中，女诗
人更倾向于被视为俄耳甫斯。这很可能是因为俄耳甫斯诗人的身份
是女作者着意追求的身份，而且作者的女性主义立场也让她无法满
足于欧律狄刻在整个神话中缄默的形象。

　　在"歌集"中，虽然没有出现俄耳甫斯的名字，但我们时常
能见到对他或明或暗的影射。比如十四行诗 10，

　　　　当我看见你的金发和桂冠
　　　　听见你用竖琴演奏出悲伤的歌曲
　　　　你的琴声如有魔力，
　　　　甚至能让木石追随你[2]

　　这首诗前四句诗将"我"的爱人比作俄耳甫斯，但"我"很
显然并非沉默的"欧律狄刻"。"我"爱上了"你"，却没有得到
"你"爱情的回报，"我"更像是喀孔涅斯的疯女人。神话故事
中，俄耳甫斯最终被这些他无法交付爱情的疯女人们杀死。而在
路易丝的诗歌中，"我"是一个在诗歌中寻找情感宣泄的女诗人，
"我"将自己视为女性的俄耳甫斯或萨福。俄耳甫斯手中的竖琴

──────────

[1]　François Rigolot，«Orphée aux mains des femmes，l'exemple de Louise Labé à la Re-
naissance»，in Versants，N°24，1993，p. 25.

[2]　Louise Labé，Oeuvres，in Louise Labé，La Belle Rebelle et le François nouveau，édité
par Karine Berriot，Paris，Editions du Seuil，1985，p. 378.

也成为"我"的伙伴，

> 诗琴，我不幸的同伴
> 我怨言无可非议的见证
> 你忠实地记录了我的悲伤
> 你常常和我一起哀叹①

　　俄耳甫斯死去了，但新的俄耳甫斯在路易丝的诗歌中重生。女性的俄耳甫斯手拿竖琴，骄傲地吟唱着爱情这一古老的主题。她用爱情的语言和神话隐藏她对写作看法和她的哲学思考，她证明了女性也能追求诗歌带来的荣誉。

　　"神话为本、情节为用"②，每个作者都会根据自己的需要去截取神话中的片断，并用神话的架构来丰富作品的内涵。"神话的重写来自有选择性阐释的堆积，某些情节被采用、扩充，某些情节被删除、取消。这是一个漫长的滗析过程；会有新的线条出现，神话根据阐释者的不同而拥有不同的色调。"③ "它就像一面特殊的镜子，从中反射出每个诗人所特有的某种领会方式。作家有意或无意地将自我投射到神话素材中。"④ 神话因为具有集体性，是社会共同的文化传承，因而赋予使用它的作家以安全感。作家在使用这一集体记忆时，不可避免地带上个人倾向，于是神

---

① Louise Labé, *Oeuvres*, in *Louise Labé, La Belle Rebelle et le François nouveau*, édité par Karine Berriot, Paris, Editions du Seuil, 1985, p. 381.
② ［法］蒂费纳·萨莫瓦约：《互文性研究》，邵炜译，天津人民出版社 2003 年版，第 106 页。
③ François Rigolot, «Orphée aux mains des femmes, l'exemple de Louise Labé à la Renaissance», in *Versants*, N°24, 1993, p. 18.
④ Ibid. , p. 19.

话又被打上了个人色彩。路易丝笔下众多神话人物，除了能够体现出作者的博闻强识外，也都或多或少地通过自己的存在，印证着作者想要通过《作品集》表达的立场和思想。他们不仅将路易丝的《作品集》与外在的社会历史联结起来，也将路易丝《作品集》各个分散的部分连接起来。

2. 《辩论》的来源

学者们普遍认为《辩论》有两大来源——琉善（Lucien）的《对话集》和伊拉斯谟（Erasme）的《愚人颂》。

马德莱娜·拉扎尔认为"路易丝·拉贝的灵感很可能来自希腊作家琉善《诸神对话》的第二篇。琉善在路易丝所结交的文化圈中非常有名，伊拉斯谟将他的《诸神对话》译为拉丁文，该作品成为 16 世纪的教科书之一，教育年轻的学者们当心激情所带来的混乱"①。《诸神对话》是琉善主要著作的四种对话之一，他的《对话集》包括《诸神对话》《海神对话》《死人对话》和《交际花对话》。《诸神对话》共包括 26 篇，众神两两登场，讨论爱情、父子关系、宴会等比较琐碎的话题。爱情是其中最重要的主题：众神如同凡人一样，为爱情所苦，调情、通奸、乱性也是众神常犯的错误，他们也无法摆脱爱情所带来的快乐、嫉妒、伤心等情绪。《诸神对话》第二篇是《爱神与朱庇特》，在这篇对话中，朱庇特抓住了爱神，指责爱神将他愚弄，抱怨自己没有得到真正的爱情。《辩论》与《诸神对话》的相似性非常明显：首先是体裁，两者都是以对话的形式写成；其次是主人公，对话的主人公都是万神殿的众神。路易丝的对话中除了疯神，其他 5 位主人公都在

---

① Madeleine Lazard, *Louise Labé*, France, Fayard, 2004, p. 134.

《诸神对话》中出现过,《诸神对话》中也有爱神与维纳斯,爱神与朱庇特,阿波罗和墨丘利的对话;最后是内容上的某些相似性,如同琉善,路易丝将故事的开端设定为奥林匹斯诸神的一次宴会,"众神受邀参加"①。《辩论》中爱神是一个小男孩,《诸神对话》中爱神自称"我还是一个小孩,还没到讲道理的年纪"②。在第二篇爱神与朱庇特的对话中,朱庇特指责爱神愚弄他,"你这个小坏蛋,你竟如此侮辱我,叫我变成什么羊人,公牛,金雨,天鹅,以及鹰,各种东西无不变到,你以为这容易么?你没有让任何一个女人爱上我本人,我也不知道如何通过你去取悦她们。与此相反,我不得不对她们使用魔法,却将真身隐去"③。在路易丝《辩论》的叙述 1 中,疯神为了强调自己在爱情中的作用,也描绘了自己如何让陷入爱情的朱庇特变成天鹅、公牛、雄鹰、金雨等。叙述 4 中朱庇特向爱神讨教爱情秘方时,也抱怨自己没有得到真爱,"我对此深有体会,是否被人爱,这是我们无法掌控的。因为虽然我地位崇高,我却几乎从未被爱过。我所得到的所有美好,几乎都是通过强取豪夺或阴谋诡计,从来都不是因为爱情"④。此外,在叙述 5 中,阿波罗和墨丘利在辩论时,对琉善的作品也有所隐射。

虽然《诸神对话》中各位神灵相继登场,但琉善的万神殿中缺少了《辩论》中的灵魂人物——疯神。作为路易丝的代言人和路易丝女性主义思想的体现,疯神在《辩论》乃至整个《作品

---

① Louise Labé, *Oeuvres*, in *Louise Labé, La Belle Rebelle et le François nouveau*, édité par Karine Berriot, Paris, Editions du Seuil, 1985, p. 287.

② Lucien de Samosate, *Oeuvres complètes, traduction nouvelle avec une introduction et des notes par Gugène Talbot*, Paris, Librairie Hachette et cie, 1912, p. 64.

③ Ibid. .

④ Louise Labé, *Oeuvres*, in *Louise Labé, La Belle Rebelle et le François nouveau*, édité par Karine Berriot, Paris, Editions du Seuil, 1985, p. 305.

集》中有着举足轻重的地位。因此，在讨论《辩论》的来源时，伊拉斯谟尤为重要，因为正是"这位著名的荷兰人，在他的《愚人颂》中，将疯神引入了万神殿"①。《愚人颂》是伊拉斯谟1509年用拉丁文创作的一篇讽刺性散文，在文章中"疯神"或"愚神"以第一人称说话，介绍自己神圣的出身，吹嘘自己的丰功伟绩，对贤人、哲学家、法学家、神学家等大加嘲讽。伊拉斯谟在创作该作品时，刚刚将琉善的对话译为拉丁文，受其影响，《愚人颂》带有很明显的琉善式讽刺风格，在嬉笑怒骂间针砭时弊，以玩世不恭的态度来表达严肃的哲学思考。于是，从琉善到伊拉斯谟再到路易丝·拉贝，他们的作品一脉相承，它们之间存在着千丝万缕的联系。

在《愚人颂》和《辩论》之间也存在很多相似片断。比如《愚人颂》中疯神或愚神承认"我的名字在大庭广众中却被视为十分令人赧颜，他们把它当成一个格外强烈的骂语，随便拿来咒骂别人"②。《辩论》中的疯神也非常清楚别人对自己的名字有何种认知，因为大家都"害怕被称为疯子或被当作疯神的朋友"③。再比如，伊拉斯谟在将愚神推向神坛时，让青春女神成为她的母亲，让丰饶财富之神普路托斯做她的父亲。路易丝在《辩论》中虽然没有提及疯神的父亲，却也点明了疯神"青春女神女儿"④的高贵出身。愚神将幸福与快乐归结为自己的功劳，她说"存在

---

① Madeleine Lazard, *Louise Labé*, France, Fayard, 2004, p. 134.

② ［荷兰］伊拉斯谟：《愚人颂》，许崇信、李寅译，译林出版社2010年版，第9页。

③ Louise Labé, *Oeuvres*, in *Louise Labé, La Belle Rebelle et le François nouveau*, édité par Karine Berriot, Paris, Editions du Seuil, 1985, p. 301.

④ Ibid. , p. 328.

于整个生活中的幸福，无不由我提供"①，"在地上我们也不会有任何快乐与愉快，除非我伸出援手，促成快乐"②，"聚会结伴不加点愚蠢来调味便无乐趣"③。《辩论》中，针对阿波罗将爱神视为快乐的起源，墨丘利认为爱情只能给一个人，最多两个人带来快乐，但疯神可以同时让许多人开怀，"谈到疯神的举动，我们一定会感到心情愉悦，这种愉悦能够平息人们的怒火，让人开怀大笑"④。关于婚姻与疯狂的关系，伊拉斯谟也有精彩论述，"一旦丈夫留心观察，那么，除非妻子的行为由于她丈夫的粗心大意或愚蠢而未受注意，恐怕不会有那么多的婚姻能够持续下去。因为正好是愚蠢使得妻子在丈夫眼里美丽动人，而丈夫在妻子看来也复如此，这一来家庭充满祥和的气氛，而夫妻的关系也持续下去，所有这一切全可归功于愚蠢"⑤。路易丝也写道，"假如不是男人和女人的愚蠢让他们看不到婚姻中的瑕疵，婚姻又能持续多久"⑥，这难道不是对伊拉斯谟论述的总结吗？愚神嘲笑贤人，认为他们无趣，不招人喜欢，"你不妨请一位贤人就餐，准会见到他不是一言不发，闷闷不乐，就是提出一些恼人的问题。你还可以请他跳舞，到时间你准会见到一头骆驼昂首挺胸，高抬脚跟地既舞且蹈。要是你把他硬拉去参加公共游艺会，光是他那副脸孔就足以把观众的兴致一扫而光……他不为人所喜欢，个中原因是在世俗的生活与他的心智之

---

①　[荷兰] 伊拉斯谟：《愚人颂》，许崇信、李寅译，译林出版社 2010 年版，第 14 页。

②　同上书，第 21 页。

③　同上书，第 23 页。

④　Louise Labé, *Oeuvres*, in *Louise Labé, La Belle Rebelle et le François nouveau*, édité par Karine Berriot, Paris, Editions du Seuil, 1985, p.334.

⑤　[荷兰] 伊拉斯谟：《愚人颂》，许崇信、李寅译，译林出版社 2010 年版，第 25 页。

⑥　Louise Labé, *Oeuvres*, in *Louise Labé, La Belle Rebelle et le François nouveau*, édité par Karine Berriot, Paris, Editions du Seuil, 1985, p.333.

间横着一道巨大的鸿沟"①。路易丝也认为贤人和愚者相比，愚者更加受女性喜爱，"既然我已经说到男人，那么我就说说贤人和愚人所得到的区别对待。贤人只能与他的书本为伴，和一些古板的老女人聊聊世风日下、疾病流行，或者以分解复杂的族谱为乐"②，两者笔下贤者呆板无趣的形象如出一辙。

论及《辩论》中最重要的人物疯神，我们可以确定她出自伊拉斯谟的《愚人颂》，但《辩论》中赋予疯神女性代言人的角色在《愚人颂》中并无体现。虽然《愚人颂》中的愚神也是女性，"我不以为女性会愚蠢到因为我说她们是愚人便迁怒于我，须知我就是愚人，也是女人"③，但是伊拉斯谟对于女性的定位依然没有摆脱男权社会的传统，愚神的论述就证明了这一点，"女人此生除了给男人以最大的欢乐之外，还会有别的什么期求呢？所有的化妆、沐浴、做发，以及各种脂粉香水，还有对面孔、眼睛和肌肤的涂脂抹粉、打扮等名目繁多的技艺，难道不是为了向意中人献殷勤吗"④。于是，《愚人颂》中愚神被设定为女性，其讽刺的意义要大于肯定意义。女性的愚神象征着女性的愚蠢，女性的愚蠢成为她们被爱的先决条件，"女人赢得男人的欢心最关键之处莫过于她们的愚蠢"⑤。虽然伊拉斯谟的愚神有追求自由、打破成规的积极一面，但与路易丝的疯神相比，她缺少了打破女性桎梏的勇气，也缺少了与男性一较高下的锋芒。

---

① ［荷兰］伊拉斯谟：《愚人颂》，许崇信、李寅译，译林出版社 2010 年版，第 30 页。
② Louise Labé, *Oeuvres*, in *Louise Labé, La Belle Rebelle et le François nouveau*, édité par Karine Berriot, Paris, Editions du Seuil, 1985, p. 336.
③ ［荷兰］伊拉斯谟：《愚人颂》，许崇信、李寅译，译林出版社 2010 年版，第 22 页。
④ 同上。
⑤ 同上。

通过对《辩论》最重要两个来源的解读，我们可以发现路易丝如何从琉善的《诸神对话》和伊拉斯谟的《愚人颂》中抽取出自己所需要的重要元素，并根据自己的意图对这些元素进行加工，从而得到属于自己的、与来源相似却又不尽相同的文本。

3. "歌集"的来源

"歌集"主要有三个来源：古希腊罗马作品、中世纪骑士文学和彼特拉克主义。

（1）古希腊罗马作品

路易丝"歌集"中对奥维德的模仿不少见，她的哀歌2——写给爱人的一封诗体信——可以说是奥维德《女杰书简》的翻版，我们从《女杰书简》和路易丝的"歌集"中能找到不少相似片断。比如路易丝哀歌2中，

千思万想，重重忧虑
挥之不去陷入爱情的心①

让我们想起《琵艾萝琵致攸力西斯书》中佩涅洛佩抱怨丈夫尤利西斯的久久不归，

而今啊，我百般忧虑
千般挂念②

---

① Louise Labé, *Oeuvres*, in *Louise Labé*, *La Belle Rebelle et le François nouveau*, édité par Karine Berriot, Paris, Editions du Seuil, 1985, p. 359.

② ［古罗马］奥维德：《爱经·女杰书简》，戴望舒、南星译，吉林出版集团有限责任公司2010年版，第117页。

同样在路易丝的哀歌 2 中，路易丝写到爱人的一去不复返，

也许，你走上了陌路

疾病让你无奈停驻

我不相信：因为我不厌其烦

向众神祷告为了你的平安①

在《菲丽丝致狄摩福恩书》中，我们也能找到类似的诗句，

多少次，为你平安

我屈膝焚香祷众神②

爱人归期已到，人却未现，路易丝心中不禁产生疑虑，

假如你在他乡陷入爱河

久久不归

如果我知道你另结新欢③

佩涅洛佩也有同样的疑虑，

　　① Louise Labé, *Oeuvres*, in *Louise Labé, La Belle Rebelle et le François nouveau*, édité par Karine Berriot, Paris, Editions du Seuil, 1985, p. 359.

　　② ［古罗马］奥维德：《爱经·女杰书简》，戴望舒、南星译，吉林出版集团有限责任公司 2010 年版，第 124 页。

　　③ Louise Labé, *Oeuvres*, in *Louise Labé, La Belle Rebelle et le François nouveau*, édité par Karine Berriot, Paris, Editions du Seuil, 1985, p. 360.

　　你久久不归

　　莫非你另结新欢①

　　通过这些片断，路易丝在"歌集"中所塑造的爱而不得的悲伤女子形象与奥维德笔下那些借书信吐露心声的女杰们形象完美结合在一起。

　　"歌集"中还存在对卡图卢斯的模仿，表现得最明显的就是"歌集"中第 18 首十四行诗的前 8 句，

　　吻我，吻我再吻我

　　给我一个你最甜蜜的吻

　　给我一个你最多情的吻

　　我会还给你四个比燃烧中的火炭还要炙热的吻

　　你抱怨说自己累？来吧，我帮你缓解这痛苦

　　再给你十个更加温柔的吻

　　就这样我们幸福地唇齿相交

　　让我们舒适地拥有彼此②

　　对比卡图卢斯《歌集》中第 5 首诗的第 7 句到第 11 句，

　　给我一千个吻，然后给一百个

　　然后再给一千个，然后再一百个

---

　　① ［古罗马］奥维德：《爱经·女杰书简》，戴望舒、南星译，吉林出版集团有限责任公司 2010 年版，第 117 页。

　　② Louise Labé, *Oeuvres*, in *Louise Labé, La Belle Rebelle et le François nouveau*, édité par Karine Berriot, Paris, Editions du Seuil, 1985, p. 386.

　　　　然后吻到下一千个，然后吻一百个

　　　　然后，等我们已吻了许多千次

　　　　我们就搅乱数字，不让自己知道①

　　这两段诗歌非常相似，都是用"吻"来表达激情。按照李永毅的评注，"吻是激情的、感性的，计数是冷静的、理性的，卡图卢斯却把二者完美地结合在一起"②。路易丝的诗歌也是如此，诗人在激情拥吻的同时还不忘通过计数来体现自己感情比情人更加炙热，诗人从"歌集"的一开始就以哀怨的口吻抱怨自己付出的情感没有得到情人的回应，因此哪怕幻想与情人幸福相拥的同时，理智的一面也在计算自己和情人在感情付出上的不对等。

　　这些来自古希腊罗马文化的互文本和谐地融入了路易丝的诗歌文本，并通过读者的诠释，不断丰富着当前文本的含义。

　　（2）来自中世纪骑士文学与彼特拉克的互文本。我们将来自中世纪骑士文学与彼特拉克主义的影响放在一起，是因为彼特拉克自身也深受中世纪骑士文学的影响。骑士文学产生于 12 世纪下半叶，当时的贵族阶级基本成形，他们开始追求一种更加高雅的生活方式，于是一些以风雅之爱为主题的文学作品应运而生，这些作品讲述爱情故事、描绘高雅和奢华的上流社会生活。作品中的骑士与武功歌中的骑士同样骁勇，同样富有冒险精神，但他们实现丰功伟绩的目的不是为了效忠于上帝或他们的领主，而是为了取悦他们心仪的贵妇。骑士文学和风雅之爱影响了彼特拉克，

---

　　① ［古罗马］卡图卢斯：《卡图卢斯〈歌集〉：拉中对照译注本》，李永毅译，中国青年出版社 2008 年版，第 19 页。

　　② 同上书，第 18 页。

而彼特拉克的《歌集》又成为文艺复兴时期，包括路易丝作品在内的抒情诗歌共同的蓝本。阅读彼特拉克和路易丝的歌集，我们会发现他们都套用了骑士文学的范式。首先，他们都刻画了一个冷漠而无法触及的爱人形象。彼特拉克抱怨劳拉的冷漠，

> 她的心如同冰雪一样冷
>
> 我的心又怎能不发出痛苦的哀叹①

路易丝也有同样的感受，

> 我出言埋怨，因你身携火焰
>
> 你用它将我的心处处点燃
>
> 而你心中却没有火花闪现②
>
> ……
>
> 你比从前的我还要冷酷③

其次，他们的爱人都使得他们品尝着爱情中的痛苦，比如彼特拉克哀叹着，

> 为此，我祈求爱神
>
> 但爱神已给我留下创痛

---

① ［意］彼特拉克：《歌集》，李国庆、王行人译，花城出版社 2001 年版，第 94 页。

② Louise Labé, *Oeuvres*, in *Louise Labé, La Belle Rebelle et le François nouveau*, édité par Karine Berriot, Paris, Editions du Seuil, 1985, p. 370.

③ Ibid. , p. 384.

于是我痛不欲生，欲死不能①

路易丝也在诗中描写自己的创伤，

而我早已遍体鳞伤
在我的身上，没有新的伤口
能找到落脚的地方②

最后，他们在爱情面前都低下了高傲的头，彼特拉克描写自己成为爱情的奴隶，

我无法相信，在爱情的折磨下
我心中的坚毅丧失殆尽，更何况尊严③

路易丝也认为高贵的身份在爱情面前没有任何作用，不论什么人，只要，

你越是与爱神为敌
他就越将你戏，让你在他的面前奴颜婢膝④

① ［意］彼特拉克：《歌集》，李国庆、王行人译，花城出版社 2001 年版，第 51 页。
② Louise Labé, *Oeuvres*, in *Louise Labé, La Belle Rebelle et le François nouveau*, édité par Karine Berriot, Paris, Editions du Seuil, 1985, p. 371.
③ ［意］彼特拉克：《歌集》，李国庆、王行人译，花城出版社 2001 年版，第 92 页。
④ Louise Labé, *Oeuvres*, in *Louise Labé, La Belle Rebelle et le François nouveau*, édité par Karine Berriot, Paris, Editions du Seuil, 1985, p. 355.

　　在爱情中，他们尝尽了爱而不得的辛酸与痛苦，但这正是风雅之爱的真谛，因为"如果欲望得到了满足，这种爱情的乐趣就消失殆尽了"①，路易丝对此深有体会，她在诗中强调，

　　　　爱神，请你停下对我的烦扰

　　　　但莫要熄灭我宝贵的欲望

　　　　欲望消失而我必将死亡②

　　路易丝对彼特拉克的模仿不仅限于对骑士文学范式的套用，还包括对语言、修辞和风格等进行模仿。首先，路易丝对彼特拉克最明显的模仿就是她诗歌的体例。路易丝《作品集》中的诗歌，除了三首哀歌外，其余二十四首都是十四行诗。十四行诗虽然不是彼特拉克的发明，但这一体例却是在彼特拉克的笔下渐臻完美，因此意大利的十四行诗又被称作彼特拉克体。路易丝第 1 首十四行诗用意大利语创作，这很可能是女诗人用这一方式向自己的前辈彼特拉克表示敬意。其次，彼特拉克诗歌中突出的一些经典修辞手法在路易丝·拉贝的诗歌中也反复出现，如感叹、疑问、列举、对偶等。最突出的是建立在完美对称对偶之上的第 8 首十四行诗，

　　　　我生，我死，我烈焰焚身，在欲海中沉浮

　　　　我感觉热不可耐却又寒彻入骨

---

　　① Henri-Irénée Marrou, *Les troubadours*, Paris, Editions du Seuil, 1971, p. 152.

　　② Louise Labé, *Oeuvres*, in *Louise Labé*, *La Belle Rebelle et le François nouveau*, édité par Karine Berriot, Paris, Editions du Seuil, 1985, p. 369.

> 生活对我来说既甜蜜又痛苦
>
> 短暂的欢乐交织着无边的愁苦
>
> 我笑中带泪
>
> 我承受着欢乐中的无数苦恼
>
> 我的幸福已去，它将永远延续
>
> 我肉体干枯的同时渗透出绿意[1]

我们在其中可以看到一系列彼特拉克式的对立意象，"冷、热""甜蜜、痛苦""生、死""欢乐、愁苦""笑、泪"等，该诗也因此被人们定义为"悖论十四行诗"[2]。

最后，路易丝也从语言和意象上模仿彼特拉克。彼特拉克《歌集》中的一些经典桥段如初见时的钟情，爱人的远离，与爱人梦中相会等，也成为路易丝诗歌中的模仿对象。我们可以在她的诗歌中找到彼特拉克几乎所有的隐喻，"箭""火焰""火花""星辰""太阳""月亮""风暴""微风""泉水"等。彼特拉克《歌集》中主要的两个语义场，"战争"和"眼睛"在路易丝的歌集中也占有非常重要的地位。比如，在彼特拉克的笔下，爱情被描绘成爱神对心灵的袭击，

> 所以，在受到这第一次攻击之后
>
> 我的勇气消失殆尽，无力也来不及

---

① Louise Labé, *Oeuvres*, in Louise Labé, *La Belle Rebelle et le François nouveau*, édité par Karine Berriot, Paris, Editions du Seuil, 1985, p. 376.

② Chiara Sibona, *Le sens qui résonne, une étude sur le sonnet français à travers l'oeuvre de Louise Labé*, Ravenna, Longo Editore, 1984, p. 83.

进行必要的自卫和防范①

　　爱情的隐喻与战争联系起来。在路易丝的歌集中，与战争有关的词汇也很常见，"警报""武器""攻击""战争""弓箭"共同构成了一个战争语义场。彼特拉克笔下作为爱情进入心灵"门扉"的眼睛在路易丝的歌集中也起着非常重要的作用，"美丽的棕色双眼"②"躲闪的目光"③"飘洒的泪水"④"同情的目光"⑤……与眼睛和视觉有关的语义场在路易丝的诗歌中也频繁出现。

　　不过，虽然路易丝对彼特拉克借鉴良多，但她很少照搬照抄，所以我们很少能在她的诗歌中找到与彼特拉克相似的诗句，她主要是从主题、意象、修辞和体裁上模仿彼特拉克。

第二节　拉封丹《爱神与疯神》对路易丝的继承

　　不论是路易丝的研究者还是拉封丹的研究者，都认为《疯神与爱神的辩论》是拉封丹《爱神与疯神》的原型。M. N. S. 吉荣（M. N. S. Guillon）认为《爱神与疯神》是"路易丝·拉贝名为《疯神与爱神辩论》的对话的摘要"⑥。马德莱娜·拉扎尔认为

---

　　①　［古罗马］彼特拉克：《歌集》，李国庆、王行人译，广州花城出版社 2001 年版，第 2 页。

　　②　Louise Labé, *Oeuvres*, in *Louise Labé, La Belle Rebelle et le François nouveau*, édité par Karine Berriot, Paris, Editions du Seuil, 1985, p. 370.

　　③　Ibid. .

　　④　Ibid. .

　　⑤　Ibid. , p. 371.

　　⑥　M. N. S. Guillon, *La fontaine et tous les fabulistes, ou la fontaine comparé avec ses modèles et ses imitateurs*, Paris, Imprimerie de Stoupe, 1803, p. 388.

"拉封丹一定读过《辩论》"①，他的寓言《爱神与疯神》的灵感就来源于此。

《爱神与疯神》出自拉封丹寓言诗第 12 卷的第 14 个故事：

爱神的一切都很神秘，

他的箭、箭袋、火炬和他的童年。

要想弄明白这些秘密

一天的时间可不行。

我不打算在这里解释所有的事情。

我的目的仅仅是以我的方式，

讲讲爱神怎么变成瞎子，

他如何失去光明；

祸福相依；

我不去分说，留待有情人自己评定。

有一天，疯神与爱神在一起嬉戏。

那时，爱神的双眼未被夺去。

争吵来临：

爱神想让众神开会评理。

疯神可没这耐心；

她狠狠给了他一击，

他从此失去光明。

维纳斯要求复仇。

作为妻子和母亲，她的尖叫足以说明：

①　Madeleine Lazard, *Louise Labé*, France, Fayard, 2004, p.234.

众神被她吵得头昏眼花，

朱庇特、复仇女神，

和地狱的众判官们，众神齐聚。

她指出事情的严重性。

她的儿子离开手杖将寸步难行：

任何惩罚都无法抵得上这滔天罪行。

疯神必须弥补她所造成的损失。

众神考虑了公众的利益，

和当事人的权益，

最高法庭判决如下

惩罚疯神

去当爱神的引路人。

　　圣伯夫认为拉封丹的寓言诗比路易丝的《辩论》更加出色，因为他"聚集了分散在原文 100 多页散文中最精妙之处，并让它们更加出彩。尤其他让我们免予忍受阿波罗和墨丘利的长篇大论，他们俩作为申述双方的官方指定律师，在朱庇特和奥林匹亚众神前侃侃而谈，就好像他们是在议会上，为了证明各自的观点，他们旁征博引，引用一个接一个"①。很显然，圣伯夫秉持了浓缩即精化的观点，认为拉封丹寥寥数行诗句就将路易丝 100 多页的散文交代清楚，而且突出了路易丝《辩论》中的精妙之处。

　　孤立地看待《辩论》，我们不得不承认圣伯夫的观点有一定的道理。路易丝《辩论》最出色之处，或者说《辩论》一直以来

---

① C. -A. Sainte-Beuve, *Tableau de la poésie française au 16ᵉ siècle*, Paris, Alphonse Lemerre, 1876, p. 74.

让人赞叹之处，就是路易丝发明的疯神弄瞎了爱神这一情节。马德莱娜·拉扎尔认为"将疯神引入万神殿应归功于著名的荷兰人，他在《愚人颂》中利用这一人物解释人类行为的多样性和矛盾性……但想象疯神造成了爱神的目盲却是里昂女诗人的功劳"①。桃乐茜·奥康娜认为"将爱神陷入目盲这一可怜状态归因于疯神的戏弄，惩罚疯神担任她受害人的引路人，这一创见在古代文学中找不到先例。假如这一情节的发明者是路易丝，它与古代思想却如此完美和谐，以至于古代神话被添加了精妙一笔"②。伏尔泰也高度赞美了这一情节，"希腊人最美的神话是普赛兑的故事；最妙趣横生的要数爱菲索斯寡妇的故事；现代创作的最有趣的故事就是疯神的故事，疯神挖下了爱神的眼睛，被判给爱神当引路人"③。拉封丹在寓言诗中突出了这一让人称道的情节，这一情节可以说是路易丝的对话和拉封丹寓言诗中的点睛之笔。此外，拉封丹的寓言诗也基本交待了《辩论》故事的前因后果，可以称得上是比较完备的"摘要"。但是，《辩论》并非孤立的存在，它存在于一部作品集中。它的存在必然要与作品集的其他部分发生联系，它的主旨也必然要契合整个作品集的主旨。路易丝并不仅仅想要通过《辩论》给大家讲一个有趣的故事，或者说故事仅仅是路易丝表达自己意图的一件"外衣"，一件让自己所想表达的意图不那么突兀、能够让人接受的外衣。因此，与圣伯夫的观点相反，笔者认为拉封丹《爱神与疯神》仅仅画出了《辩论》的形，却没有画出《辩论》的神。对比《辩论》和《爱神与疯神》，我们

① Madeleine Lazard, *Louise Labé*, France, Fayard, 2004, p. 134.
② Dorothy O'connor, *Louise Labé, sa vie, son œuvre*, Genève, Slatkine, 2014, p. 105.
③ François Rigolot, *Louise Labé, œuvres complètes*, Paris, Flammarion, 2004, p. 246.

能够很清楚地看到后者相对于前者所缺失的部分，后者中的"无"也能反衬出前者中的"有"。

分析《爱神与疯神》，我们可以看到这首寓言诗由 31 句诗歌组成，其中 1—10 句是诗人的旁白，作为故事的引言；11—17 句对应《辩论》的叙述 1，讲述了爱神如何变成瞎子；18—19 句对应叙述 2，爱神的母亲维纳斯要求复仇；20—26 句对应叙述 3，众神聚会讨论这一问题；27—31 句对应叙述 5，但它仅使用了叙述 5 中朱庇特的判决，阿波罗和墨丘利的辩论只字未提。《辩论》叙述 4 中爱神与朱庇特的私下交流在寓言诗中也没有出现。路易丝 1555 年版《作品集》中 100 多页的对话，变成了拉封丹笔下 21 行诗句，可以说只剩下了故事的框架，其中很多富有哲理、发人深思的内容缺失。

1.《爱神与疯神》中女性主义的缺失

在拉封丹的寓言诗中，爱神被设定为男性，疯神被设定为女性，这一点与《辩论》一致，体现了男女两性的对立。但是对于爱神与疯神发生争执的原因，拉封丹仅以"争吵来临"一笔带过，《辩论》中疯神作为女性代言人，争取女性合法权利和地位的意图完全没有得到体现。路易丝的《辩论》出于女性主义立场、偏爱疯神，拉封丹这首寓言诗则体现了一种男性的立场，更偏向于爱神。首先关于爱神如何失去双眼：在路易丝的故事中，是爱神首先向疯神发难，疯神一方面出于自卫，另一方面为了指出爱神自大的错误，挖下了爱神的双眼；但在拉封丹版的故事中，爱神以一种受害人的面貌出现，爱神与疯神发生争吵，爱神没有诉诸暴力，他仅仅想让众神来评评理，但疯神却仅因为没有耐心，就向爱神发起了攻击。很明显，路易丝将爱神失明的原因归于爱神咎由自取，但拉封丹却试图将疯神描写成过错方。最后众神的判决也证明了路易丝与拉封丹的分歧。在《辩论》的结尾，朱庇特并没有最终判定爱神与疯神哪方有错，而是将最终判决无限期地推后，"鉴于你们之间纠纷非常重要、难以解决，而且大家观点不一，我们决定将这一问题延迟到 3 乘 7 乘 9 个世纪后解决。在此期间，我们命令你们和睦地生活在一起，不许互相侮辱。疯神为瞎了眼睛的爱神引路，带他去任何他（她）想去的地方"①。但在拉封丹的寓言中，最终判决很显然倾向于认定疯神为过错方，因为原文中用了惩罚（condamner）一词，该词在法语中有定罪量刑的意思。疯神要承担的刑罚是担任爱神的引路人，拉封丹在这里用了"服务"（servir）一词，也就是说，在拉封丹笔下，引路人并非是褒义的、诸如良师般的角色，而是服务者，这与当时社会对女性传统使命的定义——服务与缄默——相符。而且这一判决符合"公众的利益和当事人的权益"，所谓的当事人是指爱神，或者说是男性。拉封丹的判决从性别研究的角度分析，就是让女性（疯神）服务于男性（爱神）符合公众的利益和男性（当事人爱神）的权益。由此可见，《爱神与疯神》不仅背弃了《辩论》中所体现的女性主义立场，甚至可以说是为男性的统治摇旗呐喊，它体现出的主旨与《辩论》背道而驰。

2. 《爱神与疯神》缺少了对疯狂、对爱情与疯狂关系的讨论

圣伯夫认为拉封丹"让我们免予忍受阿波罗和墨丘利的长篇大论"，殊不知，阿波罗与墨丘利在叙述 5 中大段的辩论才是《辩论》中最精彩的部分。爱情与疯狂一直以来都是西方人感兴

---

① Louise Labé, *Oeuvres*, in *Louise Labé*, *La Belle Rebelle et le François nouveau*, édité par Karine Berriot, Paris, Editions du Seuil, 1985, p. 350.

趣的主题，阿波罗与墨丘利通过长篇大论建立了爱神与疯神、爱情与疯狂之间对立统一的关系。路易丝笔下的精彩辩论使得她的作品进入了福柯的《疯癫与文明》，"在路易丝的对话体作品《疯神与爱神的辩论》中，疯神和爱情争论谁高人一等，谁是对方得以成功的保证，谁能够随意指引对方"①。在福柯看来，中世纪，人们将疯狂归于邪恶，但到了文艺复兴，疯狂摆脱了低微的出身，被抬到很高的位置上②。福柯在论证疯狂的作用时，借用了路易丝的论述，"她难道不是间接支配着人类所能造就的所有美好？支配那能让政治家明智的野心、能让财富增加的贪婪、能激励哲学家和学者们的好奇心？路易丝·拉贝继伊拉斯谟之后又重复了这一点；墨丘利为了她恳求众神，'不要让那个给你们带来如此多快乐的美丽女士遭受毁灭的命运'"③。如果说阿波罗的辩护词是爱神的赞歌，那么墨丘利的辩护词则是疯神的赞歌。借墨丘利之口，路易丝表达了她对疯狂的思考，与中世纪普遍观点相反，路易丝无疑对疯狂持比较肯定的态度。在她看来，疯狂是人类进步的源泉，人类的许多发明都是因为一个疯狂的想法、一个疯狂的举动；许多伟人都有疯狂的一面，许多丰功伟绩也都是疯狂的杰作；没有疯狂就没有婚姻，没有疯狂，世界上许多职业都将消失；疯狂给人带来快乐，理智让人生厌；总之，没有疯狂人类将会灭亡④。正是这些哲学性的思考使得路易丝的《辩论》被福柯归类为学术文学（littérature savante），与故事和道德寓言

---

① Michel Foucault, *Histoire de la folie à l'age classique*, Paris, Gallimard, 1972, p. 25.

② Ibid. , p. 33.

③ Ibid. , p. 34.

④ Louise Labé, *Oeuvres*, in *Louise Labé*, *La Belle Rebelle et le François nouveau*, édité par Karine Berriot, Paris, Editions du Seuil, 1985, pp. 330 – 336.

（littérature de contes et de moralités）相对。而福柯的这一分类，也契合了《辩论》与《爱神与疯神》的区别。

对比分析路易丝的《辩论》和拉封丹的《爱神与疯神》，两者之间的继承关系毋庸置疑。《爱神与疯神》精炼了《辩论》的故事框架，凸显了爱情与疯狂如影随形的关系。拉封丹对路易丝的继承为女诗人的声名增加了锦上添花的一笔，爱神与疯神的故事也因此成为伏尔泰笔下能够与古希腊最美神话相媲美的故事。

路易丝将模仿作为自己的主要创作手法，她笔下的神话人物、她所模仿的古代文本不仅在《作品集》内部相互呼应，而且与整个社会历史文化相互映射。后人对她的继承更是不断呼唤起人们对她的记忆。生命既有限亦无限，肉体的消亡意味着人物质存在的消失，但只要人能够留存在其他人的记忆中，那么他的生命就在以某种方式延续着。从这个意义上来说，路易丝通过《作品集》获得了不朽，《作品集》中的互文本不仅将《作品集》内部、《作品集》与外部社会历史文化联系起来，而且构建出一个自由解放、视爱情与写作为生命的女作家形象，她有别于传统缄默且谦卑的女性，大胆地用写作来表明女子拥有不逊于男性的创作才能。她能文能武，拥有媲美萨福的才华和不逊于塞弥拉弥斯、阿拉克涅的智慧与勇气，她构建了一个不朽的巾帼传奇。

结　语

　　本部专著的研究对象是法国文艺复兴时期女诗人路易丝·拉贝及其《作品集》，之所以选择这样一位传奇的女诗人作为研究对象，一方面，是因为目前国内的法国文学研究大多集中在17—20世纪，对于文艺复兴时期法国文学的研究相对比较薄弱。造成这一现象的原因很多，其中最重要的原因之一是学界薄古崇今的倾向。相对于文学大家频出的19世纪20世纪，遥远的16世纪似乎依然未能摆脱中世纪的黑暗阴影，文坛上仅有两颗星星值得深究——拉伯雷和蒙田，甚至以七星社冠名的诗人们也未见放射出耀眼的光芒。但事实上，作为古代与现代过渡的文艺复兴在整个文学史中应当拥有特殊的地位，正是在那时，法国人首次用自己的民族语言来进行文学创作。从当时的文学作品中，我们能看到法语作为新生的文学语言如何一步步丰满自己、壮大自己，让自己适应文学的需要。如果说法国文学是一座圣殿，那么法语就是建造圣殿的基石，回到它成为文学语言最初的那一刻去见证它的新生和成长，这显得尤为有意义。另一方面，女诗人露易丝·拉贝被誉为现代萨福，是文艺复兴时期为数不多的著名女诗人之一。她的诗作流传至今，尤其是她著名的十四行诗"我生，我死，我燃烧，我沉溺"，至今许多法国人依然能够朗朗上口地背诵。本专著作为国内第一部专题研究拉贝的专著，不仅能够加深国人对拉贝的了解，也有助于拓展对文艺复兴时期法国文学的研究。

虽然因为历史资料的缺乏，人们无法准确地把握路易丝·拉贝的生平。但通过对其《作品集》进行细致的解读，人们可以走进她的内心。《作品集》的卷首献辞承担着前言功能，为读者留下了解读整部《作品集》的钥匙。卷首献辞所突出的两个主题——女性主义和写作——也是统领整个《作品集》的两大主题。首先是女性主义，虽然 16 世纪"女性主义"一词还没有诞生，但人们无法否认文艺复兴时期女性意识的觉醒，女性作家的出现打破了文坛上男性作家一统江山的局面，她们公开并以女性的名字出版作品更是让女性进入了公共视野。拉贝的《作品集》富有女性主义气息，与传统社会赋予女性缄默、顺从的形象相反，她笔下的女性勇敢、积极、主动，如同男性一样掌握了话语权。她为某些长久以来一直以负面形象出现的女性正名，将她们描绘成自由解放、聪慧自信的女性榜样。她还利用自己的作品揭露了当时社会对女性的不公，表面上谦卑的语言隐藏了一个女性对自己作家身份的骄傲。其次，关于爱情与写作，爱情毫无疑问是 16 世纪的主旋律，拉贝的《作品集》也如此，爱情成为贯穿《作品集》的另一大主题。但在拉贝笔下，写作与爱情具有同等重要的地位，甚至有时，她模糊了爱情，代之以写作，她赞美爱情，但她更多地是为了歌颂写作。将写作作为爱情真正的所指，读者可以从中读出更深的含义。

整个《作品集》构成了一个有机统一的整体，不仅作为正文的《辩论》和"歌集"之间，"歌集"中的哀歌与十四行诗之间存在千丝万缕的联系，甚至《赞诗》与卷首献辞、作者署名、作品集标题与小标题、出版商、国王的出版特许证明等信息也体现出与正文的呼应。《作品集》各种类型、各种体裁的文本共同为读者刻画了一个具有统一性的路易丝·拉贝形象，这就是作者想要传达给后世的自我形象。卷首献辞中追求作家身份的"我"，《辩论》中为女性代言的疯神，"歌集"中陷入热恋中的女子形象，她们都代表了作者的一面。文本中的萨福、塞弥拉弥斯、阿拉克涅、狄安娜、俄诺涅与美狄亚，她们都是作者所表现出来的面具人物。她们最终构成了一个传奇化的拉贝形象：首先，她接受了自己的女性身份，清楚地认识到社会上男女性地位的差异。但她并不因此自怨自艾，不但自己勇于拿起原先属于男性的笔，进行文学创作，而且鼓励其他女性，"将思想提升到纺锤和锭子之上"①。其次，她通过譬喻的方式告诉人们，如同爱神与疯神一样，男女两性应该是平等的，两者之间应当是一种和谐统一的合作关系。写作属于爱神和男性，写作同样也属于疯神和女性。再次，在爱情中，她虽然爱而不得，但她并非爱的客体，她主动地付出自己的爱情，敢于言说爱情，并将爱情与写作放在同等重要的位置。最后，她不惧展现自己的才华和博学，用传奇和神话人物来点缀自己的文本，让读者通过互文性的阅读将她传奇化。最终，文本生动地刻画出一个积极、自由、勇敢、解放、博学、有思想的女性作家形象。《作品集》生动再现了400多年前一个出身平凡却才华横溢的女子，她不甘心于现实生活，通过文字将自己传奇化，希望在历史中留下属于自己的声音。人们甚至可以说历史人物路易丝·拉贝通过《作品集》中所隐含的传奇女诗人形象获得了不朽。

---

①　Louise Labé, *Oeuvres*, in *Louise Labé, La Belle Rebelle et le François nouveau*, édité par Karine Berriot, Paris, Editions du Seuil, 1985, p. 282.

参考文献

一　路易丝·拉贝《作品集》主要版本

Labé, Louise, *Euvres de Louïse Labé Lionnoize*, Lyon, Jan de Tovrnes, 1555.

Labé, Louise, *Euvres de Louïse Labé Lionnoize*, Lyon, Jan de Tovrnes, 1556.

Labé, Louise, *Euvres de Louïse Charly, Lyonnaise, dite Labé, surnommé e la belle cordière*, Lyon, les Frères Duplain, 1762.

Labé, Louise, *Euvres de Louïse Labé Lionnoize*, Lyon, Dvrand et Perrin, 1824.

Labé, Louise, *Euvres de Louïse Labé*, Paris, Slatkine, 1887.

Labé, Louise, Bernard, Jourdan, *Louise Labé, Elégies, sonnets, Débat de la Folie et de l'Amour*, Paris, Delmas, 1953.

Labé, Louise, *œuvres poétiques précédées des Rymes de Pernette du Guillet*, France, Gallimard, 1983.

Labé, Louise, *œuvres complètes*, Paris, Flammarion, 2004.

Labé, Louise, Baker, Deborah Lesko, Finch, Annie, *Louise Labé, Complete poetry and prose, a bilingual edition*, Chicago and Landon，The University of Chicago press，2006.

二　外文书目

1. 专著

Alain，Moreau，*l'héroïsme au féminin*：*la figure ambiguë de Sémiramis*，in Φιλολογια. *Mélanges offerts à Michel Casevitz*，Lyon，Maison de l'Orient et de la Méditerranée Jean Pouilloux，2006.

Albistur，Maïté，ARMOGATHE，Daniel，*Histoire du féminisme en France du Moyen Age à nos jours*，Paris，Editions des femmes，1977.

Alduy，Cécile，*Politique des Amours*，*poétique et genèse d'un genre français nouveau* (1544—1560)，Genève，Droz，2007.

Alonso，Béatrice，*Louise Labé ou la lyre humaniste*：*écriture feminine*，*écriture féministe*，Lyon，Université Lumière Lyon 2，2005.

Alonso，Béatrice，VIENNOT，Eliane，*Louise Labé 2005*，France，Publications de l'Université de Saint-étienne，2004.

Aragon，Louis，*il n'y a pas d'Amour heureux*，in *la Diane française*，Paris，Seghers，1980.

Ardouin，Paul，*Maurice Scève*，*Pernette du Guillet*，*Louise Labé*，*l'Amour à Lyon au temps de la Renaissance*，Paris，Librairie A. G. Nizet，1981.

Aynard，Joseph，*Les poètes lyonnais précurseurs de la Pléiade-Maurice Scève*，*Louise Labé*，*Pernette du Guillet*，Genève，Slatkine，2012.

Baker，Deborah Lesko，*The subject of desire*，*Petrarchan poetics and the female voice in Louise Labé*，United States of America，Purdue

University Press, 1996.

Barthes, Roland, *Fragments d'un discours amoureux*, Paris, Editions du Seuil, 1977.

Baur, Albert, *Maurice Scève et la Renaissance lyonnaise*, Genève, Slatkine Reprints, 2012.

Bec, Pierre, *Anthologie des troubadours*, Paris, Union générale d'Editions, 1979.

Bédier, Joseph, *Le roman de Tristan et Iseut*, Paris, Christian Bourgois, 1981.

Bellay, Joachim du, *Les regrets et autres oeuvres poétiques*, Paris, Imprimerie de Federic Morel, 1558.

Berriot, Karine, *Louise Labé, La Belle Rebelle et le François nouveau*, Paris, Editions du Seuil, 1985.

Berriot-Salvadore, Evelyne, *Les femmes dans la société française de la Renaissance*, Genève, Librairie Droz, 1990.

Bourgeois, Louis, *Louise Labé et les poètes lyonnais de son temps*, Lyon, Editions Lyonnaises d'Art et d'Histoire, 1994.

Boy, Charles, *Recherches sur la vie et les oeuvres de Louise Labé*, Paris, Lemerre, 1887.

Broc, Hervé de, *Les femmes auteurs : trois femmes poètes*, Paris, Librairie Plon, 1911.

Brunetière, Ferdinand, *Histoire de la littérature française classique* (1515—1830), Paris, Librairie Ch. Delagrave, 1904.

Calvin, Jean, *Recueil des opuscules de Jean Calvin*, Geneve, Batiste Pinereul, 1566.

Cameron, Keith, Louise Labé, *Renaissance Poet and Feminist*, Great Britain, Berg Publishers Limited, 1990.

Castex, P. G. , *Manuel des études littéraires françaises*, *XVIe siècle*, Paris, Hachette, 1966.

Chamard, Henri, *Les origines de la poésie française de la Renaissance*, Paris, Librairie Fontemoing & Cie, 1920.

Champdor, Albert, *Louise Labé son oeuvre et son temps*, Trevoux, Editions de Trevoux, 1981.

Cixous, H. , CLEMENT, C. , *La Jeune Née*, Paris, U. G. E. , 1975.

Clément, Michèle, Incardona, Janine, *l'émergence littéraire des femmes à Lyon à la Rennaissance* 1520—1560, Saint-Etienne, PU Saint-Etienne, 2008.

Colonia, Dominique de, *l'Histoire littéraire de la ville de Lyon*, tome 2, Lyon, François Rigollet, 1730.

Dante, Alighieri, *La divine comédie de Dante*: *enfer, purgatoire, paradis*, traduite par J. -A. De Mongis, Paris, Librairie CH. Delagrave, 1876.

De Billon, François, *Le Fort inexpugnable de l'honneur du sexe feminine*, Paris, Jean d'Allyer, 1555.

Demerson, Guy, *Louise Labé, les voix du lyrisme*, Saint-Etienne, Editions du CNRS, 1990.

Depillier, Mady, *Louise Labé, la première féministe*, Nice, Editions du Losange, 2002.

Dubois, Claude-Gilbert, *La poésie du XVIe siècle*, Bordeaux, Presses universitaires de Bordeaux, 1999.

Estienne, Robert, *Dictionnaire français latin*, Genève, Slatkine reprints, 1972.

Faguet, E. , *Histoire de la litérature française*, Paris, Librairie Plon, 1905.

Falk, Henri, *Les privilèges de librairie sous l'Ancien régime : étude historique du conflit des droits sur l'oeuvre littéraire*, Genève, Slatkine Reprints, 1970.

Fenoaltea, Doranne, *Du palais au jardin. l'architecture des Odes de Ronsard*, Genève, Droz, 1990.

Flore, Jeanne, *Contes amoureux*, Lyon, Presses universitaires, 1980

Foucault, Michel, *Histoire de la folie à l'age classique*, Paris, Gallimard, 1972.

Fragonard, Marie-Madeleine, *Précis d'histoire de la littérature française*, Paris, Didier, 2004.

Genette, Gérard, *Palimpsestes*, *La littérature au second degré*, Paris, Edition du Seuil, 1982.

Genette, Gérard, *Seuils*, Paris, édition du Seuil, 1987.

Girault, Yvonne, *Louise Labé nymphe ardente du Rhône*, Lausanne, Editions Rencontre, 1966.

Giudici, Enzo, *Louise Labé*, *Essai*, Paris, Librairie A. G. Nizet, 1981.

Gonon, Pierre-Marie, *Documents historiques sur la vie et les moeurs de Louise Labé*, Lyon, imprimerie de Dumoulin, Ronet et Sibuet, 1844.

Grudé, François, *Premier volume de la bibliotheque du sieur de La Croix du Maine, qui est un catalogue general de toutes sortes d'autheurs qui ont escrit en François depuis cinq cents ans et plus*, Paris, A. l'Angelier, 1584.

Guerrero, Gustavo, *Poétique et poésie lyrique*, Paris, Seuil, 1998.

Guillet, Pernette du, *Rymes de gentile et vertueuse dame Pernette du Guillet*, Lyon, Jean de Tournes, 1545.

Guillon, M. N. S. , *La fontaine et tous les fabulistes, ou la fontaine comparé avec ses modèles et ses imitateurs*, Paris, Imprimerie de Stoupe, 1803.

Hatem, Jad, *La poésie de l'extase amoureuse, Shakespeare et Louise Labé*, Paris, l'Harmattan, 2008.

Hermann, Claudine, *Les Voleuses de langue*, Paris, Editions des Femmes, 1976.

Huchon, Mireille, *Louise Labé, une créature de papier*, Genève, Droz, 2005.

Irailh, Auguste Simon, *Querelles littéraires*, Paris, Durand, 1761.

Jasinski, Max, *Histoire du sonnet en France*, Douai, Imprimerie H. Bruyère, A. Dalsheiner et cie, 1903.

Joukovsky, Françoise, Images de la Femme au X Ⅵe siècle, Paris, la Table Ronde, 1995.

Joukovsky, Françoise, *Poésie et Mythologie au X Ⅵe siècle*, Paris, Librairie Nizet, 1969.

Jourda, Pierre, *Conteurs français du XVIe siècle*, Paris, Gallimard, 1971.

Kamuf, Peggy, *A double life*, in *Men in feminism*, New York and London, Methuen, 1987.

Karsenti, Tiphaine, *Théatre de femmes de l'Ancien Régime*, Tome 1, Paris, Classiques Garnier, 2014.

Koczorowski, Stanislaw Piotr, *Louise Labé, étude littéraire*, Paris, Edouard Champion, 1925.

Kushner, Eva, *Le dialogue à la renaissance: histoire et poétique*, Genève, Droz, 2004.

La Péruse, Jean Bastier de, *Médée*, Exeter, University of Exeter, 1985.

Lagarde, André, MICHARD, Laurent, *Moyen age, les grands auteurs français du programme*, Paris, Bordas, 1963.

Lazard, Madeleine, *Images littéraires de la femme à la Renaissance*, Paris, PUF, 1985.

Lazard, Madeleine, *Louise Labé*, France, Fayard, 2004.

Lote, Georges, *Histoire du vers français*, Provence, Presse universitaire de Provence, 1991.

Marrou, Henri-Irénée, *Les troubadours*, Paris, Editions du Seuil, 1971.

Martin, Daniel, *Signe (s) d'Amante, l'agencement des Euvres de Louïze Labé Lionnoize*, Paris, Champion, 1999.

Martin, Henri-Jean, CHARTIER, Roger, *Livre, pouvoirs et société à Paris au 17ᵉ siècle, tome* 1, Genève, Droz, 1999.

Mathieu-Castellani, Gisèle, *La quenouille et la lyre*, Paris, Librairie José Corti, 1998.

Ménager, D. , *Introduction à la vie littéraire du X VIe siècle*, Paris, Bordas, 1968.

Moisan，Jean-Claude，*La codification de la passion*：*Louise labé-Ron-sard*，*in La peinture de la passion de la Renaissance à l'Age clas-sique*，Saint étienne，Publication de l'université de Saint étienne，1995.

Montaigne，Michel de，*Essais*，Paris，Editions Garnier Frère，1962.

Montaigne，Michel de，*Journal de voyage en Italie*，Paris，Librairie Générale française，1974.

Montaigne，Michel de，*Journal du voyage de Michel de Montaigne en Italie*，*par la Suisse et l'Allemagne en* 1580 *et* 1581，*avec des notes par M. de Querlon*，Paris，Le Jay，1774.

Navarre，Marguerite de，*Miroir de l'ame pécheresse*，Alençon，Simon du bois，1531.

O'Connor，Dorothy，*Louise Labé*，*sa vie*，*son œuvre*，Genève，Slatkine，2014.

Ovide，*Oeuvres choisies*：*Les Amours*，*l'Art d'aimer*，*les Cosmétiques*，*Héroïdes*，Paris，Librairie Garnier Frères，1858.

Pantin，Isabelle，*La poésie au* XVI*e siècle*，Clamecy，les Presses de la Nouvelle Imprimerie Laballery，2014.

Paradin，Guillaume，*Memoire de l'Histoire de Lyon*，Lyon，Antoine Gryphius，1573.

Pédron，François，*Louise Labé*，*la femme d'Amour*，Paris，Fayard，1984.

Poirier，Guy，*la Rennaissance*，*hier et aujourd'hui*，Canada，l'Harmattan，2003.

Poulin，J.，*Volkswagen Blues*，Montréal，Leméac，1988.

Rabau, Sophie, *l'intertextualité*, France, GF Flammarion, 2002.

Rédalié, Y. , *Les épîtres pastorales*, Genève, Labor et Fides, 2008.

Rigolot, François, *Louise Labé lyonnaise ou la Renaissance au féminin*, Paris, Honoré Champion, 1997.

Rigolot, François, *Poésie et renaissance*, Paris, Edition du Seuil, 2002.

Roches, Madeleine des, Catherine des, *Les oeuvres de MesDames Des Roches de Poetiers*, *mère et fille*, Paris, Albel l'Angelier, 1579.

Roches, Madeleine des, Catherine des, *Les secondes Oeuvres*, Poictiers, Nicolas Courtoys, 1583.

Roger, Jérôme, *La critique littéraire*, Paris, Nathan Université, 2001.

Rougemont, Denis de, *L'Amour et l'Occident*, Paris, Plon, 1972.

Rubys, Claude de, *Histoire veritable de la ville de Lyon*, Lyon, Bonaventure Hugo, 1604.

Rubys, Claude de, *les privileges*, *franchises et immunitéz de la ville de Lyon*, Lyon, Antoine Gryphius, 1574.

Ruolz, Charles-Joseph de, *Discours sur la personne et les oeuvres de Louise Labé lyonnaise*, Lyon, imprimerie d'Aymé Delaroche, 1750.

Sabatier, Robert, *La poésie du seizième siècle*, Paris, Editions Albin Michel, 1975.

Sainct Julien, Pierre de, *Gemelles ou Pareilles*, *livre* II, Lyon, Charles Pesnot, 1584.

Sainte-Beuve, C. -A. , *Tableau de la poésie française au 16ᵉ siècle*, Paris, Alphonse Lemerre, 1876.

Sébillet, Thomas, *Art poétique françoys*, *édition critique avec une introduction et des notes publiée par Félix Gaiffe*, Paris, Société des

Textes français Modernes, 1932.

Senghor, Léopold Sédar, *Anthologie des poètes du* X Ⅵ *siècle*, Paris, Bibliothèque mondiale, 1955.

Sibona, Chiara, *Le sens qui résonne, une étude sur le sonnet français à travers l'oeuvre de Louise Labé*, Ravenna, Longo Editore, 1984.

Sicile, Diodore de, *Naissance des dieux et des hommes: Bibliothèque Historique, Livres II, chapitre* 4, Paris, Les Belles Lettres, 1991.

Speroni, Sperone, *Apologia dei dialogi*, Rome, Vecchiarelli, 1989.

Todorov, Tzvetan, *Littérature et signification*, Paris, Librairie Larousse, 1967.

Varty, Kenneth, *Quelques aspects poétiques de la prose de Louise Labé*, in *il Rinascimento a lione, tome II*, Rome, dell'Ateneo, 1988.

Verdier, Antoine du, *La bibliotheque d'Antoine du Verdier, seigneur de Vauprivas*, Lyon, Barthelemy Honorat, 1585.

Veyrières, Louis de, *Monographie du Sonnet, tome* 1, Paris, librairie Bachelin-Deflorenne, 1869.

Vingtrinier, Aimé, *Histoire de l'imprimerie à Lyon, de l'origine jusqu'à nos jours*, Lyon, Adrien Storck, 1894.

Weber, Henri, la Cr*éation poétique au* X Ⅵ*e siècle en France de Maurice Scève à Agrippa D'Aubigné*, Paris, Librairie Nizet, 1955.

Weinberg, Florence, *Longs désirs, Louise Labé, Lyonnaise*, Lyon, Editions lyonnaises d'Art et d'Histoire, 2002.

Zamaron, Fernand, *Louise Labé, Dame de Franchise*, Paris, A. -G. Nizet, 1968.

2. 论文

Abastado, Claude, « Introduction à l'analyse des manifestes », in *Littérature*, N°39, 1980.

Azzam, Wagih, COLLET, Olivier, FOEHR-JANSSENS, Yasmina, « Cohérence et éclatement: réflexion sur les recueils littéraires du Moyen Âge», in *Babel Littératures plurielles*, N°16, 2007.

Baillard, Blandine, «Le débat de Folie et d'Amour de Louise Labé ou les voix déviantes de la vérité », in *L'information littéraire*, Vol. 56, N°4, 2004.

Berriot-Salvadore, Evelyne, «Les femmes et les pratiques de l'écriture de Christine de Pisan à Marie de Gournay », in *Bulletin de l'Association d'étude sur l'humanisme, la réforme et la renaissance*, N° 16, 1983.

Brunetière, F. , «La Pléiade française et l'école lyonnaise», in *Revue des Deux Mondes*, 1900.

Buron, Emmanuel, « Claude de Taillemont et les Escriz de divers Poëtes à la louenge de Louïze Labé Lionnoize. Discussion critique de Louise Labé, une créature de papier, de Mireille Huchon», in *L'information littéraire*, Vol. 58, N°2, 2006.

Buron, Emmanuel, «Le réemploi dans les éscriz de divers poetes à la louenge de louise labé», in *Bibliothèque d'Humanisme et Renaissance*, Tome 67, N°3, 2005.

Cartier, Alfred, «Les poètes de Louise Labé », in *Revue d'Histoire littéraire de la France*, 1ère Année, N°4, 1894.

Charbonnel, J. -Roger, «Sur le rationalisme dans la littérature française de la Renaissance», in *Revue du Seizième siècle*, Tome 11, 1924.

Clément, Michèle, «Louise Labé et les arts poétiques», in *Méthode!*, N°7, 2004.

Clément, Michèle, «Nom d'auteur et identité littéraire: Louise Labé Lyonnaise. Sous quel nom être publiée en France au XVIe siècle?», in *Revue RHR-Réforme*, *Humanisme*, *Renaissance*, N°70, 2010.

Cottrell, Robert D., «The problematic of opposition in Louise Labé's Débat de Folie et d'Amour», in *French Forum*, XⅡ, 1987.

Cremona, Nicolas, «Les Amours au XVIe siècle: entre unité et diversité», in *Acta fabula*, Vol. 8, N° 3, 2007.

Dällenbach, Lucien, «Intertexte et autotexte», in *Poétique*, N° 27, 1976.

Desonay, Fernand, «Les manifestes littéraires du XVIe siècle en France», in *Bibliothèque d'Humanisme et Renaissance*, Tome 14, N° 1, 1952.

Doumic, René, «Une histoire du sonnet», in *Revue des Deux mondes*, Tome 20, 1904.

Duneton, Claude, «je vous salue, Louise», in *Le Figaro littéraire*, 9 mars, 2006.

Febel, Gisela, «La construction poétique d'un sujet passionnel féminin», in *Dispositifs du sujet à la Renaissance*, N°27, 2000.

Febel, Gisela, «La construction poétique d'un sujet passionnel féminin», in *Dispositifs du sujet à la Renaissance*, N°27, 2000.

Fumaroli, Marc, «Louise Labé, une géniale imposture», in *le monde*, le 11 mai, 2006.

Giudici, Enzo, «Note sur la fortune posthume de Louise Labé», in *Bibliothèque d'Humanisme et Renaissance*, Tome 41, N°2, 1979.

Gouvard, Jean-Michel, «Le vers de Louise Labé», in *L'Information Grammaticale*, N°103, 2004.

Griffin, Clive, «La belle cordière en Espagne: Une découverte dans les archives de l'inquisition», in *Revue d'histoire littéraire de la France*, Vol. 107, N°3, 2007.

Huchon, Mireille, «De la laïs lyonnaise à Louise Labé: les métamorphoses d'un portrait», in *Revue d'histoire littéraire de la France*, Vol. 108, N°2, 2008.

Hulubei, Alice, «Virgile en France au XVIe siècle: éditions, traductions imitaions», in *Revue du Seizième siècle*, Tome 18, 1931.

Jourde, Michel, «Louise Labé, deux ou trois choses que je sais d'elle», in *Cultures et société en Rhône-Alpes*, N°2, 2008.

Kareen, Martel, «Les notions d'intertextualité et d'intratextualité dans les théories de la réception», in *Protée*, N° 1, 2005.

Keller-Rahbé, Edwige, «Pratique et usages du privilège d'auteur chez Mme de Villedieu et quelques autres femmes de lettres du 17ᵉ siècle», in *Oeuvres et Critiques*, N°1, 2010.

Larsen, Anne R., «Louise Labé's Débat de Folie et d'Amour: Feminism and the Defense of learning», in *Tulsa Studies in Women's Literature*, 2, 1, 1983.

Lazard, Madeleine, «Protestations et revendications féminines dans la littérature française du xvie siècle», in *Revue d'Histoire littéraire de la France*, 91ᵉ Année, N°6, 1991.

Lecercle, François, «La fabrique du texte: les commentaires du Canzoniere de Pétrarque èa la Renaissance», in *Le Texte et ses représentations*, Paris, Presses de l'Ecole Normale Supérieure, 1987.

Lefranc, Abel, «Le platonisme et la littérature en France à l'époque de la Renaissance (1500—1550) », in *Revue d'Histoire littéraire de la France*, 3ᵉ Année, N°1, 1896.

Léon, Pierre, «La région lyonnaise dans l'histoire économique et sociale de la France Une esquisse (XVI e-XX esiècles)», in *Revue Historique*, Tome 237, 1967.

Mahieu, Robert-G., «l'élégie au 16ᵉ siècle, Essai sur l'histoire du genre», in *Revue d'Histoire littéraire de la France*, Tome 46, 1939.

Mahieu, Robert-G., «L'élégie au XVIe siècle. Essai sur l'histoire du genre», in *Revue d'Histoire littéraire de la France*, 46ᵉ Année, N°3, 1939.

Martin, Daniel, «Louise Labé est-elle " une créature de papier"?», in *Réforme, Humanisme, Renaissance*, N°63, 2006.

Meylan, Henri, «Bèze et les Italiens de Lyon (1566)», in *Bibliothèque d'Humanisme et Renaissance*, Tome 14, N°1, 1952.

Montagne, Véronique, «Formes et sens de la relation concessive dans le Débat de folie et d'Amour de Louise Labé (1555)», in *L'Information Grammaticale*, N°103, 2004.

Montagne, Véronique, «Le dialogue à la Renaissance: notes sur la théorisation contemporaine du genre», in *Revue d'histoire littéraire de la France*, 2011.

Muller, Catherine M., «Celebrating difference: the self as double in the works of Louise Labé», in *Renaissance et Réforme*, XXⅢ, 1999.

Rigolot, François, «Louise Labé and the "Climat Lyonnois"», in *The French Review*, Vol. 71, N°3, 1998.

Rigolot, François, «les "sutils ouvrages" de Louise Labé, ou: quand Pallas devient Arachné», in *Etudes littéraires*, N°2, 1987.

Rigolot, François, «Quel genre d'Amour pour Louise Labé», in *Poétique*, tome 55, 1983.

Rigolot, François, *Orphée aux mains des femmes, l'exemple de Louise Labé à la Renaissance*, in *Versants*, N°24, 1993.

Roger-Vasselin, Bruno, «La parodie chez Louise Labé», in *Seizième Siècle*, N°2, 2006.

Roger-Vasselin, Bruno, «Louise Labé et l'écriture au féminin», in *L'information littéraire*, Vol. 56, N°2, 2004.

Sainte-Beuve, Charles Augustin, «Anciens poètes de la France-Louise Labé», in *Revue des deux mondes*, 1845.

Selosse, Philippe, «L'art de la feinte à la Renaissance: le système des rimes dans les Sonnets de Louise Labé», in *Seizième Siècle*, N°3, 2007.

Smarr, Janet Levarie, «Substituting for Laura: Objects of Desire for Renaissance Women Poets», in *Comparative Literature Studies*, Vol. 38, N°1, 2001.

Viennot, Eliane, «Ce que l'imprimerie changea pour les femmes?», in *Revue de la BNF*, N°3, 2011.

Voisset-Veysseyre, Cecile, «Arachné: Le féminin à l'oeuvre», in

Amaltea，N°2，2010.

三　中文书目

（一）专著

［古罗马］奥维德：《爱经·女杰书简》，戴望舒、南星译，吉林
　　出版集团有限责任公司 2010 年版。

［古罗马］奥维德：《变形记》，杨周翰译，人民文学出版社 1984
　　年版。

［古希腊］柏拉图：《文艺对话集》，朱光潜译，人民文学出版社
　　1963 年版。

［意］彼特拉克：《歌集》，李国庆、王行人译，花城出版社 2001
　　年版。

［古希腊］荷马：《荷马史诗·奥德赛》，王焕生译，人民文学出
　　版社 2003 年版。

［古罗马］卡图卢斯：《卡图卢斯〈歌集〉：拉中对照译注本》，
　　李永毅译，中国青年出版社 2008 年版。

［意］鲁多维奇·亚利欧斯多：《疯狂的奥兰多》，吴雪卿编译，
　　吉林出版集团有限责任公司 2011 年版。

［美］玛格丽特·L. 金：《欧洲文艺复兴》，李平译，上海人民出
　　版社 2015 年版。

［美］玛格丽特·金：《文艺复兴时期的妇女》，刘耀春等译，东
　　方出版社 2008 年版。

［法］热拉尔·热奈特：《热奈特论文集》，史忠义译，百花文艺
　　出版社 2000 年版。

［古希腊］萨福：《我看见了爱神》，王命前译，燕山出版社 2014

年版。

［瑞士］雅各布·布克哈特：《意大利文艺复兴时期的文化》，何
　　新译，商务印书馆 2015 年版。

亚里士多德：《诗学》，贺拉斯：《诗艺》，人民文学出版社 1962
　　年版。

［荷兰］伊拉斯谟：《愚人颂》，许崇信、李寅译，译林出版社 2010
　　年版。

（二）论文

童庆炳：《文学研究如何深入历史语境》，《探索与争鸣》2012 年
　　第 10 期。

杨国政：《改革开放三十年国内对法国古代文学研究的回望》，《人
　　文新视野》2017 年第 11 辑。

赵毅衡：《符号学与符号学的文学研究》，《外国文学评论》1989
　　年第 2 期。